文化视角下的汉语言文字研究

安玉香　欧阳鑫乙　王沈君 ◎ 著

吉林出版集团股份有限公司

图书在版编目（CIP）数据

　　文化视角下的汉语言文字研究 / 安玉香，欧阳鑫乙，王沈君著． — 长春：吉林出版集团股份有限公司，2022.9
　　ISBN 978-7-5731-2337-4

　　Ⅰ．①文… Ⅱ．①安… ②欧… ③王… Ⅲ．①汉语－文字学－研究 Ⅳ．①H12

　　中国版本图书馆 CIP 数据核字 (2022) 第 179394 号

文化视角下的汉语言文字研究

著　　者	安玉香　欧阳鑫乙　王沈君
责任编辑	陈瑞瑞
封面设计	林　吉
开　　本	787mm×1092mm　　1/16
字　　数	240 千
印　　张	10.75
版　　次	2022 年 9 月第 1 版
印　　次	2022 年 9 月第 1 次印刷
出版发行	吉林出版集团股份有限公司
电　　话	总编办：010-63109269
	发行部：010-63109269
印　　刷	廊坊市广阳区九洲印刷厂

ISBN 978-7-5731-2337-4　　　　　　　　　　　定价：78.00 元

版权所有　　侵权必究

前　言

我国传统文化宝库之一的汉语言文字学，既将中华文明进行了传承，同时也是中华历史文化的重要载体，对于我们华夏民族乃至整个世界而言都是不可多得的精神文化财富。对汉语言文字进行研究，本质上就是在研究汉民族。通过回顾汉语言文字的起源、兴盛以及发展，可以对汉民族的起源、兴盛以及发展形成客观的认识，这对提升国民综合素质与增强民族自信都有着重要影响。

汉语言文字学从广义上来看所涵盖的内容是广泛的，蕴含的文化内容也极其丰富。汉语言文字学的发展与传统文化有着紧密的联系，它不仅将优秀的传统文化在漫长的岁月中进行了保鲜，还促进了社会主义文化的发展。改革开放以来，汉语言文字学的研究力度得到了加强，并取得了部分成果，积累了些许经验。本书主要对汉语言文字学的研究进行了回顾与反思，以期在汉语言文字学的研究工作上取得更大的突破。

对汉语言文字学进行研究，引进借鉴是必要的，但不是完全的。我们需要在研究的过程中进行独立思考、探索创新。就当前的研究结果来看，在汉语言文字学的研究上解决问题有余但对理论探索不足。就如在语音的构建及方言语音的层次研究上迈开探究第一步的都不是本国的学者。在虚化方面，仍旧存在欠缺。虽然我们也有虚化，但是没有提出语法化的理论。缺少了语法化理论、语法成分以及相关范畴的内容也就会相应出现欠缺。因此，我们既需要有解决问题的能力，也需要将理论思维与理论探讨的习惯培养起来。

为了提升本书的学术性与严谨性，在撰写过程中，笔者参阅了大量的文献资料，引用了诸多专家学者的研究成果，因篇幅有限，不能一一列举，在此一并表示最诚挚的感谢。由于时间仓促，加之笔者水平有限，在撰写过程中难免出现不足的地方，希望各位读者不吝赐教，提出宝贵意见，以便笔者在今后的学习中加以改进。

目 录

第一章　文化视角下的汉语言文字概述·······································1

　　第一节　中国境内的语言言文字··1

　　第二节　汉语言文字的产生与发展···3

　　第三节　汉语言文字的特点···6

第二章　文化视角下的汉语言文字基础·······································8

　　第一节　字、词、句常识··8

　　第二节　修辞···12

　　第三节　标点符号的使用···17

第三章　文化视角下的古代汉语言文字······································21

　　第一节　古代汉语···21

　　第二节　古代汉语词汇知识···24

　　第三节　古代汉语的宾语前置现象·······································34

　　第四节　古代汉语的判断句···35

　　第五节　古代汉语的被动表示法···37

第四章　文化视角下的现代汉语言文字······································40

　　第一节　汉字···40

　　第二节　汉语词汇与使用···41

　　第三节　汉语语法常识···50

　　第四节　汉语修辞常识···66

第五章　文化视角下的汉语言文学常识······································75

　　第一节　中国古代文学史常识···75

第二节　中国现当代文学史常识…………………………………………85

　　第三节　世界文学史常识…………………………………………………95

第六章　文化视角下的汉语言文学写作……………………………………104

　　第一节　汉语言文学写作相关问题……………………………………104

　　第二节　汉语言文学运思与行文………………………………………108

　　第三节　汉语言文学写作的技巧………………………………………117

　　第四节　汉语言文学专业写作实践教学………………………………120

　　第五节　汉语言文学写作类课程教学改革……………………………128

　　第六节　新媒体时代汉语言文学专业写作课程的教学………………131

　　第七节　汉语言文学专业应用写作课程与实践………………………136

第七章　文化视角下的汉语言文字阅读与理解……………………………141

　　第一节　文言文基本知识………………………………………………141

　　第二节　文言文的阅读理解与古诗词的鉴赏…………………………150

　　第三节　现代文的阅读与理解…………………………………………155

参考文献…………………………………………………………………………163

第一章 文化视角下的汉语言文字概述

第一节 中国境内的语言言文字

一、中国境内的语言

中国是一个多民族的国家,自古以来,在中华大地上居住着许多民族。民族指人类在历史上形成的有着共同语言、共同地域、共同经济生活以及共同文化心理的共同体。在构成民族的诸多特征中,语言是最重要的因素之一,因为语言的发展变化比较慢,当民族的其他特征发生变化时,语言往往还保持统一。同时,语言能较全面而深刻地反映民族的特点,积淀民族的历史和文化,传承民族传统,增强民族认同感和凝聚力。

现代中国境内有 56 个民族,但使用的语言在 80 种以上,分别属于五个语系:汉藏语系、阿尔泰语系、南亚语系、南岛(马来-波利尼西亚)语系和印欧语系。近代语言学将世界上的各种语言分成九大语系,语系是有共同来源的诸多语言的总称,语系之下再根据语言的亲疏程度细分为语族、语群、语支、语言、方言、土语等。如藏语属于汉藏语系藏缅语族北部语群藏语支,维吾尔语属于阿尔泰语系突厥语族西匈语支,而汉语作为一种语言则独占汉藏语系中的汉语族。

在中国,大多数民族的语言界限和民族界限是一致的,即同一民族使用同一语言,如汉族使用汉语。但也会有不一致的情况,有的民族使用一种以上的语言,如瑶族使用三种语言:勉语、布努语和拉珈语。也有不同民族使用同一语言的情况,如回族、满族已基本转用汉语。造成这种语言和民族界限不一致情况的原因主要是民族间的交往和融合。中国自古以来就是多民族的国家,汉族与周边各民族之间有着频繁的交往,社会生活的各个方面都有相互影响。中华民族在历史上也有过多次民族融合,现在的汉族就是经过多次民族融合形成的。随着民族的交融,语言也处在不断的交流与融合中。在这个过程中,有些民族转变了语言类型,有些则转用或兼用其他民族的语言。汉语在发展过程中也受其他民族语言的影响,现代汉语中的许多词汇就来自少数民族的语言,如胡同是蒙古语、喇嘛是藏语、孜然是维吾尔语、萨其马是满语,等等。

在中国的各民族中,汉族占绝大多数,人口分布也最广。在历史上社会、经济、文化的发展水平相对较高。因此，以汉族为主体的多民族关系始终制约着各民族的语言关系，汉语成为跨民族、跨地区的通用语言。中国幅员辽阔，遍布全国各地的汉语在不同地区又形成了具有地方特色的方言，它是汉语的地域性变体。现代汉语大致有七大方言：①北方话。可分为北方官话、西南官话和下江官话，北方官话分布在淮河与终南山以北的广大地区，西南官话分布在四川、重庆、云南、贵州、湖北的大部分地区和湖南西部，下江官话分布在江苏北部、安徽中部及湖南和江西的一小部分地区。②吴语。分布于江苏南部和浙江的大部分地区。③湘语。分布在湖南湘江、资水、沅江流域。④客家话。分布在江西南部、广东梅县以及台湾地区、湖南和四川的一小部分。⑤赣语。分布在江西赣江流域。⑥粤语。主要分布在广东、广西、香港地区，也为相当一部分海外华人使用。⑦闽语。可分为闽南语和闽北语，前者以厦门和广东潮汕为中心，延伸至台湾地区、海南岛及南洋，后者以福州为中心。中华人民共和国成立之后，为使汉语统一规范且具普及性，规定普通话为现代汉民族的共同语言。普通话以北方话为基础方言，以北京语音为标准，以典范的现代白话文著作为语法规范。现在，普通话不仅是汉民族的通用语，也是中华民族的共同语言，为加强各地区、各民族之间的相互交流和促进中华民族的统一做出了重要贡献。

近年来，随着普通话推广取得的巨大成果，方言使用则呈现式微之状。这种状况也引起了一些人士的担忧，有人呼吁有关方面出台保护方言的政策和措施，也有人出资资助保护方言的相关项目。不可否认的是，方言是文化的重要成果，是传承地域文化的重要载体，也是亲情、乡情的一种体现。推广普通话的目的并不是要消灭方言，而是要消除不同地区之间的语言隔阂与障碍，其巨大的积极作用在今天已得到充分的体现，而如何保护方言这一中国独特的文化，有待于我们进一步的探索。

二、中国境内的文字

当今中国的 56 个民族当中，除汉族之外，还有 24 个民族拥有代表自己语言的文字。有些少数民族使用一种以上的文字，如蒙古族、景颇族、傈僳族各使用两种文字，傣族、苗族各使用四种文字。所以，24 个少数民族现在使用的文字有 30 多种，其中壮、侗、苗、瑶、白等 10 多种少数民族文字是中华人民共和国成立之后新创立的，全都是以拉丁字母为基础的拼音文字。现行少数民族文字中，除彝文是表意文字之外，其他文字均为拼音文字，只是字母来源不同，有使用拉丁字母的，有使用古印度字母、叙利亚字母、斯拉夫字母的，也有独创字母的。

中国不仅是一个多语种的国家，也是一个多文种的国家，除汉族之外的其他民族也有不少在很早的历史时期便创制了本民族的文字。在历史发展的进程中，伴随着民族融合与变迁，有些民族文字逐渐被人们弃用了，如粟特文、于阗文、回鹘文、西夏文、契丹文、女真文等；也有不少民族的文字被一直被沿用至今，如蒙古文、藏文、维吾尔文、哈萨克文、傣文、锡伯文、彝文等。无论是历史上曾经使用过的民族文字，还是现行的民族文字，都是各民族历史文化的重要载体，对促进民族的发展和进步产生了重要的作用。但对于一个多民族的国家来说，仅有民族文字是远远不够的，必须有一种全民族的通用文字，才能有利于民族间的交流，确保全民族的统一。由于汉民族在各民族中所处的主导地位，汉字一直被用作中华民族的通用文字，它也是传统文化最重要的载体。

汉语、汉字是中华民族通用的语言文字，但它并不具有凌驾于其他民族语言文字之上的特权。我国《宪法》规定："各民族都有使用和发展自己的语言文字的自由。"民族语言是民族的重要特征之一，民族语言问题也是民族问题的一个重要组成部分。在多民族国家里，各民族语言文字平等是民族平等的重要标志。

第二节 汉语言文字的产生与发展

文字的历史不过几千年，与之相比，语言的历史则漫长得多。人类要求得生存，就需要有群体的共同努力和广泛的合作，要达到这种目的就必须凭借语言。所以，语言是人类生存的基本工具。

一、汉语的历史

语言由三个要素构成：词汇、语音、语法。汉语有着悠久的历史，在不同的历史时期，这三个要素都有不同程度的变化。其中，变化最快的是词汇，其次是语音，而语法的变化相对来说则较为缓慢。

与世界上的其他语言一样，汉语词汇的发展也是积累式的，新词不断产生，同时也有少量旧词消失。随着社会的发展，新事物不断地出现，各个历史时期都在产生新词，词汇的总量不断增多。据学者统计，甲骨文中表达衣、食、住的字只有15个，金文中累积到71个，汉代的《说文解字》中则增加到297个，几乎是甲骨文的20倍。越是社会变革时期，词汇积累的速度越快，如先秦百家争鸣时期、近代城市文化发展时期、现代民主革命和社会主义革命时期、当代改革开放时期，乃至进入21世纪之后的信息社会时期，都是汉语词汇积累的高峰期。文化交流和语言接触是汉语词汇不断丰富的另一个途径，这种现象在不同的历史时期都存在。汉代就吸收了来自匈奴的"骆驼""琵琶"，来自西域的"葡萄""苜蓿"，来自梵语的"袈裟""菩萨"等。20世纪以来吸收的外来词语则远远超过了以往，如"幽默""吉他""法兰绒"等，进入互联网时代之后则又有"博客""粉丝"等新词汇出现。旧词的消失有些是反映了旧事物的消亡，如"耒""耜""衮"。有些词的消失则并不意味着它所表示的事物或概念的消亡，而是随着人们思维的发展和社会生活的变化，淘汰了那些概括性太差的词，而代之以短语，如上古没有"鞋"字，不同用途或不同材质的鞋各有单独的名称，如"屦""舄"等。"鞋"字出现之后则代之以"皮鞋""布鞋""运动鞋""休闲鞋"等。汉语的词汇系统是处在不断变化过程中的,但其历史上的基本词汇却保留至今,有些词的基本词义也未发生根本性的改变,它的稳固性使新词的出现有了坚实的基础。

汉语的语音由声母、韵母和声调三方面组成。古代没有录音器材,我们今天不可能获得古代语音的确切资料,但通过文献记载还是可以找到汉语语音变化的一些轨迹。大致来说,声母的变化主要是浊音清化。浊音是发音时有声带震动,声带不震动的则是清音。韵母的变化主要是入声韵尾的消失,今天在闽方言和粤方言中还保留了几种入声的韵尾。古代汉语有平、上、去、入四声,后入声消失,今天普通话的四声为阴、阳、上、去。

语法具有很大的稳定性,在整个汉语的发展历史上,汉语句子的基本词序变化不大,大致保持了这样的格局:主语在谓语之前,修饰语在被修饰语之前,动词在宾语之前。汉语语法是逐步发展的,其总体趋势是在句式日益丰富的同时,句子结构日益严密化。

汉语发展史上有一种特殊的现象,即言文脱节,就是口头语言与书面语言相分离。五四新文化运动之前,汉语正统的书面语一直使用的是文言,它是以先秦口语为基础形成的书面语。秦以后,汉语的口语随时代的发展而不断的变化,但模仿先秦经史文献的书面语则相当固化,直到20世纪初的白话文运动兴起之前没有本质性变化。古代汉语(文言)与现代汉语(白话)是时代距离很大的汉语不同阶段的语言,现代人不通过专门的学习很难读懂古代作品。但它们之间的传承关系也是很明显的,古今汉语的语法有一部分是完全相同或大同小异,古今词汇和语义虽然随时代而不断变化,但基本词汇也是相当固定的,古今之间并无鸿沟。古代汉语是现代汉语的源头,要用好现代汉语就需要古代汉语的相关知识。古代书面语言在两千多年间的相对固化,使汉语成为世界上最具悠久历史又富于稳定性的语言之一,它是中国文化持续发展的重要保障。同时,书面语的相对独立性对口语的发展演变形成了一定的制约,尤其是限制了各地方言的过分异化,也确保了中国文化的统一性。

二、汉字的产生

汉字究竟在什么时候产生,现今的考古资料还不能给出准确的答案。我们借以推测其产生时间的依据有二:一是历史典籍中的记载;二是从19世纪末开始出土的甲骨文。

中国古籍中记载了仓颉造字的传说,《吕氏春秋》中有"仓颉作书",人们习惯上也把仓颉作为中国文字的始祖。实际上,文字作为一种约定俗成的交际符号,不可能由一个人创造,而像汉字这样构造复杂、数量众多的文字,也绝非凭一个人的聪明才智能造得出来。所以真实的情况可能如《荀子·解蔽》中所说的那样:"好书者众矣,而仓颉独传者,壹也。"所谓"壹"是"专一",仓颉对文字有专一的研究,他应该是对文字的整理统一做出了贡献。章太炎在其《造字缘起说》中说道:"仓颉者,盖始整齐划一,下笔不容增损。由是率尔著形之符号,始为约定俗成之书契。"这段话肯定了仓颉在汉字规范化方面的贡献。《汉书》

和《说文解字》称仓颉是黄帝的史官，如果这一说法可信，那么距离现在大约是4600年。如果在4600年前已有可供仓颉整理的文字，那么文字的产生至少要在5000年前。

从1898年起，在河南安阳殷墟遗址等地陆续出土了大量刻有文字的甲骨，到目前为止，数量已逾10万片，这就是在中国文化史上占据重要地位的甲骨文。甲骨文已具备如下特点：首先，甲骨文中的象形字已是用线条表示的符号，已完成了从绘画到符号的进化；其次，甲骨文中一些文字的用法已不是原始的意义，而是借用它的声音用作别的意思，如"凤"字是借凤鸟之"凤"；再次，从甲骨以及陶器上书写的文字，可知当时已使用毛笔和黑色颜料，书写工具已相当完备；最后，已初步形成"下行而左"的书写规范。从中我们可以看出，商代的甲骨文已经是很成熟的文字。这些证据也足以表明，中国文字起源于5 000年前的说法并不夸大。

三、汉字的规范化历程

文字产生之后，其规范化是一项艰巨而漫长的工程，对汉字这样的象形文字尤其如此。我国历史上的历代统治者都很重视文字规范化工作，出现过几次大规模的文字规范化运动。秦代的"书同文"是历史上第一次由中央政府领导的正字运动。战国时期，七国争雄，各自为政，言语异声，文字异形。秦始皇统一中国后，把各国原有的文字统一为小篆。为了使统一后的文字得以推广，秦始皇在巡游各地时，所到之处用标准的小篆刻石记功，还用小篆书写大量诏令。秦代的"书同文"虽因统治时间短暂而未起到应有的效果，但它对促进经济、文化发展和巩固国家统一仍有重大的意义。

汉代是隶书的成熟期。而汉字经过隶变，异体字激增，造成经籍文字讹谬，人们竞相以己意讲解字形。东汉学者许慎面对文字使用和讲解中的混乱情况，以小篆字形为主，作《说文解字》，展示出汉字是一个相互联系的体系，牵一发而动全身，不可妄自解说。后人给《说文解字》以极高的评价，所有的文字都以《说文解字》作为重要参照。但是《说文解字》所收字形为小篆，与当时使用的隶书和后来的楷书均有差距。所以，人们所面临的文字规范化任务依然艰巨。东汉灵帝熹平年间，著名学者蔡邕等受命用汉隶刊刻成著名的熹平石经，为《周易》《尚书》《鲁诗》《仪礼》《春秋》《公羊传》《论语》七种经书提供了石刻标准本，这是中国历史上第一次用碑刻经书的方式对经典语言文字进行规范的伟大工程。据《后汉书·蔡邕传》记载，石经刊刻之后，"其观视及摹写者，车乘日千余辆，填塞街陌"。这项工程对语言文字的统一和文化的传播起到了重要的作用。60多年以后，魏正始年间，以古文、小篆和汉隶三种字体刊刻《尚书》《春秋》和部分《左传》。正始石经又被称为三体石经，它的隶书文字与熹平石经是同一时期的正规文字，字形是一致的。

到了唐代，经过魏晋南北朝的战乱，文字讹谬现象又趋严重。并且，这一时期在隶书向楷书转变的过程中形成大量的异体字，文字书写非常混乱。为了适应政治上大一统的需要，也为了维护儒学的正统地位，颜师古奉诏考订五经文字，作《五经定本》颁行天下，作为经书的标准本，他还将自己考订五经文字的成果编成正字著作《颜氏字样》。从此，唐代许多学者致力于正字学，产生了一些有影响的正字著作，如颜元孙的《干禄字书》、张参的《五经文字》、唐玄度的《九经字样》等。其中《干禄字书》经著名书法家颜真卿书写后摹刻上石，有广泛的影响。唐代以后，楷书通行，历代政府仍通过刊刻石经来对语言文字进行规范、统一，并有不少学者致力于正字研究工作。清代康熙皇帝钦敕编纂的《康熙字典》是古代汉字正字工作的总结之作，为汉字的定型、定音、定义做出了贡献。

尽管文字规范化工作受到历代统治者的重视，语言文字学者也做出了不懈的努力，但由于种种原因，整个封建时代语言文字的规范化程度依然很低。中华人民共和国成立之后，政府非常重视语言文字规范化工作。一方面大力推广普通话，另一方面成功地推行了简化字方案。普通话和简化字的大力推行，保证了语言文字的健康发展。

第三节　汉语言文字的特点

世界上的语言大约有 5000 种，但使用人口超过百万的语言不过 140 种，其中汉语使用人口最多，并且是六种联合国工作语言之一。

一、汉语的特点

汉语的特点，归纳起来大致有三：

首先，单音节。与一切拼音语言不同，汉语的一个字（不是词）就是一个音节，而拼音语言往往一个字（也是词）不止一个音节。拼音语言不能用一个字代表许多音，汉语则能。同时，汉语的一个音节能对应多个词。因多词同音，单凭词音往往不能领会词义，必须借助于文字。

其次，分声调。汉语是有声调的语言，古汉语有"平、上、去、入"四声，现代汉语普通话有"阴平、阳平、上声、去声"四个声调。汉语用声调来区分词意，辨识一个词的意思，不仅要听其音，还要辨其调，单凭语音会发生理解的歧义。如"梅花"和"美化"、"简短"和"间断"、"卖盐"和"买烟"都是声调不同构成的不同词语。

最后，词形固定。汉语的词用在句子里时，没有表示语法关系的词形变化，每一词的功用、意思以及词与词之间的语法关系，主要借助于虚词与词序来表示。如"文人"与"人文"、"形成"与"成形"，因词序不同，意思是不一样的。因此，汉语的词序很严格，不能随意变动。《清稗类抄》中有这样一则笑话：有一个官员为母亲做寿，他的一个下属送来四个金字：德、配、孟、母。谁知悬挂起来时将顺序弄错了，结果成了"母配孟德"。同样的四个字，只因顺序排列不同，意思完全不一样，原来的赞颂之词成了令人尴尬的滑稽语。

二、汉字的特点

世界上的文字按照文字形体直接显示的信息可分为两大类：表音文字和表意文字，汉字属于表意文字。世界上的文字大都起源于图画文字，表音和表意是图画文字发展的两大趋势。古埃及文字和两河地区的楔形文字都经历了从图画文字向表意文字的发展过程，我们也称之为象形文字。但这些古老的象形文字因为种种原因，最终都失去了其使用价值，被历史的尘埃所湮没。只有汉字在数千年的历史发展中，始终顽强地维护着自己表意文字的特点，成为世界上最古老、最有严密系统的文字，同时它也是中国文化源远流长、不曾中断的最有力的证明。

汉字的特点大致可归纳为以下三点：

首先，二维构形。就字的形体而言，汉字是在一个二维平面上构形的。这个二维度的空间，为汉字构件的结合提供了许多区别因素，除了不同构件可以组合成不同汉字之外，相同的构件也可以组成不同的汉字。如"木""林""森"是构件多少的差别造成的，"叶""古""呆""杏"是构件位置排列不同造成的。

其次，形式之美。汉字的形式之美缘于其方正的字形结构，所以，刻板印刷则具有堂皇、典重、严肃、匀称、统一之美感。事实上，自殷商的甲骨文就极讲究行文的整齐划一。周代的青铜器铭文有些已画成方格，配合行数字数，很有规律。汉字的方块字结构，使其字句可以结合成任何需要的形式，因此中国有四言、五言、七言的诗，也有讲究对仗工整的四六体骈文，汉语可以使用对偶的修辞方式，对联也是汉语言文字所独有的形式。拼音文字也可追求形式上的美观，但毕竟不如汉字成功。

最后，文字本身是一种艺术。所有的文字，其原始形态都属于图画。但文字进化之后就逐渐脱离了图画形式，成为语言的符号，而不再具有审美价值。唯有汉字仍然是一种艺术，这是汉字相对于世界其他文字而言所具有的独特现象。这一方面是因为汉字使用毛笔作为书写工具，使构成汉字的构件及笔画富于变化；另一方面则是因为汉字的方块字形，字形本身容易显示对称划一之美。因此，中国从古至今产生了许多书法家，书法作品与绘画、雕塑等其他艺术作品一样，为人们珍藏，使中国文化多了一宗遗产，这也是其他文化所不具备的。

第二章 文化视角下的汉语言文字基础

第一节 字、词、句常识

一、汉字的特点与应用

（一）汉字是形体表意的文字

与西方拼音文字完全表音不同，汉字自成系统并记录汉语以来，就是以形体直接或间接表达所记录基本语言单位意义的，所以汉字又被称作表意文字或意音文字，如"山、手、刃、本、休、牧、楼、露"等。

（二）汉字的构造方法

汉字的构造方法一般可归结为"六书"，即象形、指事、会意、形声、转注、假借。其中后两种被看作是用字方法，下面简单介绍前四种：

（1）象形：直接用线条描摹事物的形状以表示其字义，一般为独体字，如"日、山、川、木、人、元、耳、口、燕、门、止、果"等。

（2）指事：用抽象的点线或将这些点线加在象形字上以表示字义，也为独体字，如"一、二、三、上、下"以及"旦、刃、至、介"等。

（3）会意：组合几个有意义的符号表达字义，如"休、从、明、寒、武、晶、众、争"等。

（4）形声：用一个表意成分和一个表音成分组合起来的字，如"湖、露、珊、楼、狗、简、态、修"等。

（三）汉字形、音、义的关系

汉字虽也有表音成分，但都以表意为主。形体构成成分多、结构复杂，形、音、义关系多样，加上历史的音义演变等因素，给汉字的认、读、写带来如下值得注意的情况：

（1）形似字：字形相似而音义不同，或字形相似且音同、音近、义近的字，如"己（jǐ）、已（yǐ）、巳（sì），戊（wù）、戌（xū）、戍（shù），拆（chāi）、折（zhé、shé），辨（biàn）、辩（biàn）"等。

（2）异体字：即音义相同而字形不同的字，如"泛-氾、辉-煇、迹-跡、奔-犇、村-

邨、仇-讎、果-菓、泪-淚、乃-迺、群-羣、升-陞"等。各组中前一个为规范字，后一个为异体字。国家已经发布的《第一批异体字整理表》（1955）对此做了规定。

（3）繁体字：相对于规范的简体字而言的一种字体，如"机-機、学-學、习-習"等组中的后一个字。按规定，在一般场合只能使用简体字，除了书法、教学等特殊需要外。

（4）错别字：将字写得不成字的叫错字，将甲字写成乙字的叫别字。在书面语中，特别是在用电脑写作的文本中，别字是最容易出现的。如下列各词中都有别字，括号内的为正确的写法：

原形必（毕）露　通宵（宵）达旦　走头（投）无路　以身作则（则）
再接再厉（励）　一愁（筹）莫展　换（焕）然一新　一股（鼓）作气
相形见绌（绌）　脍炙（炙）人口　夜宵（宵）蕴（酝）酿
霎（刹）那布（部）署　按（安）排编辑（辑）

二、词的构成与分类

同古代汉语以及其他语言相比，现代汉语的词有两个主要特点：一是词语呈双音节化的趋势，如"学习、眼睛、桌子"在古代都是单音节的；二是构词的方式多样。

（一）词语的构成方式

由一个有意义的最小单位（语素）构成的词叫单纯词，如"天、好、秋千、沙发、太太"等。

由两个以上有意义的最小单位构成的词叫合成词，从构成成分特点上来看，合成词又可以分为：

（1）复合词：由两个以上的实意语素构成的词。例如，民主、心疼、年轻（主谓），壁画、雪白、自来水（偏正），语言、骨肉、反正（并列），司令、枕头、理事（动宾），放松、说明、缩小、房间（动补）等。

（2）重叠词：姐姐、星星、刚刚等。

（3）派生词：老师、阿姨、第一（前缀+词根），桌子、念头、红彤彤（词根+后缀）等。

（二）词义及其聚合类

词义是人们对客观事物的概括及其主观评价，具有概括性、模糊性和民族性。词义与词形也有复杂的关系，并由此构成了多样的词义聚合体，如：

（1）多义词：是指词语在使用过程中，通过不同方式产生了两个以上的意义，如"木"最初表示"树"，后来通过相关的方式产生了"木材、寿材"等意义；"布衣"原来表示"粗布衣服"，后来通过借代的方式产生了"百姓"的意义；"台柱子"原来表示"支撑舞台的柱子"，后来通过比喻的方式产生出"重要的人物"的意义。

（2）反义词：意义相对或相反的词，包括完全相反且没有中间状态的词和意义相反但有中间状态的词，前者如"死-活""动-静"，后者如"黑-白""冷-热"等。

（3）同义词：指几个意义相同或相近的词语。该类词语既是词语对客观事物的自然反映，也表现出各民族对事物的不同认识，在词语运用中有特殊的价值，需要仔细进行辨别。

（三）同义词的辨别

同义词是客观事物中相同或相近属性的反映，也是一定文化发展的结果，与语言的历史发展也有着紧密相关，是语言运用中一个非常重要的方面。掌握丰富的同义词，灵活运用同义词，能有效增强表达能力。为了获得这一能力，掌握同义词的差异和辨别方法很重要。

同义词之间的差异有多种表现，但主要可以从以下几个方面去看：

（1）基本意义的差异：指几个同义词之间，在程度的轻重、范围的大小、个体与集体等方面有区别。如"损坏"比"毁坏"的程度要轻；"边疆""气候"比"边境""天气"的范围要大；"河""信"是个体的，"河流""信件"就是集合的。

（2）色彩风格的差异：所谓色彩，是指词语在理性或概念意义以外的表达人的主观评价的意味。同一个对象，从不同的角度去看，会有不同的效果。例如，同是表示"结果"的意义，"成果"比"后果"更有褒赞色彩；同是"帮手"的意思，"助手"不带有"帮凶、爪牙"的贬义色彩；都表示"偶然遇到"，"碰（到）"适宜于日常口语，"邂逅"则有书面语色彩；都表示"住宿"的意思，"过夜"具有口语色彩，而"下榻"就要庄重得多。

（3）适用对象的差异：指词语在搭配上产生的习惯性分工。如"关怀"与"关心"都可以带名词做宾语，但"关怀"的对象多为人，而且是年龄小、地位低的，但"关心"的对象既可以是人（无尊卑年龄的差异），也可以是事情；"胖"与"肥"都表示"动物脂肪多"，但"胖"多用于人，"肥"多指其他动物，否则就有骂人或开玩笑的意味了。

（4）语法功能的差异：指意义相同但语法特点不同。如"突然"与"忽然"同义，但"突然"可以做谓语（事故很突然），也可以修饰名词（突然事件），而"忽然"就不行，因为前者是形容词，后者是副词。又如"刚才"与"刚刚"等也是一样。

（四）词的语法特点

词语在语法结构组合上具有自己的特点，我们可以据此对词语进行分析分类。首先把词语分为实词（能直接充当句子成分）与虚词（不能直接充当句子成分）。前者又可以分为名词、动词、形容词、副词、代词、数词、量词，后者可以分为连词、介词、助词、语气词、叹词、象声词。

三、句子的构造与分析

（一）单句

单句是由词或短语构成的，具有特定语调，能够完成简单交际任务的表达单位。从结构上来看，单句有主谓句和非主谓句之分。

（1）主谓句：由被陈述对象与陈述所构成的简单句，如"王明去上海了""太阳出来了"等。在特定语境中省略掉主语或谓语的句子，也是主谓句，如"去哪儿？"与"书店。"

这一问一答都是主谓句。

（2）非主谓句：由单个的词或主谓关系以外的短语组成的句子，这些句子不需要主语或谓语，也补充不出特定的成分，如"妈妈！""谁？""哎""出太阳了。"等。

（二）复句

复句是两个或两个以上在意义上有密切联系的单句，用语法手段组成的更大的句子。根据分句之间的联系，可以将复句分为：

（1）并列复句：分句之间是平等、并列的关系，这样的复句叫并列复句。常用的关联词有：既（又）……又、不是……而是、一方面……一方面等。例如，阳光下的大草原就像一个剽悍的北方大汉，粗犷放达，而夜幕下的草原则是那样的温情脉脉，平静如水了。

（2）承接复句：分句按照时间顺序描述事件发展的过程，或按空间方位描写其情景、状态的复句，又称连贯复句。常用的关联词有：然后、接着、就、于是、便、才等。例如：

王有才刚走到村口的老槐树下，便听到不远处似乎有人在悄悄说话，于是，他慢慢地向那边靠近。

（3）选择复句：几个复句提出几种情况或可能性，以供判断或做出选择，这样的复句叫选择复句。常用的关联词有：或（者）……或（者）、要么……要么、是……还是、宁可……也不等。例如：

①这次去旅游的地方，不是杭州，就是黄山。

②与其要永远在他的棍棒下讨日子过，还不如与他拼个你死我活。

（4）分合复句：几个复句在逻辑上有数量上的分合关系或意义上的解释关联，这种复句叫分合复句。例如：

我有两个想法，一个是通过他父亲把信递上去，一个是我们直接闯进机关大院送进去。

（5）递进复句：几个分句在语义程度上逐渐加深、强化的复句，叫递进复句。常用的关联词是：不但……而且、不仅……更、……反而（甚至、更、何况）、尚且……更不必等。例如：

他昨天去了我们办公室，还讲了很多难听的话。

（6）转折复句：前后分句之间在语义上不是顺接关联，而是在第一个分句后发生意义逆转，对前一个分句或进行否定，或进行补充，这种复句叫转折复句。常用关联词是：尽管……然而（也）、虽然……但是、……却（不过、只是、可）等。例如：

文章写得确实有新意，不过，如果能在语言上能再精练些就更好了。

（7）因果复句：前后复句之间表述了原因和结果的关系的复句，叫因果复句。常用关联词是：因为（既然、由于）……所以（那么）、之所以……是因为、……以免（以便、借以）等。例如：

根据我的经验，越是好听的话，越是漂亮的话，越不可信。所以话越讲得漂亮，就越需要有事实来做证，即使是一些普通的事情。

因果复句中还有一种类型，主要侧重于表达目的与结果的关系，有人称其为目的因果。例如：

为了实现社会的真正和平，他愿意赴汤蹈火。

（8）条件复句：前后分句之间含有条件与在条件下所产生的结果之类的逻辑关系的复句。常用的关联词是：只要……就（都、便）、只有……才、除非……才、不论（无论、不管）……都等。例如：

只要按照规定的步骤去做，你的实验就不会出这么大的事故。

（9）假设复句：前后分句之间表达了假设与在该假设的前提下可能产生的结果，这样的逻辑关系的复句。常用关联词是：假如（倘若）……就、如果（要是、要不是）……那么等。例如：

如果不是巡警及时赶到并制止他们的斗殴，那个小个子很可能会被打死。

（10）让步复句：前一个分句退后一步地提出一个条件，但后一个分句并没有顺沿这个条件产生相应的可能性结果，而是产生了一个相反的结果，糅合了假设和转折，这就是让步复句。常用关联词是：纵然（即使、即便、即或）……也。例如：

即使我们的国家强大了，我们也不会去侵略别的国家。

第二节 修辞

一、一般修辞要求

修辞是指运用语言进行表达交际的言语活动，包括日常会话、演讲，也包括公文写作、庄重的外交辞令等。为了顺利地实现交际目标，在说话、写作时应遵循以下基本要求：

（1）切语境。任何言语活动都是发生在一定场景中的，因此修辞活动要考虑到交际语境的特点，包括具体环境，对象的身份、性别、年龄等。如同样是劝人吃饭，对家人我们可以说"吃饭吧、吃饭咯"，不高兴时甚至可以说"快吃吧"；但对邀请来的朋友，我们就可能要讲究些了，比如"没有好菜，多吃点饭""粗茶淡饭，不成敬意"之类的话就很合适；而在庄重的宴会上，主人可能就会对大家说"请大家入座（举杯）"等。

（2）讲礼貌。作为一个文明的人，在社会交际中应充分考虑到社交礼仪，尤其在我们这样一个礼仪之邦的国度。这不仅意味着在日常生活中要多为别人考虑，使用"请""谢谢""对不起"等日常用语，在事务工作、各种关系往来中，也要注意礼貌称谓等，以此创造并维护一个正常愉快的工作和生活环境。

（3）和节奏。汉语的单音节表意与词汇双音节化等特点，常常在句子的音节上要求节奏和谐、韵律协调，如"加以"要求与双音节的"改革"组合，而不能仅跟一个"改"或"革"。

（4）要得体。所谓得体，就是要求语言表达要规范、语义连贯、词句简洁、表意准确，使修辞活动获得整体上得体的效果。

二、常用修辞手法

所谓修辞手法，是指在长期语言运用过程中形成的，有特殊形式和表达价值的方式。常见的修辞手法有：

（一）比喻

用与本体的本质不同，但有相似性的喻体，来描写或说明本体，从而更形象、生动地表现喻体的特征或作用，这种辞格叫比喻。例如：

许多女人的大眼睛（本体）只像（喻词）政治家讲的大话（喻体），大而无当（相似点）。

根据表达功能及形式特征，比喻主要可以分为明喻、暗喻和借喻这三种类型。

（1）明喻：直接明白地用喻体来描写或说明本体的比喻类型。形式上常以"像""似""如""宛如（然）""仿佛"等动词来连接本体和喻体。例如：美式婚姻像吃口香糖，越嚼越乏味，最后吐了；中式婚姻像吃长生果，越嚼越香，最后咽了。

（2）暗喻：直接将本体等同于喻体，以描写或说明本体的比喻类型。常用"是""成为""等于"等动词连接本体和喻体。例如：

①古典主义是低眉的菩萨，浪漫主义是怒目的金刚。

②想想个人的未来，也为我的朋友——窗台上的那盆君子兰担一份心。

（3）借喻：不出现本体，也没有比喻词，直接用喻体替代本体进行描写或说明本体的比喻类型。例如：

①在看到学术繁荣的同时，我们也必须承认其中充斥着不少的垃圾。

②傅家杰是体贴的。他在屋里拉起一块绿色的塑料布，把三屉桌挪到布幔后，希望能在这瓶瓶罐罐、哭哭啼啼的世界里，为妻子另辟一块安定的绿洲，使她能像以前一样夜夜攻读。

（二）比拟

直接用描写或陈述乙的词语来描述或陈述甲，从而实现将人当作物或将物当作人来写的表达目的，这就是比拟修辞格。

从比拟两方面的关系看，可以分成拟人与拟物。

（1）拟人：就是把事物或其他动物当作人来写。例如：

①这是革命的春天，这是人民的春天，这是科学的春天！让我们张开双臂，热烈地拥抱这个春天吧！

②秋收时节，无际的田野里，拥挤着沉甸甸的稻穗，谦恭地弯着腰，向人们诉说着劳动的收获。

（2）拟物：把人当作物，或把此物当彼物来写。例如：

①路旁的树枝不断地切割着夕阳，把光的碎屑不断地洒向他的全身，这给他一种捉摸不定的行进的感觉。

②我到了自家的房外，我的母亲早已迎着出来，接着飞出了八岁的侄儿宏儿。

（三）对偶

对偶是用一对结构相同或相近、字数相等的句子或短语，并列起来表达相连、相对或相反意思的修辞手法。例如：

①书山有路勤为径，学海无涯苦作舟。

②劳心苦，劳力苦，苦中有乐，再炒一盘菜来。（某酒店门联）

③死者长已矣！死而能申民志，申国权，死犹不死；生者为何乎？生而成为奴隶，为牛马，生亦徒生。

④为有牺牲多壮志，敢教日月换新天。

⑤增加绿化意识，改善生存环境。

（四）夸张

夸张就是故意超出事物或行为等在范围、数量、程度等方面的逻辑极限进行表述，从而表达出喜悦、悲伤、惊愕等情感的辞格。夸张可以分为扩大夸张和缩小夸张两种。

（1）扩大夸张：故意突破事物、行为在范围、程度、时间等方面的属性，并往大、高、强、快等方面去描述的夸张。例如：

①别哭了，就是你哭出一太平洋的泪来，也唤不回他要离开你的那颗心。

②那小子是个早上娶媳妇晚上就想抱儿子的急性子，让他不说话比杀他还难。

（2）缩小夸张：故意违反事物、行为在范围、程度、时间等方面的属性，并往小、低、弱、慢等方面去描述的夸张。例如：

①别说你这转不过屁股的小县城，就是在北京，我也不怕你。

②小军很贪玩，语文、算术在他心中，只占芝麻绿豆般的地位。

（五）双关

双关是利用相应的语言条件，故意使一个语言单位（词、句子）关涉内外两层意义。其中"内"义即辞面，是通过词或句直接表达的；而"外"义即辞里，则是通过特定语境因素而间接实现的，这才是表达者真正要实现的意图。这是一种获得一箭双雕的表达效果的辞格。

根据辞面与辞里的关系，双关可分为谐音式、语义式和对象式三种。

（1）谐音式：利用词语的同音或近音关系，使某个词语关涉两个意义的双关。例如：

①他好赌，要命的是每次都是孔夫子搬家——尽是书（输），这样的日子还能过吗？

②我看你是贾家姑娘嫁贾家，贾门贾氏，明明是熊蛋包，还要往自己脸上贴金。

（2）语义式：利用词语或句子的多义性，使某个词语或句子关涉两个意义的双关。例如：

她们的死，不过像无边的人海里添几粒盐，虽然使扯淡的嘴巴们觉得有些味道，但是不久还是淡、淡、淡。

（3）对象式：指利用交际者之间的角色关系，借特殊的话题并使其产生关涉两层意义的双关。多用于暗示、讽刺、揶揄甚至谩骂，因此多为平时所说的"指桑骂槐"。例如：

家里人早把饭吃完，只有用过的碗筷狼藉一桌子一炕，等红芳收拾哩。万存媳妇坐在炕上哄孩子，头也不抬，话也不说，阴沉着脸，像要下雨的阴天。偏巧，她的小女儿扑哧拉了一堆屎。她又是数叨又是骂，冲着窗户，拉着声音叫狗来吃："花头——花头——"叫了半晌，花狗才进来。它习惯地往炕上一跳，万存媳妇顺势打狗一个大嘴巴，咬牙切齿恶狠狠地骂道："死狗，要给你脸你偏不要脸！这回，不给你个厉害，你算不知道马王爷三只眼。大雪连天的，还满处浪摇达去，家里的事还不够你揽？看浪够了，谁管你饭？天生贱骨头下流货！"红芳的脸一红，收了桌子回到自己房里。

（六）借代

用与所描写的对象有直接关联的因素代称描写对象，以突出对象的特征，使表达简练并富于变化，这种辞格叫作借代。根据辞面与辞里间的关系，可将借代分为许多形式。这里主要介绍三种常见的类别：

（1）特征代：指用与本体有关的特征代称本体的借代。

例如：大妈说："两天前，老王家来了一个红头发小伙子。昨天傍晚，我看见红头发急匆匆地背个包走了。"

（2）成分代：指用本体的构成成分代称本体的借代。例如：

①军队驻扎一个月，没有动过群众的一针一线。

②为了两国尽早恢复外交关系，北京和华盛顿都秘密地有了惊人的举动。

（3）材料代：指用本体的构成材料代称本体。例如：

我最佩服北京双十节的情形。早晨，警察到门，吩咐道："挂旗！"各家大半懒洋洋的踱出一个国民来，撅起一块斑驳陆离的洋布。这样一直挂到深夜———收了旗关门；几家偶然忘却的，便挂到第二天的上午。

其他还有地名代、作者代、品牌代等多种形式。

（七）排比

用三个以上字数大体相等、结构相似、语气一致的短语或小句，表达相关意义，以获得形式整齐、增强语言气势等表达的效果，这种辞格叫排比。根据构成单位之间的内容关系，排比可分为平排和递排两种。

（1）平排：排比的构成单位之间，在内容上具有并列平铺的关系。例如：

①每间屋子里面的摆设都差不多一样：拣来的一张或两张床，拣来的桌子，拣来的电视机和收录机……

②层层的叶子中间，零星地点缀着些白花，有袅娜地开着的，有羞涩地打着朵儿的，正如一粒粒的明珠，又如碧天里的星星，又如刚出浴的美人。

（2）递排：排比的构成单位之间，在内容上具有逐层递进的关系。例如：

《保卫卢沟桥》是我们在战时工作的开始，我们热烈地希望这个剧本能够广泛地上演于前后方，我们更希望这个戏能和我们———和剧中所有的民众士官们相共鸣，高呼：保卫卢沟桥！保卫华北！保卫祖国！一切不愿做奴隶的人们，起来呀！

（八）顶真

用前一个句子的结尾部分做后一个句子的开头，使相邻的两个句子头尾蝉联，以取得环环相扣、表意紧凑的效果，这种辞格叫顶真，也称顶针、联珠。根据顶真的材料，可分为词语顶真和句子顶真两种。

（1）词语顶真：以词或短语为材料单位构成的顶真。例如：

①敌人进村后走了一截，见没有什么危险，这才大起胆子，逢门便捣，捣开便进，进去便翻箱倒柜，搜寻财物。

②古人说，"修身、齐家、治国、平天下"，这里面是大有讲究的。"修身"才能"齐家"，"齐家"才能"治国"，"治国"才能"平天下"。所以，"齐家""治国""平天下"也者，基础在于"修身"。

（2）句子顶真：以句子为材料单位构成的顶真。例如：

要改变文艺界的作风，首先要改变干部的作风；要改变干部的作风，首先要改变领导干部的作风；要改变领导干部的作风，首先要从我们个人做起。

（九）反语

在一定语境中，某个词语实现的并不是其原来的意义，而是与它相反的意义，这就是反语辞格。根据反语的程度和性质，可以分为讽刺反语和风趣反语：

（1）讽刺反语：严格意义的说反话，旨在批评，可以用反义词替换。例如：

①高雅的人说，"白话鄙俚浅陋，不值得识者一哂之者也"。

②我真"恨"这月牙弯，不光是相见恨晚！我"恨"这月牙弯的滩，恨她这如诗如画的名，恨她那勾魂夺魄的美，恨她这隔绝了尘世的喧嚣的宁静。

（2）风趣反语：表面上似乎在说反话，但目的在于风趣幽默，不能用反义词替换。例如：这屯子还是数老孙头能干，又会赶车，又会骑马，摔跤也摔得漂亮，吧嗒一响，掉下地来，又响亮又干脆！

（十）仿拟

根据现有的词、句等语言单位，更换其中的某个要素，以获得新鲜生动的表达效果的辞格。有较多是仿词句，例如：

①赌海无边，回头是岸。

②我也笑着答应一两句，还没有等说完，就被小妹拉到后院里葡萄架下，叫我和她

一同坐在椅子上，要我说故事。我一时实在想不起来，就笑说："古典都完了，只有今典，你听不听。"

③对嘛，"文化革命"就是改造人的大革命。那几年，我不就被改造成家庭妇男了吗？不信，你问文婷，我什么不干？什么不会？

也有仿篇章的，下面这篇短文就是模仿刘禹锡的《陋室铭》而成：分不在高，及格就行；学不在深，作弊则灵。斯是教室，唯吾闲情。小说传得快，杂志翻得勤。琢磨下象棋，寻思看电影。可以打瞌睡，写家信。无书声之乱耳，无复习之苦心。虽非跳舞场，堪比游乐厅。心里想：混张文凭。

第三节　标点符号的使用

一、标点符号及作用

标点符号是书面语言中不可缺少的辅助符号。1990 年，国家语委与新闻出版署联合发布《标点符号用法》，共列出标点符号 16 种。

标点符号分为标号和点号。

标号的作用在于标明语句或句中成分的性质和作用。常用的标号有 9 种，它们是：引号（""''）、括号（()）、破折号（———）、省略号（……）、着重号（.）、连接号（-）、间隔号（·）、书名号（《》）和专名号（_）。点号的作用在于点断，主要表示说话时的停顿和语气。点号又有句内点号和句末点号，句内点号用在一个句子的内部，用于标记句子内部语气的变化与作用，有逗号（，）、顿号（、）、分号（；）和冒号（：）4 种；句末点号用在句末，标记整个句子的某种语气，有句号（。）、问号（？）、叹号（！）3 种。

二、标点符号的用法举例

（一）标点符号单用

标点符号的一般用法，限于篇幅无法详说，可参见《标点符号用法》（GB/T15834—1995），这里仅简单介绍几个容易误用的情况。

（1）逗号：逗号的形式为","。

句子内部主语与谓语之间如需要停顿，用逗号。例如：我们看得见的星星，绝大多数是恒星。

句子内部谓语与宾语之间如需要停顿，用逗号。例如：应该看到，科学需要一个人贡献出毕生的精力。

句子内部状语后面如需要停顿，用逗号。例如：对于这个城市，他并不陌生。

复句内部各分句之间的停顿，除了有时要用分号之外，都要用逗号。例如：据说苏州园林有一百多处，我到过的不过十多处。

（2）顿号：顿号的形式为"、"。

句子内部并列词语之间的停顿，则用顿号。例如：

①亚马孙河、尼罗河、密西西比河和长江是世界四大河流。

②正方形是四边相等、四角均为直角的四边形。

（3）分号：分号的形式为"；"。

复句内部并列分句之间的停顿，则用分号。例如：

①语言，人们用来抒情达意；文字，人们用来记言记事。

②在长江上游，瞿塘峡像一道闸门，峡口险阻；巫峡像一条迂回曲折的画廊，每一曲，每一折，都像一幅绝好的风景画，神奇而秀美；西陵峡水势险恶，处处是急流，处处是险滩。

非并列关系（如转折关系、因果关系等）的多重复句，第一层的前后两部分之间，也用分号。例如：

我国年满18岁的公民，不分民族、种族、性别、职业、家庭出身、宗教信仰、教育程度、财产状况、居住期限，都有选举权和被选举权；但是依照法律被剥夺政治权利的人除外。分行列举的各项之间，也可以使用分号。例如：

中华人民共和国的行政区域划分如下：

"（一）全国分为省、自治区、直辖市；

（二）省、自治区分为自治州、县、自治县、市；

（三）县、自治县分为乡、民族乡、镇。"

（4）冒号：冒号的形式为"："。

用在称呼语后面，表示提起下文。例如：

同志们，朋友们：现在开会了。

用在"说、想、是、证明、宣布、指出、透露、例如、如下"等词语后面，表示提起下文。例如：

他十分惊讶地说："啊，原来是你！"

用在总说性话语的后面，表示引起下文的分说。例如：

北京紫禁城有四座城门：午门、神武门、东华门和西华门。

用在需解释的词语后面，表示引出解释或说明。例如：

外文图书展销会

日期：10月20日至11月10日

时间：上午8时至下午4时

地点：北京朝阳区工体东路16号

主办单位：中国图书进出口总公司

共括性话语的前面，也可以用冒号，以总结上文。例如：

张华考上了北京大学，在化学系学习；李萍进了中等技术学校，读机械制造专业；我在百货公司当售货员：我们都有光明的前途。

（5）引号：引号的形式为双引号""""和单引号''''。

行文中直接引用的话，用引号进行标示。例如：

①爱因斯坦说："想象力比知识更重要，因为知识是有限的，而想象力概括着世界上的一切，推动着进步，并且是知识的源泉。"

②"满招损，谦受益"这句格言，流传到今天至少有两千年了。

③现代画家徐悲鸿笔下的马，正如有的评论家所说的那样，"神形兼备，充满生机"。

需要着重论述的对象，用引号标示。例如：

古人对于写文章有基本要求，叫作"有物有序"。"有物"就是要有内容，"有序"就是要有条理。

具有特殊含义的词语，也用引号标示。例如：

①从山脚向上望，只见火把排成许多"之"字形，一直连到天上，跟星光接起来，分不出是火把还是星星。

②这样的"聪明人"还是少一点好。

引号里还要用引号时，外面一层用双引号，里面一层用单引号。例如：他站起来问："老师，'有条不紊'的'紊'是什么意思？"

（二）标点符号的连用

在书面语言中，标点符号多数情况下是单独使用的，但也有两种以上连用的。主要有以下几种情况：

（1）引号与点号连用：书面语言中经常有引用文字，就遇到引号与点号的连用。一般情况下有两种处理：凡是完整照录别人的话，末了的点号放在引号之内；凡是把引文作为第一作者一句话的一部分，末了的点号放在引号的外面。例如：

①俗话说："到什么山唱什么歌。"又说："看菜吃饭，量体裁衣。"

②我们有些同志喜欢写长文章，但是没有什么内容，真是"懒婆娘的裹脚布，又臭又长"。

（2）括号与点号连用：括号表示文章中注释的内容。注释部分可能是注释全句的，这叫句外括号；也可能是注释句中某一部分的，叫句内括号。句内括号紧贴在被注释部分之后，倘若正文在这里该用点号，点号放在括号之后；括号内部可以有逗号或分号，但不能有句号，即使是同一个句子。句外括号前面正文的点号用在括号之前；括号内部如果是句子，可以用句号。例如：

①这就是说，将群众的意见（分散的无系统的意见）集中起来（经过研究，化为集中的系统的意见），又到群众中去作解释，化为群众的意见，让他们坚持下去。

②全国各族人民间的大团结万岁！（长时间的鼓掌）伟大的祖国万岁！（全场起立。

热烈的经久不息的鼓掌，转为欢呼。）

（3）破折号、省略号同点号连用：破折号和省略号都是标号，用在有停顿的地方，不论是句中或句末。如果本来应该用点号的，可以用了点号再加破折号或省略号。例如：

①我竟不料在这里意外地遇到朋友了，————假如他现在还许我称他做朋友。

②阿Q，你以后有什么东西的时候，你尽可以送来给我们看，……

第三章　文化视角下的古代汉语言文字

第一节　古代汉语

一、什么是古代汉语

所谓"古代汉语"指的就是"文言",是以先秦口语为基础而形成的古代书面语言。这种语言在"五四"之前的文章写作中一直被人们所模仿、学习,只是由于"五四"倡导白话文运动,人们才不再以古汉语来写文章了。但是,现代汉语是在古汉语的基础上发展起来的,它不仅有继承关系,而且其中依然有很多有生命力的东西,何况它记载着我国古代大量的文献资料,所以学习古汉语有着双重的意义。古代汉语和现代汉语的差异具体表现在词汇、语音、语法等方面,现今保留下来的大量古代文献古籍,是学习古汉语最好的实用资料。限于教材的篇幅,我们只能够简略地介绍一下古汉语的相关知识。

二、古今汉语的构词特点

语言是音义结合的符号系统,词是这一系统中能够独立运用的最小单位。它可以是一个字,比如"冠""履"等,我们称其为单音节词。也可以是两个字,比如"边疆""婵娟""踌躇"等,我们称为双音节词。此外,还有多音节词,如"主人翁",这叫三音节词。在古代汉语中单音节词是大多数,双音节词很少,多音节词就更少了。有时两个字在一起,很容易被人误认为是现代汉语的双音节词,像"消息"一词,在古汉语中,最初是"消长"的意思。《易经》说:"日中则昃,月盈则食,天地盈虚,与时消息。"意思是世界上万事万物,总是彼消此长,有进有退,是在变化着的。再如,贾谊在《鹏鸟赋》中说:"合散消息兮,安有常则?"这句问话里的四个动词分别是聚合、离散、消亡、生长的意思,他问这到底是不是万物发展的客观规律。这样看来,古人所说的"消息"和现代汉语中所说的"消息"原本就不是同一个意思。又比如,古代的"数学"是指阴阳变化之学,而现在则是指算学。"睡"指的是打瞌睡,并不是现代汉语意义上的"睡觉"(古时称睡觉为"寐")。了解古汉语的构词特点和它的古意,是学好古代汉语的关键。

三、古今词义的发展演变

有些词语，是古今通用的，是现代汉语继承古代汉语的一部分。这些基本词语，一看就知道它的意思，用不着进行翻译。比如，手、肺、牛、马、羊、鱼、猫、大、小、长、短、蝴蝶、蟋蟀、天文、地理、山水、凄凉、萧条、寂寞、制度等。这是因为它们所反映的客观事物没有发生本质上的变化，它们是构成汉语的基本词汇。这些词语的存在确保了汉语发展缓慢并使其有了相对的稳定性。因为在词汇、语音、语法这三个要素中，能反映不断发展了的社会新事物的，当数词汇。有些词汇随着时间的推移，它已经变成旧词而逐渐消亡，而反映新生事物的新的词汇则不断出现，原有的词意也在不断的发展演变。这主要有两种情况：

（一）古今意义完全不同

古代汉语和现代汉语有很大的不同，甚至可以说它们是两种不同的语言系统。我们所说的古今不同主要是指词义的不同，一个古汉语词在书写上和现代汉语一样，但内涵却完全不一样。比如，《孟子·公孙丑上》中说"孟子去齐"，如果不知道"去"字在古代是离开的意思，就会以为是前往齐国的意思。又如，诸葛亮《出师表》中有一句话说："先帝不以臣卑鄙，猥自枉屈，三顾臣于草庐之中，谘臣以当世之事，由是感激，遂许先帝以驱驰。"在古汉语中"卑鄙"一词中的"卑"，是地位低下的意思，而"鄙"是学识浅陋，乃是诸葛亮的自谦之词，和现代汉语中的"卑鄙无耻""下流之极"完全不是一个意思。又比如，"绸缪"在古语中只是"缠绕"和"缚束"的意思，它出自《诗经》中著名的"鸟言诗"《豳风·鸱鸮》"迨天之未阴雨，彻彼桑土，绸缪牖户"。这是以鸟的口吻说要在下雨之前，把鸟巢捆扎结实。这句话后来演化成一句成语叫作"未雨绸缪"，就是比喻事前要做好准备，要防患于未然。这些古今意思不同的词，确实是学习古汉语的一大障碍，很容易产生误解，我们只好借助词典来识别了。

（二）古今意义同中有异

有一些古今常用词语，词义之间有一定联系，随着时间的推移，又有一定的发展，既有相同之处，也有不同之处。正因为如此，才有可能混淆它们之间的区别，很容易以今义去解释古义。词义中有异不同的情况，大体上有以下两种情形：

1. 词义范围的差异，这里有三种情况：

（1）词义的范围扩大，即今义的范围大于古义。词义的扩大是指表示的概念范围有了变化，即由指个别对象演变到指一般对象，由指具体事物演变到抽象事物，由专指某一事物演变到通指一切事物。例如：

响：[古]回声；[今]一般的声音。

商：[古]运货贩卖的人；[今]泛指一切做生意的人。

国：[古]指诸侯的封地；[今]指以国别区划的政权单位。

绪：[古]丝头；[今]指一切抽象事物的开端。

（2）词义的缩小，即古义的范围大于今义。例如"又"在现代汉语中通常只做副词使用，而在西汉以前的古汉语中，还具有存在动词"有"的意思。又如：

禽：[古]飞禽走兽的总称；[今]专指鸟类。

谷：[古]泛指粮食作物；[今]专指小米。

朕：[古]泛指第一人称；[今]专用于皇帝自称。

瓦：[古]泛指陶器；[今]指盖房顶用的建筑材料。

（3）词义的转移，即由一个范围转移到另外一个范围，它的主要特点是新意产生后，旧意就不存在了。即使后来在语言中能够看到，也都是以成语、熟语的形式出现的。例如：

书记：[古]图书、官府主管文书者；[今]党团各级组织的主要负责人。

中心：[古]心里；[今]正中，事情的主要部分。

丈夫：[古]男子汉；[今]成年男子，妻子的爱人。

2. 词义感情色彩的差异。古今词义的不同不仅表现在范围上，有时还表现在感情色彩上，主要可以分为两类：

（1）词义的褒贬倾向不同，包括三种情况：

古代是贬义，现在是褒义。例如：

锻炼：[古]冶炼，罗织罪名陷害他人；[今]进行思想、劳动、身体锻炼。

古代是褒义，现代是贬义。例如：

复辟：[古]指君位得以恢复；[今]指反动势力卷土重来。

爪牙：[古]国之重臣，君王得力的助手；[今]坏人的党羽、歹徒的帮凶。

有些词在古代属于中性，没有褒贬的意思，但到了现代却有了感情色彩。例如：

诛：[古]责备，词义很轻；[今]杀戮，词义很重。

感激：[古]愤激，词义很重；[今]感谢，词义较轻。

（2）词义的轻重不同，这里又有两种情况：

古代的感情色彩浓重，现代的词义感情色彩变轻。例如：

贼：[古]上古做动词用，指"毁害"，后又引申为"杀害"，一般认为凶狠、残忍，用暴力手段来达到不正当目的的人，"乱臣贼子"，即指此类人；[今]"贼"专指用非暴力手段偷窃他人财物者。

有些词正好相反，古代的感情色彩比较轻，现代的感情色彩反而比较重。例如：

恨：[古]"遗憾"的意思，有时又可以引申为"悔恨"的意思；[今]"痛恨""愤恨""仇恨"的意思，比感情色彩浓重得多了。

第二节 古代汉语词汇知识

一、词的本义和引申义

词的本义即词的本来意义,是与该词造字时的意义相合并有文献参证的意义。因此,了解词的本义有助于准确地掌握词义,认识词义演变的规律;同时,它对于提高阅读古文能力是有着很重要的意义的。如"兵"字,在金文里,"兵"的字形很像双手举斤,"斤"就是兵器;《说文》里说:"兵,械也,从廾持斤。"《孟子·梁惠王上》云"弃甲曳兵而走",这里的"兵",指的就是兵器。由此可见,兵器是"兵"的本义。成语中的"短兵相接",讲的就是"兵"的本义。语言是在文字之前产生的,汉字的历史只有4000多年,而语言的产生要比汉字早得多,它可能存在更老的含义,因为没有文字记载,无从考证。这里所说的本义是指造字时代的词义,而不是汉语出现时的词义或者说它的原始义。又如"及",在甲骨文、金文、小篆中有不同的写法,但都是会意字,表示人前面逃跑,后面一只手抓住,所以,"及"的本义是"赶上"。例如,《左传·隐公元年》中说"毋庸(用),将自及",其中的"自及"就是自己赶上灾祸、自取灭亡的意思。又如《左传·成公二年》中说"故不能推车而及",说的是因为不能推车前进,所以被敌人赶上了。

了解字形的来历和演变,其意义主要在于帮助我们探求词的本义。古汉语和现代汉语一样,有的词可能只有本义而无引申义,而有的词除了本义之外,还有其引申义。

由本义直接或间接引申出来的意义,我们称为引申义。由本义直接引申出来的意义叫直接引申义,由引申义再引申派生出来的意义叫间接引申义。正是由于一个词可以引申出来其他意义,有一词多义的功能,所以,对我们掌握看似不相干的字词的意义,提高古汉语的阅读能力有很大的帮助。

比如"朝"的本义是早晨,由于古时臣下觐见君王时一般都在早晨,所以由"早晨"引申为"朝见"义。"朝见"要有一定的场所,所以接着又引申为"朝廷"义,这是以引申义为基础引申派生出来的意义。可见,基础义有可能是本义,也可能是本义以外的其他义项,因为凡是引申义赖以引申派生出来的都是基础义。本义、引申义虽然都是引申义的基础,但是本义只有一个,基础义却可以有多个。所谓引就是"由来""出发点",申就是"扩张""发展",合起来就是从本义出发,扩展它表示多种意义的功能。词义引申的基本途径有三点:由具体到抽象,由个别到一般,由局部到整体。例如:

"明":①亮:天明登前途,独与老翁别。(杜甫《石壕吏》)②明白、清楚:著《灵宪》、《算罔论》,其言详明。(《后汉书·张衡列传》)③英明、贤明:智能之士,思得明君。(《三国志·蜀书·诸葛亮传》)④显明、显示:王者不却众庶,故能明其德。(李斯《谏逐客书》)

⑤视力、眼力:明足以察秋毫之末。(《孟子·梁惠王上》)⑥看得清楚:目不能两视而明。(《荀子·劝学》)

"明"的本义是光明。由光明引申为明白、清楚、显明;又引申为英明、贤明。由光明还可以引申为视力、眼力,再引申为视力好看得清楚,从具体到抽象。

"衣":①上衣:剑外忽传收蓟北,初闻涕泪满衣裳。(杜甫《闻官军收河南河北》)②泛指身上所穿的:解衣以活友。(马中锡《中山狼传》)③穿、穿上:乃使其从者衣褐,怀其璧,从径道亡。(《史记·廉颇蔺相如列传》)

"衣"的本义为上衣,古曰上为衣,下为裳,因为衣裳常常并用,后泛指身上穿的衣裤(裙);又用作动词为穿、穿上。其引申途径由局部到整体。

作为一种语言现象,词义的引申有其自身特定的规律。词义引申实际上就是客观事物不断发展和人类的抽象思维日益发达的反映。因此,从本义到引申义所表现的内容来看,由具体到抽象,由个别到一般,是本义发展到各种引申义的基本方式。比如"益",其本义是水从器皿中漫出,凡是水漫出都叫"益",再引申为增补、增加,是按个别到一般的途径发展的。词义的引申,从类型上可以分为隐喻和换喻两种方式。隐喻是建立在本义和引申义所反映的现实现象具有某种相似的基础上。例如,"习":据东汉许慎《说文解字》中解释,"习"的本义是"数飞",就是反复、多次地飞。后来又派生出来"反复练习""复习""温习"的意思,如《论语·学而》:"学而时习之,不亦说乎?"说的就是反复练习和温习的意思。

换喻的基础不是与现实现象的相似,而是两者之间存在某种联系,由于这种联系反复出现,在人们的印象中固定下来,于是新意也就派生出来。例如,"兵"的本义是"兵器""武器",如《孟子·梁惠王上》"弃甲曳兵而走",说的就是放弃了兵器和铠甲,仓皇而逃的意思。由于战士和武器总是结合在一起,后来把"兵"引申为"带兵器的人",或者"拿兵器的战士",演化为"士兵"或"战士"。

二、字词的假借现象

所谓"六书"是指汉字符号系统中的汉字构造规律。具体来说,"六书"就是造字方法,其内容包括:象形、指事、会意、形声、转注和假借(后两种实则是用字法)。东汉的班固在其《汉书·艺文志》中说:"古者八岁入小学,故周官保氏掌养国子,教之六书,谓象形、象事、象意、象声、转注、假借,造字之本也。"许慎在《说文解字》中进一步解释说:"周礼八岁入小学,保氏教国子,先以六书。一曰指事。指事者,视而可识,察而见意,上下是也。二曰象形。象形者,画成其物,随体诘诎,日月是也。三曰形声。形声者,以事为名,取譬相成,江河是也。四曰会意。会意者,此类合谊,以见指㧑,武信是也。五曰转注。转注者,建类一首,同意相受,考老是也。六曰假借。假借者,本无其字,依声托事,令长是也。"许慎在《说文解字》中用"六书"的理论,分析了９３５３个汉字,对"六书"

的解释，在后世的学者中产生很大的影响。但实际上，象形、指事、会意、形声是造字的方法，而转注、假借则是对汉字的使用方法。

"六书"是对汉字造字方法的总结，不是先有六书，后有汉字，这一点必须弄清楚。"六书"中的"四体"基本上能够涵盖古文字形体的造字的特点，它对我们认识汉字的形与义，有着很大的帮助。下面简单介绍有关"四体"的一些内容：

（一）象形

象形就是将具体的事物的形象当作造字的根据。凡是能够画出来的事物都可以造成字。比如，日、月就是根据日、月形象造出的字形。在以画造字的对象上，大概分为两类：一类是画"形"；另一类是画"事"。画"形"也有两种方法：一是以一种特征鲜明形象来表示所表事物的意义。比如，首、目、自、止、牛、羊、鹿、鱼、刀、弓、车、门等。二是以两种或两种以上的形象来表示一个事物的意义。这是因为这些要表示的事物形象不鲜明，单独地描绘不能明确地表示出其特定的意义，就得用相关事物的形体来进行衬托。比如，身、眉、齿、果、瓜、州、文等。

画"事"，首先是按着一定的关系组合起来表示比较形象的意义。我们从图像中一看就知道它的意义。比如，从、北、步、各、降、取、伐、鼓等。再如：一前一后的"人"为"从"（跟从），手执耳为"取"，戈击人为"伐"等。其次是将几个图形按一定的关系组合起来表示比较抽象的事物。图像本身并不表示意义，需要人们进行联想才能理解。比如，好、保、武、明、宠、莫、既、即等。"子"和"女"合而为"好"（美好），人背子为"保"（安宁）等。了解和掌握象形字对学习汉字、分析汉字的形义以及按部首来看象形字的意义是有很大帮助的。

（二）指事

指事字就是在人们熟悉的事物上加一个指示符号来表示该字的意义。这类字的意义一般都是事物的某个局部，虽然一看就懂，但没办法将它描绘出来，只好用符号来表示其字义。比如，刃、本、朱、亦、末等。

（三）会意

即把字合在一起，把它们的意义合起来表示字的意思。例如，把"竹"和"句"（勾）合起来，就构成了"笱"，意思就是竹钩。把"水"和"光"合起来，就是"洸"，意思就是水光。把"目"和"垂"合起来，就构成了"睡"字。后来又造出很少的一些会意字。比如，把"不"和"正"合起来，就构成了"歪"，把"不"和"好"合起来，就构成了"孬"等等，但其数量不多，因为把字形和字义连缀起来的局限性毕竟很大。

（四）形声

就是一个字的一半表示这个字的意义，而另一部分则表示其读音。许慎举出"江河"做例字，三点水表示江河水的意思（被称为"意符"或"形符"），"工""可"表示字的读音，由于时代的变化,"江"和"河"的读音已和现代汉语的读音大不相同了。形声字不仅直接表示语音,而且能够同时兼顾语义。形声字的造字方法,就是用人们熟悉的文字,打破传统造字的局限,所以它有着很强的生命力。以"鱼"为形符为例,就有鲤、鳝、鳗、鲶、鲈等不同的和"鱼"有关的新字。至于用"石""金""气"做形符的字就更多了。

"六书"中的"转注"和"假借",讲的主要是汉字之间的关系。"转注"字的造字有两个条件:一是部首相同;二是意义相同,如"考,老也"。

在古汉语中的假借字,又称为"通假字",分为本无其字的假借和实有其字的假借两种。

首先,本无其字的假借,如许慎在《说文解字·叙》中说:"假借者,本无其字,依声托事。"就是说汉语中有些词,原本没有与之相适应的文字来表示,于是便借用现成的字来表示这个词义,这就叫作假借。比如,具有指示、人称、语气等多种词性的"其",就是一个假借字,由于文字中本无这个字,就把它造出来加以借用,上面加一个"竹"字,就变成"箕",它用来表示"簸箕"的意思。

其次,是本有其字的假借,它的特点是本字和假借字同时存在句号,人们在书写时,没有用这个字,而是用另外一个音同或音近的字来替代,好像我们今天所说的"别字"一样。这类字通称为"通假字",在古书里这类通假字很多,后来有人还专门编了通假字字典。比如,《庄子·秋水》中,"不辨牛马",就是对岸到底是牛还是马看不清楚,本来应该是"辨别"的"辨",在这里用同音字"辩",在读原文时大家并没有把意思弄混淆。又如,一些古文中的"女"字,并不是指"女性",而是表示第二人称"汝",古时"女"和"汝"的读音是非常相近的,用"女"来替代"汝",就是"本有其字"的假借。两种假借,是曾经有过的语言现象,作为常识了解就可以了。

在古代汉语中,字词的假借是一种十分普遍的现象,它给我们阅读古代作品带来了很大的困难,没有别的办法,只好借助于工具书一个一个地攻克。比如,《左传·隐公元年》中的"阙地及泉","阙地"就是挖地,本来应该用"掘"字,但却用"阙"字来替代。又如,李斯的《谏逐客书》中"(秦)惠王用张仪之计……遂散六国之从"。这里的"从"字,本应为"纵",是指六国合纵联盟的意思。古人使用假借字,并无一定的规律可循,它带有很大的随意性。既然我们对古汉语中的假借字不能回避,那就要认真对待,从通假字的读音上加以辨别,也就是通过所假借字的相近和相同的读音中去辨别,以及分析原句所表达的基本意思,这也是解决问题的最好办法之一。

三、古代汉语词类的活用

阅读古文的最大障碍,不是文字的问题,而是词汇的问题。学习古汉语并能够流畅地阅读古文,就要了解古汉语词汇的特点,熟练地运用有关工具书,这能够比较有效地解决阅读古文时遇到的词汇问题。掌握古汉语的词义,要特别注意时代的特点,虽然说现代汉语是从古代汉语演化而来的,它们之间有着某种渊源的关系,但我们所说的古汉语主要还是指古代的书面语。比如"羹"字，在《史记》和《左传》里，指的并不是现在意义上的"汤"，而是肉或者是含汁的肉。《郑伯克段于鄢》中："小人有母，皆尝小人之食矣。未尝君之羹，请以遗之。"《史记·项羽本纪》中："吾翁即若翁，必欲烹尔翁，则幸分我一杯羹。"这两句话中根本没有汤的意思。古代汉语和现代汉语的不同处主要在于其词汇的形式和意义不同，而这主要是语义存在着很大的区别。

比如《孟子·公孙丑上》里的"孟子去齐"，并不是说孟子到齐国去，而是从齐国离开。单从字面义来看，很容易按现代汉语的意思去理解。古代汉语词汇的最大特点是单音节词居多。另外，古人把口语和书面语分开，写出来的东西比说出来的东西要少，以使文章显得言简意赅，虽然字数少，其含义却极其丰富。单音节词还有利于按照韵律的要求来遣词造句。单音节词还有很多同义、近义词，为文章写作和诗歌创作提供了极大的便利。单音节词多并不意味着古汉语中没有双音词或者复音词。比如，"泛滥""造次""纯粹""驱驰"等都是复音词。根据词的意义和造句的功能，我们可以把词分为许多类。归纳起来有两大类：一是实词；二是虚词。有实际意义的词，称为实词。实词又分为名词、动词、形容词、数量词等四种。虚词没有实际意义，只起语法作用。虚词又分为代词、副词、介词、连词、助词、语气词和感叹词共七类。下面简要介绍古汉语词类的活用：

（一）名词活用

名词的活用可分为名词活用为动词和名词做状语两大类。

1. 名词用作动词

名词当作动词使用时，也有多种情况。首先是名词的使动用法；其次是名词的意动用法。这两种情况都是把名词用作动词。除了这两种特殊用法外，在一般情况下都把名词当作谓语动词来使用。例如：

①《荀子·劝学》："假舟楫者，非能水也，而绝江河。""水"原本是名词，在这里用作动词，就是"游水"的意思。

②《战国策·触詟说赵太后》："赵王之子孙侯者，其继有在者乎？"

"侯"原本是名词，在这里用作动词，意思是说"做诸侯"。

③《史记·项羽本纪》："范增数目项王。"

"目"是眼睛，在这里当作动词"看"来使用。

④《续资治通鉴·宋纪十九》："不蚕而衣。"

"蚕"本来是名词，但在这里是作为动词使用的，意思是"养蚕"，(虽然)不养蚕，而(照样)穿衣。

⑤《商君书·更法》："三代不同礼而王，五霸不同法而霸。"

"霸"原本是名词，在这里用作动词"称霸"的意思。

上述例子说明，"王""霸""目"这些指称人、事、物的名词，在这里都成为表示动作的行为，"当王""称霸"和"递眼色"。

2. 名词用作状语

在现代汉语中，只有时间名词才能做状语，一般名词做状语是很少见的。而在古汉语中，不论是时间名词，还是一般名词都可以做状语。一般名词做状语，可以表示以下四种意义，有的还有浓郁的修辞色彩。

（1）表示工具和凭借。如：

《战国策·燕策一》："冯（凭）几据杖，眄视指使，则厮役之人至。"

这里的"指"则是"用手指"的意思，表示所用的工具。

《三国志·魏志·华佗传》："太祖累书呼，又敕郡县发遣。"

这里的"书"就是"用书信"的意思，也表示所使用的工具。

《史记·陈涉世家》："失期，法当斩。"

这里的"法"就是"按照法律"的意思，表示依据。

（2）表示方位与处所。如：

《庄子·秋水》："顺流而东行，至于北海。"

"东"是"往东"的意思，在这里表示方位，往什么地方。

《国语·越语上》："四方之士来者，必庙礼之。"

这里的"庙"，是指"庙堂"，表示处所。

《山海经·海外北经》："末至，道渴而死。"

这里的"道"意思是在道路上，表示处所。

（3）表示对人的一种态度。如：

《史记·项羽本纪》："君为我呼入，吾将兄事之。"

这里的"兄事之"，就是以兄长的态度来对待他的意思。

《史记·孙子吴起列传》："齐将田忌善而客待之。"

这里的"客待之"就是用对待客人的礼节来对待他的意思。

上述例句中都是用名词做状语，即把动词宾语所指之人当作这个用作宾语的名词所代表的人或事物来对待。

（4）表示比喻。如：

李斯《谏逐客书》："蚕食诸侯，使秦成帝业。"

"蚕食"就是像蚕那样吞食的意思。

白居易《庐山草堂记》："引崖上泉，脉分线悬。"

"脉分线悬"，意思是说"所引出的山泉，就像脉管一样分出细流，像细线一样悬挂在空中。"这类比喻的用法，在现代汉语中有些还以成语或固定词语的形式保留着，如"风起云涌""蜂拥而至""星罗棋布"等等。

（二）动词、形容词的活用

在古代汉语中，除了名词可以活用外，动词和形容词也可以活用。不及物动词和形容词都有使动用法和意动用法，动词和形容词还可以活用为一般名词。

1. 动词用作名词。例如：

《汉书·司马迁传》："主上幸以先人之故，使得奏薄技，出入周卫之中。"

文中的"周卫"本指"周密地护卫"，是动词性词语，在这里用作名词，指"警卫严密的地方"，也就是"皇宫"。

2. 形容词用作名词。例如：

《汉书·司马迁传》："书不能悉意，略陈固陋。"

其中"固陋"是"鄙陋"的意思，原本是形容词，但在这里用作名词，意思是"鄙陋浅薄"。

李清照《如梦令》："知否知否，应是绿肥红瘦。"

词中的"绿"和"红"两个字分别指代"叶"和"花"，从所表示的意义来看，这两个形容词都作为名词使用了。

（三）使动用法

使动用法是古文中常见而又特殊的动宾关系。一般的动宾关系是主语发出谓语，表示的动作涉及宾语或是宾语发生变化，而使动用法却是主语使宾语发生谓语，表示的动作或使宾语发生变化。

使动用法的谓语本来就是动词，有时也可能由形容词和名词来替代，由于原来使用的词类有区别，用作使动时，所表示的语法意义也就有所不同。

使动用法的类型：

1. 动词的使动用法

动词的使动用法所表示的意思是主语使宾语发出的动词谓语表示的动作或使宾语发生变化。例如：

《论语·季氏》："故远人不服，则修文德以来之。"句中的"来"字，本来是不及物动词，但在这里用作使动，是"使之来"的意思。

《左传·隐公元年》："若弗与，则清除之，无生民心。"句中的"生民心"就是"使民生心"，"无生民心"就是"不要使老百姓产生异心"的意思。

需要注意的是，古汉语中及物动词用作使动的很少，因为及物动词本身就带宾语。因此，它是否用作使动，要由句子的意思来决定。例如：

《汉书·武帝纪》："天汉四年春正月，朝诸侯王于甘泉宫。"在这里，"朝诸侯王"的当然不可能是君王，而是诸侯，"朝"在这里面就是使动用法，整个句子的意思是"使诸侯王们到甘泉宫里来朝见（君王）"。

《左传·宣公二年》："晋侯饮赵盾酒。"句中"饮"的当然是"酒"而不是"赵盾"，但"饮"酒的人是"赵盾"，在句中都居于宾语的位置，只有通过使动用法才能很好地理解。

2. 形容词的使动用法

形容词的使动用法表示的意思是主语使宾语出现谓语（形容词）表示的状态。换言之，就是使宾语所代表的人或事物具有这个形容词的性质和意义。例如：

李斯《谏逐客书》："王者不却众庶，故能明其德。"句中的"明"本来是"昌明""显赫"的意思，在这里用作动词，意思是"使德望昭显"。

贾谊《过秦论》："诸侯恐惧，会盟而谋弱秦。"

"弱"是形容词，"弱秦"就是"使秦国削弱"，做动词用。

王安石《泊船瓜州》："春风又绿江南岸"。

"绿"字是形容词，"又绿"是"使之绿"，也就是"又使江南绿"的意思。宾语"江南"具有了使动用法的"绿"字所代表的性质。

3. 名词的使动用法

古汉语中的名词使动用法比较少见，它的基本意思是使宾语成为这个名词所代表的人或事物。例如：

《史记·淮阴侯列传》："大夫种、范蠡存亡越，霸勾践。""霸"为名词，在这里使动用为"霸主"的意思，即"使勾践成为霸主"。

《中山狼传》："先生之恩，生死而肉骨也。"

"肉"为名词，在这里使动用为"使白骨长肉"的意思。句中的"生死"和"肉骨"相对，两者都不是并列结构，而是动宾结构。

《史记·项羽本纪》："纵江东父兄怜而王我，我何面目见之？"

句中的"王我"是"使我为王"的意思。名词的使动用法在宾语前还要根据上下文增加合适的动词才能理解。在前面的例句中，"肉骨"在翻译时还要加上一个"长"字，翻译成"使白骨长肉"。

（四）意动用法

意动用法是主语主观上认为宾语是什么样或怎么样，其实质是以一般的动宾结构形式表达认定式的内容。它所表达的主观看法，在客观上不一定如此，这正是与使动用法的主要区别。意动用法只限于对形容词和名词的活用，动词本身没有意动用法。

1. 形容词的意动用法

形容词的意动用法是主语认为宾语具有充当谓语的形容词表示的性质和状态。例如：

《邹忌讽齐王纳谏》："吾妻之美我者，私我也。"

句中的"美我"是"认为我美"，而不是"使我美"，是形容词意动为动词。

《老子·第八十章》："甘其食，美其服，安其居，乐其俗。"

句中的"甘""美""安""乐"都是意动用法，是"感到满意"的意思，即"认为什么甘""认为什么美""认为什么安逸""认为什么满意"。

《史记·李将军列传》："胡兵终怪之，不敢击。"

句子里的"终怪之"是意动用法，可译为"始终觉得怪异"。

2. 名词的意动用法

名词的意动用法是主语把宾语当作谓语的名词表示的事物或情况，就是把名词后面的宾语所代表的人或事物看作这个名词所代表的人和事物。例如：

《穀梁传·僖公八年》："夫人之，我可以不夫人之乎？"句中"夫人"使名词用作意动，意思是"（国君）把她看成夫人，我可以不把她看成夫人吗？""夫人之"是动宾结构，意思是"以之为夫人"。

《论语·颜渊》："齐景公问政于孔子，孔子对曰：'君君、臣臣、父父、子子。'"

句中两个名词相叠，每个语言结构中前一个名词都是意动用法，意思是"把国君看作是国君、把臣子看作是臣子、把父亲看作是父亲、把儿子看作是儿子"。只有各司其职，安守本分，才能维护封建等级制度。

（五）词类活用的条件

词类活用的基础是一类词临时具有了另外一类词的语法特征和性质，可以把它当成这类词使用。词类的语法特点和其性质，必须借助于外部条件才能认识清楚。因此，鉴别某一词是否活用，既要看它在句中所处的地位，也要看它与哪类词结合，构成何种语法关系等。归纳起来，这些语法条件大致有以下几点：

1. 两个名词（有时是名词性词语）连用，假如它们不是并列结构，又不是偏正结构，其中有一个名词就可能活用为动词。

一是前一个名词活用为动词，而后一个名词或名词性词语做它的宾语。这和前面介绍的名词使动用法和意动用法是相同的。

例如：

《孟子·尽心上》："君子有三乐，而王天下不与存焉。"

句中的"王天下"既不是"王的天下"，也不是"王和天下"，而是"当天下人的王"，是动宾结构。

《史记·项羽本纪》："范增数目项王，举所佩玉玦以示者三，项王默然不应。"

句中的"目项王"既不是"目和项王"的并列结构，也不是"目的项王"的偏正结构，而是动宾结构，意思是"几次给项王递眼色"，这里"目"活用为动词。

《种树郭橐驼传》："驼业种树，凡长安豪富人为观游及卖果者，皆争迎娶养。"

句中的"业"字即活用为动词，后面的"种树"是"业"的宾语，意思是"以种树为职业"。

二是两个名词连用，有可能是主谓结构，此时，前一个名词做主语，后一个名词就做谓语动词。例如：

《史记·陈涉世家》："乃丹书帛曰'陈胜王'。"

句中的"陈胜王"是"陈胜为王"的意思，"王"是名词活用为谓语动词。

2. 名词、形容词放在"所"字的后面，活用为动词。

李斯《谏逐客书》："然则是所重者在乎色乐珠玉，而所轻者在乎人民也。"

"所"字是具有特殊性的辅助代词,它只能放在动词的前面,指代某种行为动作的对象,构成名词性结构。因此,名词或形容词放在"所"字之后,必须活用为动词。句中的"所重""所轻",是"所看重""所看轻"的意思,形容词都活用为动词了。

3. 名词、形容词放在"能""可""足""欲"等能愿动词的后面,活用为动词。因为能愿动词只能修饰动词。

例如:《论语·公冶长》:"子谓公冶长:'可妻也……。'"

句中的"可妻也",意思是"可以放心地把女儿嫁给他做妻子"。

《史记·甘茂列传》:"寡人欲相甘茂,可乎?"

句中的"欲相"就是"想任命他为相"。因为是在能愿动词的后面,所以这些名词都活用为动词了。

4. 名词放在副词后面活用为动词,因为副词在句子里面一般只做动词或形容词的修饰语。例如:

《孟子·梁惠王上》:"老者衣帛食肉,黎民不饥不寒,然而不王者,未之有也。"

句中的"不"是否定副词,"不王"是"不能当王"的意思。

《左传·僖公三十二年》:"秦师遂东。"

句中的"遂"是副词,"遂东"就是"于是就向东去"的意思。

5. 名词后面的介词结构做补语时,此名词便活用为动词,因为介宾结构总是要配合动词使用的。例如:

《史记·商君列传》:"卫鞅复见孝公,公与语,不自知膝之前于席也。"

句中的方位名词"前",用在介词结构"于席"之前,是"挪到席的前面去"的意思,"前"活用为动词。

6. 名词用"而"连接时,活用为动词,因为连词"而"的特点是连接动词或动词性词组,通常不能连接名词。例如:

《战国策·齐策》:"孟尝君怪其疾也,衣冠而见之。"

句子里面的"衣"和"冠"原本都是名词,因为用了"而"与"见之"这一动宾词组连接,于是都活用为动词了,意思是"穿衣戴冠"。

《盐铁论·相刺》:"不耕而食,不蚕而衣。"

句中的"蚕"和"衣"不仅用"而"连接,同时还受否定副词"不"的修饰,兼有名词活用为动词的两个条件。"不蚕而衣"就是"不种蚕却有衣服穿"的意思,"不耕而食"就是"不种地而有食物吃"的意思。

上面说的只是判别词类活用的一些基本条件,不能把所有的情况都概括进去。阅读古文时,一是要根据词类的语法特点,二是要联系上下文来正确地理解原文的意思。

第三节　古代汉语的宾语前置现象

所谓的宾语前置，是古代汉语表达中所出现的一种特殊的句式，就是把宾语放在动词之前。这种宾语前置并不能表达一定语气的一般倒装，而是要有一定语法条件的。汉语没有固定的时态和形态，因此词在句中的次序比较固定，从古到今变化也比较小。但古汉语中也有一些特殊的词序是现代汉语中所没有的，最典型的词序是宾语在一定条件下要放在动词或介词之前，这种宾语前置的现象产生的语法条件有以下三点：

一、疑问代词做宾语前置

"谁""何""奚""安""焉""胡""乌"等，都是古汉语中的疑问代词，它们做宾语时常常放在动词的前面。例如：

《左传·成公三年》："臣实不才，又谁敢怨？"

句中的"谁敢怨"就是"敢怨谁"的意思，把"谁"这个宾语放在了前面。

李白《行路难》："行路难，行路难，多歧路，今安在？"

句中的"安在"就是"在安（处在哪里）"，因为都是疑问代词充当宾语成分，所以都放到了动词前面。

疑问代词做介词的宾语时，也须放在介词的前面。例如：

《庄子·秋水》："方存乎少见，又奚以自多？"

句中的"奚以"就是"以奚"，就是"凭什么""靠什么"的意思。

《岳阳楼记》："微斯人，吾谁与归？"

句中"谁与"就是"与谁"，这都是常见的宾语前置结构。

二、否定句中代词宾语前置

否定句中代词做宾语，这种宾语前置要具备两个条件：一是宾语必须是代词，表示否定的代词"莫"就属于此类；二是全句必须是否定句。常用的否定词有"不""未""毋""勿""弗"等。例如：

《庄子·秋水》："闻道百，以为莫己若者，我之谓也。"

句中的"莫己若"就是"莫若己"，翻译过来的意思就是"没有谁能够比得上我自己。"

柳宗元《种树郭橐驼传》："虽曰爱之，其实害之；虽曰忧之，其实仇之，故不我若也。"

句中的"不我若"就是"不若我"，意思就是"不像我"。

上述例句，由于宾语都是代词，所以，都提到动词前面了。

三、宾语用指示代词复指前置

这类宾语前置的特点是在宾语前置的同时，还要在宾语后面用代词"是"或"之"复指一下，"是"或"之"要放在动词前面。实际上这类宾语前置是对前面两个条件的补充，也就是除了疑问代词宾语和否定句中的代词宾语外，其他类型的宾语如果要提前，就要在宾语后面用指示代词复指，一起放到动词的前面。

例如：

《诗经·小雅·节南山》："秉国之均，四方是维。"

在这个句子中，"维"是动词，有"保护""保有"的意思，"四方"是"维"的宾语，这里用代词"是"复指，于是一起放到动词的前面。这时，"是"的词汇的意义消失了，只起到了语法的意义，在翻译时就没有必要译出来了。

《庄子·秋水》："闻道百，以为莫己若者，我之谓也。"很明显，"我之谓"就是"说的就是我啊！"宾语"我"用代词"之"复指后放置到动词之前。

这两种宾语前置的格式，后来发展成了固定的格式，在前面加上"唯"字，构成"唯……是"或"唯……之……"的格式。在此，"唯"是表示强调或肯定的语气词，强调宾语的作用更加明显。例如：

《左传·宣公十二年》："率师以来，唯我是求。"

句中"是求"就是"求是"，现代汉语中的"唯命是从"和"唯利是图"就明显地留有这种句式的痕迹。

从《左传·宣公二年》中的"其我之谓也"、《穀梁传·僖公二年》中的"其斯之谓与"、《左传·隐公元年》中的"其是之谓乎"三个句式中可以看出，如果句中宾语本身是代词，有一种情况依旧可以沿用这种语法格式来强调宾语，只是用来复指并起语法作用的代词，一般用"之"而不是用"是"；而保留其词语意义充当动词宾语的指示代词，通常用"是"或其他代词。上述例子中的几个代词，都起到复指的语法作用。古汉语中常见的格式形式，即是"是之谓""此之谓"的固定格式。

第四节　古代汉语的判断句

一、古代汉语判断句

判断句通常用来辨别事物的类别和属性。在现代汉语中，判断句一般用判断词"是"来表示肯定，而否定则在判断词"是"的前面加上否定词"不"。古汉语却不像现代汉语这样，它不用判断词，其句型大体上有以下四种：

1. 在句子的主语后面加上辅助代词"者"字，复指主语，引出谓语，并在谓语后面加上语气词"也"帮助判断。例如：

《庄子·逍遥游》："南冥者，天池也。"

《韩非子·五蠹》："吾所欲者，土地也。"

《史记·李将军列传》："李将军广者，陇西成纪人也。"

上述三个句子，其格式都出现"……者，……也"。这是古汉语中最典型、最完整的判断句形式。

2. 在主语后面用来复指的"者"省去，只保留后面的语气词"也"。例如：

《左传·僖公四年》："贡之不入，寡君之罪也。"

《汉书·张骞传》："张骞，汉中人也。"

上述两个例句中，都把复指的"者"省去，但保留了语气词"也"，句子的格式是"……，……也"。

3. 保留主语后面复指的"者"，省去后面的语气词"也"。例如：

《史记·张仪列传》："陈轸者，游说之士。"

其基本格式是"……者，……"。

4. 句子中的"者"和"也"都省略了，同样可以形成判断句。例如：

《左传·哀公八年》："夫鲁，齐晋之唇。"

《史记·孟轲荀卿列传》："荀卿，赵人。"

句中没有了"者"和"也"，同样表示判断。

需要说明的是，古汉语中也会常常出现"是"字，但它最初不是判断词，而是指示代词，和"此"的作用是一样的。它常用来做判断句的主语。例如：

《论语·季氏》："是社稷之臣也。"

《左传·僖公二年》："是吾宝也。"

句中的"是"都是"此"和"这"的意思，在句子中充当主语成分。但值得注意的是，以先秦口语为模仿标准的历代文言作品中，作为判断词的"是"始终没有被普遍采用。虽然先秦就已经将"是"作为判断词使用，但到了汉代才常见。它是由指示代词发展起来的。

还需要注意的是，在古汉语的判断句中，常常能够看到，在谓语前面加副词"乃""即"或语气词"维""惟"，这些看来像现代汉语的判断词实质上不是判断词，"乃"和"即"是副词，用来加强肯定语气，大概相当于现代汉语中的"便（是）""就（是）"。而"维"和"惟"则是语气词，其作用是引出谓语。

二、判断句式的活用

古代汉语和现代汉语一样，同样有些不表示判断的判断句，即它们的主语和谓语并不属于同类事物或者并不具备同类性质。例如：

《荀子·王制》:"君者,舟也;庶人者,水也。"

很明显,句子中的"君"与"舟"、"庶人"和"水"都不是同一类事物,构不成判断关系。这里所说的是"君子像船,而庶人(老百姓)像水",这是用判断句的形式来表示比喻的一种修辞手段。

苏轼《日喻》:"故凡不学而务求道,皆北方之学没(潜水)者也。"

同上述例子一样,此句在形式上很像前面举的判断句的第二类例子,其实也是比喻意义。而下面的几个例子,就更不可能用判断句中的判断关系来解释了。

《左传·庄公十年》:"夫战,勇气也。"

此句的意思是"打仗,是需要勇气的"。

《战国策·齐策》:"百乘,显使也。"

此句的意思是"百乘马车是极隆重的使节"。

白居易《轻肥》:"朱绂皆大夫,紫绶悉将军。"

此句的意思是"戴着朱绂的都是大夫,戴着紫绶的都是将军"。

这些用判断句的形式表达比较复杂内容的方法,在古汉语中也属常见。我们在理解的时候必须针对不同的句式,要仔细地加以分析,不要随意猜测。

此外,在古汉语中,判断句还有些灵活的用法,就是在表示因果关系的复句中,用带"也"的判断句放在表示结果的分句之后来说明原因。例如:

《韩非子·五蠹》:"轻辞天子,非高也,势薄也;重争土橐,非下也,权重也。"

句中从正反两个方面说明了"轻辞天子"和"重争土橐"的原因。

《战国策·触詟说赵太后》:"此其近者祸及身,远者及其子孙;岂人主之子孙则必不善哉?位尊而无功,奉厚而无劳,而挟重器多也。"

这个句子比较复杂,但只要仔细分析就会知道,"位尊而无功"下面的三句是解释"近者祸及身,远者及其子孙"的原因。对于这样的判断句式,我们只有针对句子的原意和句型来分析和判断,才能翻译清楚。

第五节 古代汉语的被动表示法

古代汉语的被动表示法,大体上和现代汉语是一致的。所谓被动,就是指主语和谓语动词之间的关系是被动的关系,谓语动词所表示的动作行为不是由主语发出或者实现的。

一、被动表示法与被动句

《左传·隐公元年》:"蔓草犹不可除,况君之宠弟乎?"《荀子·劝学》:"锲而不舍,金石可镂。"

上面的两个例句中,"金石"是被"镂"的,"蔓草"是被"除"的,主语都是后面的动词所表示的行为的被动者、受事者。这种被动表示法的特点,就是没有可以专门表示被动的词语,主语的被动性只能从语意上来理解,所以,没有形成固定的表示被动的句式。这种被动表示法一直延续到现代汉语。应当注意的是,所谓的被动表示法与使用被动词所构成的被动句,不是相同的概念,它是被动表示法中包括使用被动词而构成的被动句。但是,被动句并不是汉语中表示被动句的唯一的方法,它只是其中的一种,这一点一定要分清楚。

二、几种常见的被动句式

用被动句式表示主语的被动性质,是古代汉语和现代汉语都在使用的另一种被动表示法。所谓被动句式,就是指由于使用了专门的被动词,我们能够从句子的结构本身看出主语被动性质的句式。比如,现代汉语中的"机器被我修好了""东西被他吃掉了"等的句式,从其中的"被"字,我们就能够看出主语是动词所表示动作行为的受事者、被动者。这里所举的例子是典型的被动句的句式。在先秦时期,汉语中的被动句就已经出现。虽然如此,古代汉语和现代汉语的被动句里所使用的被动词是很不相同的,这是古今汉语被动句式的最大区别。在此介绍古汉语被动句的三种主要形式:

(一)用介词"于"构成的被动句

在被动句的动词后面用介词"于"把行为的主动者引入句中,使动词前面的主语产生了明显的被动性质。例如:

《庄子·秋水》:"夏虫不可以语于冰者,笃于时也。"句子中的"笃"是限制的意思,"笃于时"就是被生长的季节所限制了。

《战国策·齐策四》:"寡人不祥,被于宗庙之祟,沉于谄谀之臣,开罪于君。"

句子中的"沉于谄谀之臣"指的是"被谄谀之臣所包围和迷惑"。这类句子用"于"引入动作行为的主动者后,整个句子的被动式被突显出来了。古人在写文章时,还经常把主动句和被动句放在一起,以便强调其完全不同的结果,使句子有一种对比关系,一句是主动句,一句是被动句,"于"在这里所表示的被动意义就十分清楚了。

《孟子·滕文公上》:"劳心者治人,劳力者治于人。"

《汉书·项羽本纪》:"先发制人,后发制于人。"

上述两个句子前面的一半,没有加"于"字,所以都是主动句,而后面的一半加上了"于"字,引入了动作行为的主动者,所以是被动句。

(二)用"见"字构成的被动句

将"见"字放到动词的前面,使之形成被动句式,在古代汉语中是常见的形式。例如:

《荀子·非十二子》:"故君子耻不修,不耻见污;耻不信,不耻不见信;耻不能,不耻不见用。"

这个句子中的"见污""见信""见用"就是"被污""被信""被用"的意思,"见"在被动句子中表示被动的作用。

《汉书·燕刺王刘旦传》:"臣闻武帝使中郎将苏武使匈奴,见留二十年不降。"

句子中的"见留"就是"被留"的意思,"见"在被动句中起着表示被动的作用。

用"见"字构成被动句,通常只放在动词之前,表示这个动词具有被动的性质,但不能直接引入行为的主动者,这同"于"的作用很不相同。假如需要引入行为的主动者,就只能在动词后面再加一个"于"的被动句式与之相配合,行为的主动者出现在"于"的后面。例如:

《左传·襄公十八年》:"止,将为三军获。"

句子中的"将为三军获",就是"将被三军获",虽然句中没有出现主语,全句却显示出明显的被动性质,"三军"是动词"获"这一动作行为的主动者。

《庄子·天下》:"道术将为天下裂。"

句中的"道术将为天下裂",主语"道术"是动词"裂"(分裂、割裂)的对象,是被动者、受事者,"裂"这个行为的主动者则是"为"所引进的"天下"(指天下人)。

"为"字后面所引入的行为主动者有时也可以不出现,把"为"直接放在动词前面,形成被动句式。例如:

《史记·陈涉世家》:"吴广素爱人,士卒多为用者。"句中的"为用"就是"被用",句中的行为主动者皆未出现。

《史记·淮阴侯列传》:"诚令成安君听足下计,若信者亦已为禽矣。"

句中的"为禽"是"被擒获",同样在句子中行为的主动者也没出现。

用"为"组成的被动句式中,经过演变,后来变化成一种"为……所"的句式,例如:

《史记·魏公子列传》:"嬴闻如姬父为人所杀。"

《汉书·霍光传》:"卫太子为江充所败。"

上面两个句子,就是古代常用的被动句的句式,但现代汉语也沿用了这种句式,一般说来都很熟悉。在古汉语中,"为"后面的行为主动者有时也可以不出现,将"为"和"所"连在一起。例如:

《史记·李将军列传》:"其将兵数困辱,其射猛兽亦为所伤云。"句中的"为所伤"就是"被所伤",在"为"的后面都没有将行为的主动者引入,因为这些主动者在前文中都已经出现,就用不着再重复了。这种格式在现代汉语中是没有的。

第四章 文化视角下的现代汉语言文字

第一节 汉字

一、汉字常识

　　文字是记录语言的书写符号系统，是最重要的辅助性交际工具。文字是在语言的基础上产生的。人类有了文字，突破了语言在时间和空间上的限制，扩大了语言的交际功能。汉字是记录汉语的书写符号系统，它是汉族人的祖先在长期的社会实践中逐渐创造出来的。我国历史上流传着汉字是仓颉一个人创造出来的说法，这显然是不正确的。汉字是世界上最悠久的文字之一，殷商的甲骨文距现在已有三千多年的历史了。但是，汉字产生的时间比这要更早，西安半坡遗址距今有五六千年，遗址出土的彩陶上有一些重复出现的简单符号，这些符号同流传下来的古代汉字有某些相同之处，很可能是古汉字的前身。汉字也曾被我们的邻国如朝鲜、韩国、越南、日本借去记录他们的民族语言，至今，日本、韩国等国家还在使用汉字。

　　世界上的文字分两大类：一类是表音文字；另一类是表意文字。汉字是表意体系的文字，具有超时空性。

　　成熟的汉字产生至今已有几千年，其形体不断地发生演变和简化，先后出现过八种各具特色的形体：甲骨文、金文、大篆、小篆、隶书、楷书、草书、行书。小篆是历史上第一次出现的规范化的汉字，在汉字形体演变史上具有重大意义，隶书是古今文字的分水岭，楷书是最常使用的一种汉字形体。

　　汉字有四种造字法：象形、指事、会意、形声。有两种用字法，即假借和转注。形声造字法构造简便，具有较高的能产性，所以在汉字发展史上，其数量呈上升趋势。在汉语中，形声字占了绝大多数。

　　因为汉字存在难读、难写、难记、难懂等的不足，我们必须对汉字进行改革，来适应社会发展的需要。新中国成立以后，在汉字改革方面取得了很大的成绩。

　　当前，语言文字工作的中心是促进语言文字的规范化、标准化。汉字的标准化要求对汉字进行"四定"，即定量、定形、定音、定序。1988年国家语言文字工作委员会、国家新闻出版署发布的《现代汉语通用字表》，收字7000个，这可以看作是现代汉语通用的汉字。国家语言文字工作委员会、国家教育委员会发布了《现代汉语常用字表》，其中常用字2500个，次常用字1000个。

二、汉字规范使用

《中华人民共和国国家通用语言文字法》规定，"推行规范汉字"，只有使用规范汉字，才能充分发挥汉字的交际功能，更好地为现代化建设事业服务。

规范汉字指符合新中国成立后，国家有关部门发布的汉字整理方面的字表和权威字书中规定的汉字。有关部门发布的汉字整理方面的字表，主要有《简化字总表》《第一批异体字整理表》《现代汉语通用字表》。目前，我们要继续推广运用国家已经批准使用的简化字，不走回头路。但是，我国实行对外开放以来，尤其是港澳回归后，大量的台港澳及海外华文信息资料进入大陆，于是有人认为用繁体字才符合潮流，他们不分对象，不根据需要与否，滥用繁体字。另外，社会上还存在着乱造简化字、书写错别字的现象，影响汉字交际，有的还给工作带来了损失，这是同当前社会主义建设事业的需要很不适应的。作为文字工作者应该避免出现类似的情况，严格使用规范汉字，掌握整理规范过的汉字。第一，认真学习《简化字总表》，不写不规范的简体字；第二，认真学习国家规定的《第一批异体字整理表》，掌握表中所选定的规范字，不用异体字（用于姓氏的异体字除外）；第三，不写错别字。这样，才能确保汉字的规范化，保证交流的正常进行。

第二节　汉语词汇与使用

一、汉语词汇常识

（一）词汇与词

词汇和词是两个不同的概念。词汇是一种语言里所有的（或特定范围的）词和固定短语的总和；词是语言中能独立运用的最小的语言单位。从广义上来说，一种语言只有一种词汇，词汇是词的集合体。词汇和词的关系是集体和个体的关系，它好比树林和树的关系。我们可以说，汉语词汇、日语词汇等，还可以指某一个人或某一作品所用的词和固定短语的总和，如《鲁迅全集》的词汇。我们可以说"丰富"这个词，但不能说"丰富"这个词汇。

作为一种语言，有它的物质外壳——句子，有建筑材料——词汇。没有建筑材料盖不了房子，同样没有词汇就不能造句子。对一个人来讲，掌握的词越多，他的词汇就越丰富，因而就越能够表达自己的情感和思想。我们应该在日常生活中，有意识地积累和丰富自己的词汇量，主要是向生活学习，在生活中自觉地收集、记录各种各样的词汇；同时还要大量地阅读古代、现代和当代的文学作品、理论文章和科技文献,从中吸收生动的语言营养;此外,还要多动手,即多写文章,通过写作,熟练地运用各种语言词汇,以便达到熟能生巧的程度。

(二)词义及词义的构成

词义是词的意义,如"人"的词义,是能够制造工具和使用工具进行劳动的高等动物。广义的词义可以包含"词汇意义"和"语法意义"。比如,"祖国"的词汇意义是自己的国家。词的语法意义是在语言里所承担的语法功能,即能充当什么句子成分,表示什么样的语法关系。比如,"祖国"一词是名词,在句中常做主语、宾语和定语。"或者"是连词,用于连接词、短语或句子,表示连接关系,但不能充当句子成分。词汇学讲的词义是指词汇意义,是狭义的词义。

词义是由理性义和附着在理性义上的色彩义构成的。

1. 理性义

词义中同表达概念有关的意义部分叫词的理性意义或概念意义,它反映了词的概念内容,是词的主要部分。比如,在《现代汉语词典》里,作为书写工具的笔,有毛笔、铅笔、钢笔、圆珠笔,它们的理性意义分别是:

笔:写字画图的用具。

毛笔:用羊毛、鼬毛等制成的笔。

铅笔:用石墨或加颜料的黏土做笔芯的笔。

钢笔:笔头用金属制成的笔。

圆珠笔:用油墨书写的一种笔,笔芯里装有油墨,笔尖是个小钢珠,油墨由钢珠四周漏下。

词的理性意义的作用在于它给词所联系的事物划定一个范围,凡是在这个范围里的事物,都包括在理性意义之内,没有被划定在这个范围内的事物,都不属于这个词的理性意义。如上面所举的关于"笔"的例子,光是"笔",其含义范围就很广,因为"凡是写字画图的工具",都可以包含在这个范围里,而毛笔、铅笔、钢笔和圆珠笔虽然都是笔,但其制作成分各有不同,而从写字和画图的工具这点上来看,它们具有笔的共同特点。但毛笔是"用羊毛、鼬毛等制成的笔",而铅笔、钢笔和圆珠笔就进入不了这个范围了。词典中所做的解释主要是词的理性意义。

2. 色彩义

词的理性意义虽然是词的主要部分,是实词中不可缺少的部分,但并不是全部内容。除理性意义之外,词还有附加在理性意义之上的色彩意义。词的色彩意义是人们在交际中产生的,和人们在使用中的感情、形象感来源有关系。词的色彩意义包括感情色彩、语体色彩、形象色彩。

感情色彩:有些词表达了人们对客观事物的赞许、褒扬和贬斥的感情,这就是词的感情色彩。其中，凡是具有褒扬色彩的词，我们通称为"褒义词"。这些词反映了人们正义、健康的感情。例如：

英雄、模范、敦实、安康、漂亮、和谐、道德、奉献、健康

大方、慷慨、诚信、正义、和平、体贴、关怀、幸福、壮丽。

而有些词，表明了人们对某些客观事物的反对、厌恶的感情，这就是词义中的贬义色彩，我们称这类词为"贬义词"。这些词一般指一些非正义、不正当的事物。例如：

走狗、流氓、倒爷儿、小人、马虎、巴结、虚伪、小气、沉沦

吹捧、懒惰、推诿、勾结、奉承、霸道、阴暗、叛徒、小偷。

有些词，并不具有明显的褒义和贬义，我们称这类词为"中性词"。例如：

个体、集体、理由、结论、工人、士兵、山脉、马匹、松树

手套、油轮、东来西去、跑。

但是，有些词原本是一些中性的词，在构成句子或短语时也产生了褒义或贬义的感情色彩。比如，"不是玩意儿"，其中的"玩意儿"本来是中性词，但在这个句子里，却具有了贬义色彩。又如"这块面包硬了点儿"，"硬"本来是中性词，但在这个句子中也具有贬义色彩。

语体色彩：语体色彩指各种不同的词语在社会交际中，运用在不同的语体中，因而具有不同的语体色彩。语体色彩又叫作文体色彩，是指不同的词语适合于不同的社交场合或不同的文体，因而具有不同的色彩。例如：

投入、凝聚、机遇、信念、珍视、侵犯、腾飞、母亲、风貌。

这些词因多用于书面语，比较庄重、典雅，有文采。

而口语色彩则比较自然、亲切、通俗、易懂。例如：

聊天、妈妈、今儿、牛犊子、哥们儿、藏猫儿、马驹子。

在言语交际中，选择不同的语体色彩的词，能够表现出交际者的不同文化修养以及运用语言的不同特点。

形象色彩：汉语中还有些词具有形象色彩。这些词给人带来事物的形象感。具有形象色彩的词，其色彩表现除了在"形态"方面之外，还包括"动态""颜色""声音"等方面。例如：

动态色彩：失足、上钩、乐颠颠、饮恨、雾里看花、碰碰车。

颜色色彩：红彤彤、金灿灿、黑乎乎、白茫茫、绿油油。

声音色彩：稀里哗啦、轰隆隆叮、咚哇哇、呜呜。

词的形象色彩往往在文学作品中得到了很好地运用，增强了语言的形象感。不同的地域、阶层、行业、集团的习惯用语也都具有自己特殊的语言色彩。

（三）单义词、多义词

每个词都有一定的意义，根据义项的多少，可分为单义词和多义词。一个词只有一个

义项，那么这个词就叫单义词。如果一个词同时存在着两个或两个以上义项，这个词就叫多义词，也叫一词多义。比如，科学术语电子、元音、血压等，专有名词和常见事物的名称北京、黄山、老舍、桌子、期刊等，新生词下岗、大腕、走穴、股市等，这些都属于单义词。

多义词是随着社会的发展以及人的认识能力的深化，在交际中，从单义词逐渐发展而来的。也就是说，一个词从原来的一个义项发展为几个意义有联系的不同的义项。例如："打"这个词，就有几个义项："打鼓"——击打、"打毛衣"——编织、"打旗"——举、"打一把刀"——制造、"打行李"——捆绑、"打蜡"——涂抹、"打洞"——凿开、"打电话"——发出等等。

多义词的大量存在正是词汇丰富的一种表现，因为一个词每增加一个义项，就等于产生一个新词，因而扩大了它的使用范围。这样，比增加新词更为经济便利。虽然多义词有互相联系的几个意义，但是它对语境的依赖性很强，在一定的语境中它只有一个意义，是不会产生歧义的。

多义词有互相联系的几个意义，但这几个意义的地位并不是平等的，其中必然有一个意义是基本的、常用的，这个意义就叫基本义。但是，基本义并不都是词源学上说的词的原始意义。例如："兵"的原始意义是"武器"，它的基本义是"战士"。当然，绝大部分多义词的基本义和原始义是一致的。词的其他意义是由基本义直接或间接转化而来的，称为转义。多义词的转义主要是通过引申和比喻两种方法产生的。由基本义直接发展引申出来的意义叫引申义。凡由基本义通过比喻的方法产生的新义都叫作比喻义。例如，"放"：

基本义：解除束缚——把俘虏放回去。

引申义：发出——放冷箭；

扩张——把图放大了一倍；

搁置——把手头上的事先放一放。

再如，"近视"：

基本义：视力缺陷——灯光太暗，眼睛容易近视。

比喻义：目光短浅——他不重视前途，眼光太近视了。

又如，"堡垒"：

基本义：防御敌人进攻的坚固建筑物。

比喻义：比喻难以攻破的事物——我们要向科学的堡垒进军。

有的词的比喻义比基本义的使用率还高。比如"包袱""堡垒"等等。由于多义词是一词多义，在辨别的时候，一定要考虑上下文的意思，并且联系具体的语境来把握一个词在特定句子中的特定意义。这是正确选择和使用词汇的必要途径。

多义词是一个词包含了两个或两个以上的意义，但几个意义之间都存在联系。多义词要和同音词区别开。同音词分为两类：一类是同音异形词，如"青—轻—清—氢"；另一类是同音同形词，如"别""别来了""胸前别上花""别了，朋友"。这个"别"有几个不同的意义，但意义之间没有联系，属于同音词。多义词和同音异形词是比较好区分的，一看就一目了然了；多义词与同音同形词书写形式相同，特别容易混淆，要认真区分。从意义上来看，多义词的各个意义之间彼此有联系，存在着相似或相关的联系，而与同音同形词的意义之间则毫不相干。从理论上来讲，同音同形词的同音词是多词多义，而多义词是一词多义，这点必须注意。例如，以"花"为例进行分析：

①买了一束花（供观赏的植物）
②这布太花了点儿（颜色错杂）
③花了三元钱（用掉）
④小李广花荣（姓）

例①、例②是多义词。例①是花的基本义，例②是花的引申义，同花的基本义是有联系的。例③、例④"用掉"和"姓"没有意义上的联系，是同音词。

（四）同义词

意义相同或相近的一组词叫同义词。同义词可分为等义词和近义词两种。

1. 等义词

这类词不论从哪一方面来看，意义都相同，在语言中通常可以互换。例如：

自行车——单车、玉米——棒子、青霉素——盘尼西林、太阳——日头等等。

这些等义词在语言运用中并没有什么积极作用，只能增加人们的学习负担，是词汇规范的对象。

2. 近义词

意义相近的一组词叫近义词。例如：

愤怒——愤慨、思念——怀念、改进——改造、充分——充满、渴望——希望、交换——交流、激烈——猛烈、简单——简略、商量——商榷。

这类同义词意义不完全相同，有种种细微的差别，一般所说的同义词主要是指这类同义词。这类同义词在语言中大量存在，在语言交际中有着积极的作用。在现代汉语中，表示同一事物、同一概念往往有几个甚至十几个、几十个同义词。精心选择同义词对于增强语言的表达效果，无疑具有积极的作用。具体表现在：可以使语言的表达精确严密。比如，同样是表示"看"这个动作的，各种细微差别就有："看""瞧""瞅""望""瞟""眺望""瞭望""瞻""瞻仰""仰视""鸟瞰""张望""环视"等等。这些"看"的同义词，表示往远看、向上看、向下看等细微的差别。正确选用同义词会使语体风格更加鲜明突出。比如，公文语体所用的词"此致""特此""兹""莅临"等等，就显得既庄重，又得体。同义词可以使文句生动活泼，富于变化。例如：

我们以我们的祖国有这样的英雄而骄傲，我们以生在这个英雄的国度而自豪。（魏巍《谁是最可爱的人》）

选择不同色彩的同义词，可以表达一种委婉的语气。比如，不说"犯罪青年"而说"失足青年"，不说"落后"而说"后进"，不说"受伤"而说"挂彩"等等。

同义词连用可以加强语势,不是一般意义上的简单重复,而是达到修辞上强调的目的。例如:你看那毛竹做的扁担,多么坚韧,多么结实,再重的担子也挑得起(袁鹰《井冈翠竹》)。另外,不少成语是通过两个同义词拆散连用、交叉搭配构成的,例如:家喻户晓、千方百计、流言蜚语、花言巧语、七嘴八舌等等。

同义词在语言表达中有其积极作用,但要想用好就必须对同义词进行辨析,找出其细微差别。同义词的辨析主要从理性意义上、色彩意义上、词性和用法这三方面进行。

理性意义的辨析包括:①意义的轻重,如"优秀"和"优异"都有"好"的意思,但"优异"的程度要比"优秀"更重一些。②范围的大小,如"时代"和"时期"都是指社会和人生发展的某一阶段,但"时代"所指的时间长,而"时期"所指的时间就可长可短了。③个体与集体不同,也可以说具体与概括不同,如"树"和"树木",都是木本植物的通称,但是"树木"是指集体,而"树"是指个体。④搭配对象不同,如"关心"和"关怀"都表示给予关注,但"关心"的范围很广,不光是指人,也可以指事物;既可以是别人,也可以是自己;既可以对上,也可以对下。"关怀"的对象是有限的,它只能是对别人,不能对自己,并且一般只能用于上对下。

色彩意义的辨析主要包括:①感情色彩不同,如"果断"和"武断",有褒义和贬义的区别,"荣誉"与"名誉",有褒义与"中性"的区别。②语体色彩不同,包括书面语色彩和口语色彩,如"母亲""妈妈",前者用于庄重的场合,有书面语色彩,后者适用于一般场合,有通俗的口语色彩。③词性的不同,如"突然"和"忽然",都有动作变化快、出人意料的意思,都可以做状语,如"他突然转过身来""他忽然转过身来"。但是"突然"还可以做谓语、定语、宾语,如"情况很突然""突然事件""感到突然",而"忽然"只能做状语。因此,一般认为"突然"是形容词,"忽然"则是副词。

同义词之间的细微差别表现在各方面,有的是错综交织在一起的。例如:"铲除、根除、拔除"都有"使除掉"的意思,但它们在词义上既有轻重的不同,也有用法的不同,还各有不同的搭配对象。同义词的差别是客观存在的,要想准确地运用同义词,就得分辨同义词之间的差别,否则很容易出现用词不当的现象。

(五)反义词

意义相反或相对的一组词叫反义词。例如:上——下、前进——倒退、成功——失败、有——无、光明——黑暗、冷——热等等。反义词是针对词与词的关系来说的,不是就词与短语的关系来说的。例如:"干净"和"不干净"、"好"和"不好"等虽然构成了反义关系,但不是反义词,因为这是词和短语。构成反义词的两个词必须属于同一意义范畴的,如"快"和"慢"都是速度的范畴,这就是反义词。

反义词分两类:一类是绝对反义词,这类反义词意义绝对相反,肯定甲,必否定乙,肯定乙,必否定甲,两者中间不容许有非乙非甲的第三种意义存在。例如:生——死、动——静、男——女等。另一类是相对反义词,这类反义词肯定甲,就否定乙,肯定乙,就否定甲。

但否定甲，就不一定是肯定乙。否定乙，也不一定肯定甲。因为还有丙、丁等其他意义存在的可能。例如："软——硬""白——黑""大——小"等。由于词义中有多义词和同义词的存在，因而一个多义词往往有几个反义词。例如："深"，衣服颜色深——衣服颜色浅、井深——井浅、这本书内容深——这本书内容浅显、友谊深厚——友谊淡薄。

二、现代汉语词汇的组成

词汇根据内部成员的地位和作用不同，可分为基本词汇和一般词汇。

（一）基本词汇

词汇中最主要的部分是基本词汇，它是全民族最必需的、意义最明确的、使用频率最高的，它和语法一起构成语言的基础。例如：表示自然界事物的水、火、雷、电、花、草、天、地等；表示人体各部分的心、头、手、脚、耳、鼻、口、牙等；表示生产和生活资料的米、油、车、船、房屋、门窗、蔬菜、刀、笔等；表示亲属关系的爷爷、奶奶、妈妈、爸爸、丈夫、妻子、弟弟、妹妹等；表示人和事物行为变化的跑、跳、说、笑、学习、发展、写、画等；表示人和事物性质状态的大、小、好、坏、美丽、快乐、甜、苦等；表示人称和代称的你、我、他（她）、这、那、每、谁、什么、哪儿等。另外，还有表示时间方位的、表示数量的、表示程度范围的、表示关联语气的等等。

基本词汇为全民族、全体成员经常使用。因为不能轻易变动，人们也愿意用它作为构成新词的基础，所以，基本词汇具有稳固性、能产性、全民常用性的特点。但应该注意的是，这三个特点是就基本词汇的整体来说的，不是说所有的基本词都具备这三个特点。

（二）一般词汇

语言中基本词汇以外的词汇是一般词汇，一般词汇中的词叫一般词。一般词的数量要比基本词多得多，它虽然没有基本词汇那样强的稳固性，但有很大的灵活性。一般词汇随着社会的发展是经常变动的。社会的发展变化在语言中首先反映在一般词汇上。新词总是先进入一般词汇，在语言发展过程中，又能逐渐地取得基本词的性质，转为基本词。一般词汇中包括新词、古语词、方言词、外来词、行业语、隐语等。

三、常见的用词错误

运用词语必须注意规范化的问题，主要是准确理解词语的意义和掌握词语的用法，做到准确无误地表达，这样才能使词语的使用做到健康和纯洁。我们常见的用词错误主要有以下几个方面：

（一）生造词语

随着时代的变迁，一些旧词逐渐消亡，新词不断出现，都是正常现象，但新词的产生必须符合约定俗成的客观规律，它必须得到全民的认可。但是，有的人"标新立异"出自个人的意愿，随意生造词语，从而造成不好的影响。例如：

人们都到商店去买自己满意的货品。

句中的"货品"好像是"货物"和"产品"的任意缩减，让人很难理解到底是什么意思，这无疑是属于生造词语。

又如：在20世纪90年代中，便有了《中国可以说不》《妖魔化中国的背后》等一系列作品排发而出。句中的"排发"一词既不是出版术语，也不是人们公认的新词，使人很难弄懂是什么意思。还有人把"七上八下"写成"七下八上"，把"游泳技术"写成"泳术"，把"赶潮流的人"写成"潮人"，把"思忖"写成"忖思"等等均属生造词语。

（二）望文生义

汉语中有些词语，从字面上来看，其意义和实际意义并不相符，假如不很好地辨析词义，很容易将其混淆。比如，"祸起萧墙"中的"萧墙"一词，有人以为是"破墙"的意思，所以写为"萧墙里是倒塌的房屋，萧墙外是逃荒的灾民"，这样理解就闹出了笑话。还有成语"不刊之论"，本来指正确的、不能修改的言论，"刊"在这里是修改和删除的意思，结果被理解成"不能刊载的言论"，这和原意截然相反。

（三）割裂词语

在汉语中合成词的一个很重要的特点，就是有相对固定的结构形式，一般情况下不能插入其他成分，虽然有离合词，但数量很少，不能类推。有的人不了解这个特点，时常将词型割裂开来。例如：将"汇报"写成"汇了一次报"、把"参观"写成"参了一次观"、将"小心"写成"小点儿心"等等。

（四）爱憎不分

在汉语中有些词语的意思虽然相近，但其感情色彩不相同，如果用得不好，就会出现某些爱憎不分的情况。例如："敌人付出了很大牺牲，才占领了一小块阵地。""牺牲"是褒义词，用在敌人身上是很不合适的。又如："这本思想内容很健康的新书终于出笼了。""出笼"是贬义词，不能用在正面的事物上，既然是一本好书出版了就不能用"出笼"来形容。

（五）词意不当

所谓词意不当，主要有大词小用和逻辑混乱两种情况。比如："特大喜讯：本店降价出售一批短裤，售完为止。"商店为了增加其利润，不惜夸大其词，令人难以置信。又如："在这次建校活动中，一班同学建立了很大的功勋。"不分场合和地点，不讲究条件、分寸，把一个很严肃的词"功勋"用在了一般事物上。再如："这两个同志闹别扭了，在支部的调解下，经过磋商，和好了。""磋商"一词用于两个团体或两个单位之间对某些重大问题的商榷，用在这里分明是大词小用。

四、熟语

熟语又称为习惯用语，它是人们常用的已经固定化了的某些短语，也是一种特殊的词汇单位。由于熟语的性质和作用相当于词，人们在运用它的时候，就像运用词一样，所以又把它当成一个语言单位来使用。

熟语中包括成语、惯用语、歇后语等，其中成语的使用最普遍。成语有意义的整体性、结构的凝固性等特点。成语言简意赅，恰当地使用成语，可以使言语简洁。反义成语的对比使用，可以形成鲜明的对照，增强语言表达效果。但是，需要恰当地使用成语：第一，不要看成语的字面意义，要弄清成语的实际意义；第二，成语是凝固结构，一般应该沿用原型，不能随意变换和增减其中的成分；第三，成语有其确定的字形和读音，要分辨清楚，不能写错读错。

五、词汇的发展变化及其规范化

（一）词汇的发展变化

词汇的发展变化主要表现为：新词的产生、旧词的逐渐消失和变化、词义的扩大、词义的缩小和词义的转移。

随着社会的不断发展与进步以及人类实践领域的不断扩大，词汇也在不断发展。新事物不断出现，人们的新认识不断形成，都要求有相应的词来指称，于是新词就随之产生了。旧事物和旧观念的消失，标志它们的词语也逐渐退出了交际舞台。随着人们认识的加深和观念的转变，利用旧词指称新认识、新事物，因而许多词的意义发生转移，出现了深化现象，义项增多，一些旧词又被使用起来。语言内部的变化发展也是词汇发展的重要原因。

（二）词汇的规范化

词汇使用规范化的主要目的是为了使祖国的语言更加健康和纯洁，使人们的交流更通顺、流畅，信息传播的效率更快更高。词汇的规范化必须考虑三个原则：一是必要性；二是普遍性；三是明确性。

词汇的规范化，主要包括以下几个方面：①方言词的规范。普通话的词汇是在北方方言词的基础上发展起来的，它包括汉民族共同使用的和逐渐发展为共同使用的词。近百年来，很多基础方言和非基础方言进入普通话中，丰富了普通话的词汇，但也造成了很多分歧和混乱。我们要本着必要、普遍、明确三原则，对那些已进入普通话里的方言予以保留，但对某些地方色彩太浓的方言，除必要的情况下，要谨慎地加以对待，不能滥用方言。比如：把"经常"写成"流水"、把"公鸡"写成"鸡公"等等。②外来词的规范。凡能用汉语表达的一般不要再用外来语，如"连衣裙"不要再用"布拉吉"了。除了国名、人名、地名之外，一般都要采用意译的方式翻译，如用"话筒"不用"麦克风"等等。③古语词的规范。古语词的吸收是丰富现代汉语词汇的一个重要途径，但必须根据实际表达和特殊场合的需要而选用那些有表现力的词语，如"瞻仰""谒见"等，反对吸收那些已经失去生命力的词语，如"衔泣""滥觞"等。对于新词，主要从满足交际的需要出发，那些所谓"新词"，凡是意义含混不清、结构不符合汉语构词习惯的、硬造和生造的，尽量不要使其流通。例如："刚开始"写成"刚始"、"疲劳"写成"疲累"等，都要加以规范。

第三节　汉语语法常识

　　语法是词、短语、句子等语言单位的结构规律。在现代汉语中，语素、词、短语、句子是语言的四级语法单位。语素怎样组合成各种结构的词，词怎样组合成各种短语，短语和词怎样形成各种句子，其中都存在着一定的规律。"语法"这个术语有两种含义：一种是指语言中客观存在的语法事实、语法规律本身；另一种是指语言学家对语言事实的分析研究，并从中概括总结出来的语法学体系和理论，表现为语法学和语法书。

一、词类的划分

　　词可以从不同的角度去分类。词类是词的语法性质的分类，分类的依据是词的语法功能、形态和意义，主要是词的语法功能。而形态变化只能作为次要标准，词的意义也只能作为词类划分的参考标准。
　　根据词的语法功能，我们把词分为实词和虚词两大类。实词有词汇意义，能独力充当句子成分。虚词没有词汇意义，有语法意义，不能独立充当句子成分。实词分为名词、动词、形容词、代词、数词、量词、副词、拟声词、叹词。虚词分为介词、连词、助词、语气词。每一类词都有它不同的语法特征。比如：名词的语法特征是经常做主语和宾语，能和数量词组合，不能和副词组合，能用在介词的后边组成介词短语，名词不能重叠。动词的语法特征是能同副词组合，大多数不能同程度副词结合，表心理活动的动词和表意愿的动词前面可用程度副词修饰，动词多数能带宾语。动词后边一般可以带"了""着""过"等助词。一部分动词可以重叠，动词经常做谓语。形容词的语法特征是大部分形容词能同程度副词组合，但"雪白""通红""笔直""绿油油"等形容词前面不能加程度副词，形容词不能带宾语，绝大多数形容词能直接充当谓语。

二、实词的误用

　　了解词的分类和词的语法特征，主要是为了讲清楚词的用法，避免词的误用。词类误用大多数是没有掌握词的用法而造成的。

（一）名词、形容词、动词的误用

例如：

1. "我在工厂、农村见闻了许多新人新事。"句中的"见闻"是名词，在这里误用为动词。

2. "他散布种种捏造。"句中的"捏造"是动词在这里被误用为名词。

3. "这本书厚，那本书薄，两本书悬殊了几百页。"句中的"悬殊"是形容词，在这里误用为动词。

4. "小刚和小明参加数学竞赛，小刚比其他人很优势，最终获得了第一名。"句中的"优势"是名词，在这里误用为形容词。

5. "他不但对文学艺术感兴趣，而且对自然科学也很钻研。"句中的"钻研"不是表示意愿、心理活动的动词，因此不能被副词"很"修饰。这个句子可改为"而且对自然科学也很有研究"。

（二）数词、量词的误用

例如：

1. "这个炼钢车间，由十天开一炉变为五天开一炉，时间缩短了一倍。"

应把"一倍"改为"一半"或"二分之一"。因为数目的减少不能用倍数，只有数目的增加才能用倍数。

2. "这个人大约四十岁左右。"

句中的"大约"和"左右"重复，而使用概数要防止重复或矛盾。又如"近二百多个学生"中的"近"和"多"重复。

3. "公共汽车的票价是：四站以下两块钱，四站以上四块钱。"

句中的"以上"和"以下"划界不清。平时在语言运用中有时会出现这样的误用，应引起注意。

4. "这学期他二门功课都考了一百分。"

5. "今天他们两个一起去锻炼。"

在例4中，"二门功课"应改为"两门功课"。"二"和"两"的意义相同，但用法习惯有差别，当单独用在度量衡量词前时，除"二两"不能用"两两"外，用"二"用"两"都可以，如"二斤""两斤"。但单独用在其他量词前就只能用"两"而不能用"二"，如"两个"不能说"二个"（在"位"前，"二"和"两"都可以用）。例5中"俩"是"两个"的意思，后面不能再同量词"个"组合，应把"俩"改成"两"。如"我俩"不能说成"我俩个"，"姐俩"不能说成"姐俩个"。

6. "目前，日本约有三万台机器人，……机器人多用于汽车装配、炼铁、搬运、冲压、喷漆等工种。"

7. "他家在村子的南边，面对一幢小山。"

例6中因为是机器人，应把"台"改为"个"。例7中因为是山，应把"幢"改为"座"。什么样的名词使用什么样的量词，在现代汉语普通话中，都有一个约定俗成的要求。

（三）副词的误用

例如：

1."新来的校长跟老校长一样，更会体贴老师。"

应把"更"改为"很"，因为"更"表示程度进一步增加，用于程度比较大。两个校长既然一样，就不能用"更"。

2."李明经常缺课，今天没来不是偶尔的。"句中"偶尔"是副词，应该改为形容词"偶然"，应该注意的是形容词和副词都能做状语，但也常常有误用的情况。

3."小丽劳动很卖力气，咱厂的人没有一个不说她劳动不积极的。"

这是多重否定的误用，双重否定表示肯定，三重否定还是表示否定。运用多重否定时，稍不留心就会把话说反。例3的意思正好和原意相反，应去掉最后一个"不"。

（四）代词的误用

1. 人称代词"我""你""他""她"后面加上"们"表示复数和群体概念。

男性群体用"他们"表示，女性群体用"她们"表示，男女兼有的群体，用"他们"来表示，而不应该用"他（她）们"来表示。

2."我们"和"咱们"在用法上有一定的区别，"咱们"包括说话人和听话人双方，"我们"和"咱们"在同一场合出现时，"我们"只包括说话人一方的群体，排除听话人的一方。例如："我们走了，咱们再见吧。"如果只用"我们"时，只包括说话人一方的群体，也可以用于包括说话人和听话人双方。

代词使用不当的情况一般是指代不明。例如：

1."那位瘦瘦的女看守看来也奇怪，她似乎很听这位女人的话，她支使她，不论什么事她差不多都能瞒过其他警卫和看守照着去办。"

2."从延安路到胜利桥只有六七里，胜利桥到红旗路只有七八里，这段距离并不远。"

例1中的第二个"她"是指"女看守"还是"这位女人"不明确，从全句看，是指"这位女人"，应把第二个"她"改为"这位女人"，使"她"专指"女看守"。例2中的"这段"指代不明确，应按实际情况予以改正。

三、虚词的误用

（一）介词的误用

"对于、对"都用来表示对象，但"对"的使用范围比"对于"宽。

1. 表示人与人的关系时，只能用"对"，不能用"对于"，如"他对于我很关心"应为"他对我很关心"。

2."对"能够用于指示动作的对象，相当于"朝""向"，"对于"是没有这个功能的，如"小李对我很有好感"不能说成"小李对于我很有好感"。

3. "对"可以用在能愿动词或副词的前后,而"对于"只能用于能愿动词和副词的前面。例如:"我们会对这件事做出交代的""全班都对这样做有意见",两个例句中,一个将"对"用在"会"之后,一个用在"都"之后。假如改用"对于",前一句应改为"我们对于这件事会做出交代的",后一句改为"全班对于这样做都有意见"。

介词"在",经常跟方位词"上、中、下"构成方位短语组成介词短语,表示动作、行为的时间、处所、方位、条件或范围等。"在……上""在……下"中间插的应该是名词或名词性短语,一般不能是谓词性短语。但"在……上"中间也可以插入兼名词的动词用来表示范围,但不能插入动宾短语,如可以说"在学习上",但不能说"在学习汉语上"。"在……下"中间不能插入主谓短语。

(二)连词的误用

凡是连接词、短语、分句和句子的词都称为连词。它主要分两大类:表示联合关系的,如和、跟、与、同及以及、而、并、不但、而且等;表示偏正关系的,如虽然、但、但是、可是、然而、即使、如果、那么、因为、所以、因此、无论等。

1. 连词"和"在连接并列的句子成分时,一定要分清层次,否则会造成层次不清。例如:"校长和老师和同学一起去博物馆去参观。"两个"和"不能连用,头一个"和"改成"、"号。

2. 或(或者):或(或者)同"和"极易弄混,"或"表示选择,或A或B,多项选一;"和"表示联合,两项或几项兼有,如不了解这点,就会出现错误。例如:"啤酒是沈阳市或大连市的产品。"句中的"市"和"市"不是选择关系,应把"或"改为"和"。

3. 及其:"及"是连词,"其"是代词,"及其"就是"和他(们)的"的意思。有时不注意,会出现使用不当的情况。例如:"前不久,我和妈妈及其几个邻居阿姨们都去旅游了。"句中的"及其"应改为"以及"。

4. 还是:"还是"和"或者"都表示选择,用在"无论、不管"一类词后。两者可以交换。例如:"不管他还是我,都不能忘记这件事。"句中的"还是"可以换成"或者"。"还是"还可以用于疑问句中,"或者"不可以。例如:"辩证法,或者哲学?"句中的"或者"应为"还是"。又如:"他到底想去北京,或者去广州?"句中的"或者"应为"还是"。

5. 而:"而"最常见的格式是"为……而……",表示动作的目的。例如:"从那以后,我爱上了记者这一行,并且作为一名人民记者而自豪。"句中把"作为……"和"为……而……"混用,使意思不清,可以保留"而",把"作为"改为"为自己成了"。"而"字连接动作表示结果,前面要与"因、由于"等介词搭配,否则其因果关系不明确。例如:"他怕被追究责任而不举报,被开除出党。"句中应在"怕"前面加"因为"或"因"字。

(三)助词的误用

1. 的、地、得:这三个字都是结构助词,的、地、得分别是定语、状语、补语的标志。了解和掌握这三个助词的用法,目的是为了增强语言的准确性,以防出现歧义,更好地进行交流。例如:"这件事儿办得不太好。"句中的"不太好"是补语,应该用作为补语的"得"。

又如:"全报社的同志对这个问题进行了深入地讨论。"句中的"进行"是准谓宾动词,宾语不是状中短语,而是定中短语,应把"地"换成"的"。再如:"她高兴得说:'好,就这样吧!'"句子中的"高兴"是状语,应把"得"改为"地"。

2. 着:表示动作正在进行或状态正在继续,否则不能用"着"字。例如:"我们都希望着这件事能朝好的方向发展。"动词"希望"本身就含有持续的意思,所以不用"着"字。又如:"单位给我们每个人一张银联卡,这说明着领导对我们是多么关心啊!"句中"说明"作为补充式动词,没有必要加"着"。

3. 了:是表示实现的动态助词,有时使用不恰当,容易同其他词发生冲突。例如:"广大农村正在掀起了科学种田的新高潮。"句中"了"与"正在"的意思冲突,或者把"了"删去,或者把"正在"删去。

此外,一些语气词,如"啊"不能写成"哦、阿、呵",把"吧"写成"罢、巴"都是不规范的。

四、短语

短语是由两个或两个以上的词按着一定的语法规则组成的没有句调的语言单位。词和词的组合在意义上、语法上都能搭配。有的是实词和实词的组合,有的是实词与虚词的组合。

(一)短语的结构类型

1. 主谓短语:由两部分组成,前一部分是陈述的对象,后一部分是对前一部分的陈述。例如:"大家开会""阳光灿烂""今天星期一""成绩好"。

2. 动宾短语:由动语和宾语两部分组成,动语在前,宾语在后,动宾之间是支配和关涉的关系。例如:"保卫祖国""听讲座""祝贺大家""接受批评"等。

3. 定中短语:由定语和名词性中心语两部分组成,其间是修饰和限制的关系。例如:"我的祖国""东北大米""野生动物""良好的作风"等。

4. 状中短语:由状语和动词或形容词做中心语两部分组成,其间有修饰和限制的关系。例如:"立刻回来""认真讨论""一句一句地说""共同完成"等。

5. 中补短语:由中心语和补语两部分组成,补语在中心语的后面,补充、说明前面的中心语。例如:"说得好""好极了""买了一次""看到深夜"等。

6. 联合短语:由两个或几个词性相同、语法地位平等的部分组成,各部分之间有并列、承接、选择、递进等关系。例如:"老师同学""北京还是上海""光荣而伟大""讨论并通过"等。

7. 同位短语:由两个或几个部分组成,虽然各部分的词语不同,但所指相同,共作一个成分。例如:"总理周恩来""我们大家""首都北京""'红'这个字"等。

8. 方位短语:由方位词直接附着在名词性或动词性词语后面组成。例如:"大门外""同学之间""搬迁后""校门前边"等。

9. 量词短语：由数词或指示代词加上量词组成。数词加量词组成的短语叫数量短语，而指示代词加量词组成的短语叫指量短语，统称量词短语。例如："五条""九公里""三次""这十章"等。

10. 联谓短语：两个或两个以上的谓词性词语连用，谓词性成分之间没有语音停顿和关联词语，也没有主谓、述宾、中补、定中、状中、联合等关系。例如："去书店买书""坐下谈话""听了很高兴""看着心烦"等。

11. 兼语短语：由前一个动词的宾语兼作后一个谓词的主语，即动宾短语的宾语和主谓短语的主语套叠，形成一个宾语兼主语的兼语。有兼语的短语叫兼语短语，兼语前的动词大多有使令或促成的意义。例如："请你过来""让你去上海""有人敲门"等。

12. 双宾短语：由两部分组成，前面部分是表示给予或索取意义的动词，后面部分两个宾语，一个是间接宾语即近宾，一个是直接宾语即远宾，两个宾语之间没有联合和偏正关系。例如："教我汉语""告诉你一个好消息""请教老师两个问题""借他五十块钱"等。

13. 介词短语：由介词附着在名词等前面组成。介词短语可以做状语用来修饰谓词，用来标明动作的工具、方式、因果、施事、受事、对象等多种语义。例如："[用大杯]喝水""[比从前]好得多""[对于]我们""[关于]这件事"等。

14. 的字短语：由结构助词"的"附着在词或短语的后面组成指称人和事物的短语，属于名词性短语。例如："教书的""开汽车的""吃的""大的"等。

15. 所字短语：由结构助词"所"附着在动词前面组成，是名词性短语。例如："所发明""所创造""所想""所做"等。

16. 比况短语：由比况助词附着在词语后边组成，表比喻，属于形容词性短语。例如："兄弟般""触电一样""孩子似的""木头似的"等。

（二）短语的功能类型

短语的功能有两个方面：一是在句子中充当语言成分；二是加上语调独立成句。短语的功能是由它跟别的词语组合时能充当什么句子成分，相当于哪类词所决定的。凡是能够做主语、宾语，功能相当于名词的，叫名词性短语，通常以名词为中心语；能做谓语，功能相当于谓词，叫谓语性短语，大多以动词、形容词为中心语。在这两个类别中，还可以包括若干小的结构类型，大体如下：

联合短语（名词性成分）联合短语（谓词性成分）

偏正短语（定中结构）偏正短语（状中结构）

同位短语述中短语

方位短语中补短语

量词短语（名量结构）连谓结构

"的"字结构兼语结构

"所"字结构比况结构

(三)多义短语

和词的多义性一样,短语也具有多义现象,有些形式相同的可能会有两种或两种以上的意义,即出现了同形异义的现象,这种短语称为多义短语。例如,"学习材料"就有两种理解:一是学习文件的必要性;二是学习文件的种类。又如:"鸡不吃了",这个短语,就可能理解为鸡是受事者,是被吃的对象;又可以理解为鸡是施事者,是说鸡不再吃食了。短语的多义性不仅在简单短语里有,有些复杂短语也存在多义的现象。例如:"热爱人民的军队",可以理解为"军队是热爱人民的",也可以理解为"人民热爱军队"。多义短语的情况比上面所说的还要复杂,但有些在上下文的语境中可以消除多义,即由多义变成单义。多义短语在语境中如果不能排除多义性,就会产生歧义。歧义属于语病,在交际中就容易使人产生误解。因此,这是必须避免的。消除歧义的办法很多,但主要有以下几种:

一是适当增加词语,或者换用表义清晰的词语。如"一个报社的记者",假如指的是某个报社的全体记者,可以把句中的"一"字换成"整"字;假如指的是报社里的某个记者,就可以把句子中的"个"改成"位"。又如:"三个学校的学生",如果是指"三个学校"就把"个"改为"所",如果是三个学生,可以把"三个"放到"学生"的前面。改为"学校的三个学生"。

二是改变词组结构。例如:"不恰当地管理员工",如说的是一种管理方式,就可以改为"管理员工不恰当"的主谓结构,使谓语陈述主语如何;如果是指管理的程度,那就改成"没有恰当地管理员工",这样就由状语结构变成了以"没有"为述语的述宾结构了。又如:"东西送去了",可以理解成"东西已经送去了",这样就可以变成"把"字句,说成是"把东西送去了";如果还没去而正在送去,就改成"去送东西了",这是联动结构,强调了行为的动作性。

三是把长句改成几个短的分句,同时调整整个句子的顺序,使意思表达得更清晰、更明白。这也不失为一个好办法,例如:"才上小学的小明的妹妹小英就承担起照顾残疾哥哥的任务",可以改成"小明的妹妹小英,才上小学,就开始照顾残疾的哥哥"。

四是在句子里适当地增加一些词语,防止歧义的出现。例如:"进口电视机",既可以理解成"已经进口的电视机",也可以理解成"想进口一些电视机",我们分别可以改成"进口一些电视机"或"进口的电视机"。

五是调整语(词)的顺序。像前面举的例子"一个报社的记者",如果是指人数的话,就可以改成"报社的一位记者"。同理,"两个同志买的西瓜",假如同样指的是数量的话,也可以改成"同志买的两个西瓜"。语(词)调整以后,领属关系就发生了变化,并且消除了歧义,意思也就表达清楚了。

五、句子

句子是具有一定的句调,能够表示相对完整的意思的语言单位。词和短语是造句的备用单位,一部分词加上句调可以单独成句,成为独立句。例如:"那是什么?""飞机!""谁去开会讨论?""他。"本来"飞机""他"都是词,但是,加上句调就成为句子了。大多数短语加上句调可以成为句子,如"谁是最可爱的人",将其加上句调,就变成了句子"谁是最可爱的人?"如果没有句调,再长的语言单位也不能成句。句子分单句和复句。句子可以根据不同的标准来分类,根据句子的语气分出的叫句类。

在主谓句动词性谓语句里还有几个特殊的句式:把字句、被字句、兼语句、连谓句、双宾句、存在句等。在这里只介绍把字句和被字句。

（一）把字句

把字句是指在谓语动词前头用介词"把"引出受事、对受事加以处置的一种主动句。把字句共有四个特点:一是在动词前面和后面总是有其他成分,动词不能单独出现,特别是不能出现单音节动词。通常后面有补语、宾语、动态助词,起码要有动词的重叠式。例如:"把杯子放到桌子上。""把书的封面写上名字。""把那把门钥匙带着。"有时也可以在动词前面加上状语。例如:"别把那把门钥匙带着。"假如动词前面的是动补型的双音节词,就可以单独出现。例如:"不能把孩子丢下。"二是"把"的宾语在意念上,通常是有一定的、已知的人和事物,因此其前面会带上"这、那"一类的修饰语。例如:"把这本书带上。"三是谓语动词通常都有处置性,就是动词对受事者有着积极的影响。因此,不及物动词、能愿动词、判断动词、趋向动词以及"有、没有"等不能用来做谓语动词。在把字句里,没有经过处置的动词比较少见。例如:"只把封面看了一遍。"四是"把"字句短语和动词之间,通常不能加能愿动词、否定词,它们只能放在"把"字的前面。例如:"作者把要求改正文章中某些错误的信件,没有寄给编辑部,而寄给某同志。"句中"没有"应该放在"把"字前边。又如:"我把青春愿意献给新闻事业。"句中能愿动词"愿意"应该放在"把"字前边。

（二）被字句

被字句是指在谓语动词前面,用介词"被"(给、叫、让)引出施事或单用"被"的被动句,它是受事主语的一种。使用被字句要注意以下三个问题:

一是动词一般都有处置性,动词后面多有补语或别的成分。假如要用一个双音节动词,它的前面就要有能愿动词、时间词语等状语。例如:"手机让我的老婆拿去了。""左手被机器轧伤了。""这样说容易被人接受"等。

二是主语所表示的受事必须是有定的,假如没有特定的语境,就不能说"一个人被他撞了",应该说"这个人被他撞了"。

三是能愿动词和表否定、时间等的副词只能置于"被"字前。例如:"全部车票都被报销了""这个内部信息已经被人给捅出去了"等。

（三）常式句、变式句

句子中各个成分处于通常的位置叫常式句。变式句是相对常式句而言的,就是颠倒原来句子的语序，也叫倒装句，为了强调和突出语用目的。比如：

祖国的春天，多美丽呀！（常式句）

多美丽呀，祖国的春天！（变式句）

常见的变式句有：

1. 主谓倒置：主语在前，谓语在后，这是一般常式句的语序。有时也会把谓语放到主语前面，这往往是为了强调谓语，或因为紧急情况需要先把重点说出来。比如：

怒吼吧，黄河！

起来，饥寒交迫的奴隶！

掉下来了，石头！

2. 定语、状语后置：定语、状语在中心语的前面是正常语序，有时把定语、状语放在中心语的后边。比如：

河塘四周，长着许多树，蓊蓊郁郁的。（定语后置）

海边有许多好看的石子儿，红的、白的、粉的。（定语后置）

我要写下我的悲哀，为子君，为自己。（状语后置）

全国各地的学生考入北京大学，从上海，从广州，从新疆等地。（状语后置）

（四）句子的变换

句子的变换主要是根据表意的需要，依据一定的规则，把一种句子换成另外一种句子。其中句子的变化有以下几种：

1. 句类之间的变换

例如：

他上班去了。（陈述句）

他上班去了吗？（疑问句）

对陈述句所表述的意思提出疑问，既可以把陈述的语调上升，也可以在陈述句后面加上"吗"，使其变成疑问句。

小明哪儿也不去。（陈述句）

小明哪儿也不去吗？（是非问句）

小明哪儿也不去呢？（反诘问句）

上述句子中使语调上升或者加上"吗""呢"都可以使句子变成疑问句，但是"小明哪儿也不去吗？"是单纯的疑问句，后者则有"小明哪儿也不去，又能怎么样"的意思。此外，相同句类的内部也可以变换。例如：

您想什么？（特指问句）

您想什么了呢？（是非问句）

特指问句的"什么"是一般疑问的用法，而后者"什么"已变成虚指用法，两者是有区别的。

2. 句型之间的变换

例如：

她辽宁人。（名词谓语句）

她是辽宁人。（动词谓语句）

前一句是名词谓语句，具有口语色彩，没有否定式；后一句是动词谓语句，口语书面语皆可使用，有否定式："她不是辽宁人。"

教室里坐着四十个学生。（存在句）

四十个学生坐在教室里。（一般动词谓语句）

这是动词谓语句内部的变换，存在句与动词谓语句的变换。

还有否定句和肯定句之间的变换。例如：

学好古汉语很难。（单纯肯定句）

学好古汉语不容易。（单纯否定句）

前者的语气比较重，而后者的语气较轻。如果是双重否定句，其语气必然会更重。例如：

要想取得好成绩，必须刻苦努力。

"不刻苦努力，是不能取得好成绩的。"

显然，后一句的语气要比前一句重得多。

六、常见的句法错误

学习语法的目的，是让我们懂得句子的基本结构规律，知道句子应该怎样组织，不应该怎样组织。为了更好地提升理解运用语言的能力，有必要了解句子常见的语法错误，并能纠正语法失误。常见的句法错误有如下几方面：

（一）搭配不当

1. 主语和谓语搭配不当

由于对词义的搭配上不理解，从而造成主语和谓语两者的搭配不当。例如：

它每年的发电量，除了供给杭州使用外，还向上海、南京等地输送。

这个句子中的主语中心词是"发电量"，而谓语动词是"输送"，正确地表达"输送"的应该是"电"，而不是"发电量"。显然，句中的主谓语搭配是不合适的。主语应改为"它每年发的电"。

2. 动词和宾语搭配不当

例如：

我们要彻底铲除"四人帮"的流毒和影响。

句中的"影响"和"流毒"不是指具体事物，所以用"铲除"是不合适的，应该改为"我们应该肃清'四人帮'的流毒并消除其影响"。

3. 定语、状语、补语跟中心语搭配不当

例如：

我们的祖国幅员广大，有优裕的自然资源。

这个句子中定语"优裕"和中心语"自然资源"不搭配，应改为"丰富"。又如：

老板口口声声欺骗那些雇工。

这个句子是状语"口口声声"跟中心语搭配不当，应改为"挖空心思"或者是"千方百计"。再如：

你对我们照顾得太周全了。

这个句子是补语与中心语搭配不当。"周全"应该改为"周到"。

4. 主语和宾语意义上不搭配

例如：

今年麦子的收成是几年来收成最好的一年。

从句子中可以看出，"收成"的应该是"麦子"而不应该是"一年"，应该改成"今年是几年来麦子收成最好的一年。"或者"今年麦子的收成是几年来最好的。"

（二）残缺和多余

假如不符合省略的条件而省略了句子中的成分，而致使句子结构不完整，表达的意思不清楚、不准确，这就叫残缺；相反，由于在句子中多了某个成分而使句子不清楚、不准确，这就叫多余。残缺和多余大体上有以下几种情况：

1. 成分残缺

（1）主语残缺

例如：

通过这次参观访问，使我们受到了很大的启发和教育。

句子中由于滥用了介词"通过"，致使句子主语残缺。因为介词短语不能充当主语，所以应当删去介词"通过"，把"这次参观访问"作为句子的主语，或者去掉"使"，让句中的"我们"作句子的主语。

（2）谓语残缺

例如：

南堡人民经过一个冬天的苦战，一道４４米高、20米宽、700米长的拦河大坝，巍然屹立在目溪边。

这句话说了主语，还没有说出谓语就另起炉灶，因而造成谓语残缺，句中的"经过"应该提到句子的前面，用"经过……的苦战"做句子的状语，让"一道……大坝"做句子的主语。

（3）宾语残缺

例如：

不少同志带病来参加水利工程。

句中的"水利工程"不能做"参加"的宾语，在句子的后面应该加上"建设"，改为"不少同志带病参加水利工程建设"。

2.成分多余

所谓成分多余是指在句子中一些成分和其他成分在意义上完全相同，或者已经包含在其他成分中了，那么这个成分就是多余的。

例如：

他的文章曾经在《辽宁日报》上全文连载发表。

句中的"连载"就是"发表"的意思，这两个词连用，实际上是同义词重复，就可以把其中的一个去掉。

（三）语序不当

有的句子使定语和中心语的位置颠倒了。例如：

最近几年，我国丝绸的出口，深受各国顾客的欢迎。

这个句子语序不当，"丝绸"是主语的中心语却放在定语的位置上，应改为"我国出口的丝绸"。又如：

这次会议对开展研究性学术的问题也交换了广泛意见。

句中的"广泛"是状语，应当在"交换"的前面，却放在了定语的位置上。例如：

夜深人静，想起今天一连串发生的事情，我怎么也睡不着。这个句子也是语序不当，把定语放到了状语的位置上了，应改为"……发生的一连串事情"。例如：校长、副校长和其他学校领导出席了这届迎新会。

句子属于多层定语语序不当，句中的"其他学校的领导"是指别的学校领导，还是本校的其他领导，指向不明确，有歧义。从结构上来看，"其他"是"学校"的定语；但从文义上来看，则应是"领导"的定语，改为"校长、副校长和学校其他领导"。例如：

这件事对我们大家当时震动很大。

句子属于多层状语语序不当，句中"对我们大家"是表示对象的状语，"当时"是表示时间的状语，表示时间的状语应当放在前面，因此改为"这件事当时对我们大家震动很大。"

（四）句式杂糅

同一个内容，往往采取不同的说法，如果在写文章时不知道用哪种方法好，结果既想用这种方法，又想用那种方法，将两种方法用在一起，致使句子出现杂糅，形成了两个句子的混杂。例如：

不仅这样，他们还把小岛建成花园一样美丽。

该句子是把两种结构套在了一起，而出现了混杂，应改为"把小岛建设得像花园一样美丽"，或者"把小岛建成美丽的花园"。

例如：

考试场设在一间古色古香的大厅里举行的。

这个句子也出现了结构上的杂糅，有两种改法：一是改为"考场设在古色古香的大厅里"；二是改为"考试在一间古色古香的大厅里举行"。例如：

我一定做好受群众欢迎的编辑工作。

句子中"做一个受群众欢迎的编辑"是一套结构，"做好编辑工作"又是一套结构，因此只能保留其中的一套结构。

七、复句

复句是大于单句的语言单位，是由两个或两个以上的意义上有联系，结构上互不做句子成分的分句组成。复句里的分句是类似于单句而没有完整句调的语言单位，可以是词，也可以是主谓短语，还可以是非主谓短语。复句的语法关系主要是通过词序和关联词表示的，关联词在复句中占重要的位置。复句中各分句之间一般有语音停顿，书面上用逗号、分号或冒号表示。复句分联合复句和偏正复句两大类。

（一）联合复句

联合复句包括：并列关系、顺承关系、解说关系、递进关系和选择关系等五种。几个分句表示同一方面的几个事物或者同一事物的几个方面，一般用"也""还""另外""同时""同样""既……又（也）""一边……一边""一方面……另一方面""一会儿……一会儿""有时……"等关联词语。

1. 并列关系：几个分句的地位是完全平等的，没有主次之分，分句分别说明相关的几件事情、几种情况，或者同一事物的几个方面。例如：

老栓一面听，一面应，一面扣上衣服。

有时并列的复句还可以通过正反两方面来说明某一事实。例如：

真理是时间的产物，而不是权威的产物。

有时并列关系的复句也可以不用关联词。例如：

五岭逶迤腾细浪，乌蒙磅礴走泥丸。

2. 顺承关系：几个分句表示连续的动作或连续发生的事情。

分句之间有先后相承的关系，常用"又""就""便""接着""然后"等关联词语。例如：

愿为事业献青春，献了青春献终身，献了终身献儿孙。

这类复句也可以不用关联词语，直接通过句序来表示复句的关系。例如：

我温了酒，端出去，放在门槛上。

3. 解说关系：复句后面的分句是对前面分句（或者是前面的分句对后面的分句）的解释、说明、补充和总结，一般不用关联词。例如：

恒星都很大，差不多每一颗都能装下几百万个地球。

对自己"学而不厌"，对人家"诲人不倦"，我们应取这种态度。

4. 递进关系：复句后面的分句在语意上要更进一层，经常用"不但（不仅、不单、不光）……而且（还、也）""并且""甚至""何况""尚且……何况"等关联词语。例如：

"费厄泼赖"尤其有流弊，甚至于可以变成弱点，反给恶势力占便宜。

没有花，只有刺，尚且不可以，何况只有骂。

5. 选择关系：复句中两个或两个以上的分句分别说出了几种情况，这几种情况不能同时存在，要求从中选择一种。表示选择关系的复句有两种类型：

选择未定：在可供选择的几项中，或甲或乙，非此即彼的选择。例如：

或者当记者，或者当编辑。

努力于提高呢，还是努力于普及呢？

选择已定：对两个可选择的事物做出明确的取舍，常用"与其……不如""宁可……也"等成对的关联词语，有时也用"宁可""与其""不如""还不如"等关联词语。例如：

与其站着等车，不如走着去。

宁可牺牲个人利益，也不能损害集体利益。

（二）偏正复句

偏正复句也包括五种类型，它们分别是：转折关系、因果关系、条件关系、让步关系和目的关系。

1. 转折关系

这种复句前后的分句的意思不是顺承下来的，而是产生了某种转折，与一个分句的意思相反或偏离，是意念的重点，为正句，经常用"虽然（虽、虽说、尽管）……""但是""但""可是""可""然而""却""不过""只是""倒"等关联词语，关联词语可以单独使用，也可以成对使用。例如：

巴黎公社尽管失败了，可是它的历史功勋是不可磨灭的。

有时表示转折关系的复句也可以是正句在前，偏句在后。例如：

现在还不是收麦的时候，尽管麦子已经快要成熟了。

2. 因果关系

在几个分句中，有的表示原因，一般在前面，为偏句；有的表示结果，在后面，为正句。表因果关系的复句有两种情况：

一是说明因果，即以既定的事物来说明因果关系，常用"因为……所以""因此""因而""从而""以致""致使""由于"等关联词语。例如：

因为马克思有了广博的知识基础，所以能筑起他的学术高塔。

有的复句表示因果关系时,用"之所以(所以)……是因为"来做关联词语,这类复句是先说结果,后说原因。例如:之所以没去旅游,是因为最近工作太忙。

二是推论因果,就是依据一定的关系来推断因果关系,可以由因推果,也可以以果推因,常用"既然(既)……就(那么)""可见"等关联词语。例如:

既要革命,就要有一个革命党。

表示推论因果关系的复句有时也可以正句在前,偏句在后。

例如:

不要再批评了,既然他已经认识了错误。

3. 条件关系

复句中的几个分句,有的表示条件;有的则表示在这个条件下可能或必然产生的结果。表示条件的分句一般在前为偏句,表示结果的分句一般在后为正句。条件关系复句有三种类型:

(1)假设条件:前面的分句提出一个假设条件,后面的分句说明在这个假设条件下会产生的结果,经常用"如果(假如、如、假使、倘若、若是、要是)……那么(那、就、便)"等关联词语。例如:

若是扬沙天气,汽车就推迟出发。

还有一种用法,就是前后两个分句说的是相关的两件事情,假如承认前面的是事实,就得承认后面的也是事实。例如:

如果说新中国成立是让人民当家做主人,那么改革开放就是让广大群众过上小康的生活。

(2)特定条件:复句里前一分句提出具体条件,后面则说明具备这个或有了这个条件后产生的结果,一般用"只有……才""只要……就""除非……才"等关联词语。例如:只要你说得对,我们就改正。

(3)任何条件:不管前面的分句提出什么条件,后面的分句都表示取得了同样的结果,实际上是一个"无条件句"。例如:不管前面有多少艰难险阻,我们还是要向前进。表示条件关系的复句,假如条件十分明确,可以省略关联词语。例如:

没有共产党,就没有新中国。

4. 让步关系

前面的分句对后面的分句有假定的意味,而后面的分句对前面的分句又有转折的意味。通常前面的分句为偏句,后面的分句为正句,一般使用"即使(就算、就是、纵然、哪怕)……也(还、都)"等关联词语。例如:

在赛场上,就是赢不了,也要坚持到底。

复句是让步关系的,有时也可以正句在前,偏句在后。例如:

还是留下吧,即使你觉得这里不适合你。

5. 目的关系

在复句中,有的分句表示目的,有的分句表示行为,表示行为的是正句,表示目的的是偏句。正句的位置按不同词语的需要，有的在前，有的在后。一般用"为了""为""为的是""以便""用以""好""以免""免得""省得"等关联词语。

例如：

为实现四个现代化，我们要坚持科学的发展观。

你还是先和人家打一下招呼，以免到时找不到人。

（三）多重复句

复句一般由两个分句构成，有时即使是两个以上的分句所形成的关系，也依然是在一个构造层次上。如果一个复句有两个以上的分句，而且各句的关系不在一个层面上，即具有两个层面以上的关系，这就构成了多重复句。

（四）紧缩复句

在日常口语和比较自由活泼的文体里，为了使语言表达得更清楚、明了、准确，复句还有一种紧缩的形式。这里的"紧"是指紧凑，紧掉了复句中的语音停顿；"缩"就是缩减了句子中某些词语，特别是一些关联词语，而它依然具有复句的特点，这就是紧缩复句。

（五）复句中常见的错误

1. 分句之间缺乏一定的逻辑关系

复句中的几个分句，必须具有严密的逻辑联系，不遵守这个原则，写出来的句子就会出现语病。例如：

我们需要认真总结一下几个月来的学习经验，因为我们的学习目的是明确的。

我们如果不好好学习外语，就不能提高自己的政治思想水平。

这两个复句中，分句之间没有必然的逻辑关系，所以是错句。

2. 结构混乱，层次不清

复句特别是多重复句，各分句的结构关系是相当复杂的，如不注意上下文的联系，就会出现层次不清、结构混乱等语病。例如：

近两年来，他的科研成果又有新的提高，其中有两项不但达到国际先进水平，而且也填补了国内这方面的空白。

这个句子的两个分句的递进关系颠倒了，应该把次序对调一下，使之构成由轻到重的递进关系。

3. 关联词语应用错误

在复句中，关联词语是表示各分句之间关系的标志，是否用关联词语，是成对用还是单用以及用在什么位置上，都是有一定规则的。下面是常见的几种关联词语应用的错误：

（1）搭配不当：成对使用的关联词语，其关联词语不能随意拆换，否则就会造成搭配不当的语病。例如：

人们只有解放思想，努力学习，就可以掌握科学技术知识，并且有可能成为科学家。

这个例句也属于关联词语搭配不当，应把"只有"改为"只要"，或者将"就"改为"才"。

（2）缺少必要的关联词语：依据表达的需要，本来应该有关联词语的，但在句子里却没有，或者是该成对使用的只用了一个，这就是缺少关联词语，因此，分句之间的关系就很模糊，意思表达不清楚，从而造成语病。例如：

革新技术以后，不但加快了生产速度，提高了产品的质量。这个例句缺少同启下连词"不但"相搭配的承上连词，应在"提高"的前面加上"而且"。

（3）错用关联词语：句子里的意思本该用关联词语A，却用关联词语B，结果造成了关联词语与所要表达的意思不一致，因而出现了语病。例如：

犯罪分子一面不断地变换手法，一面终究逃脱不了人民的法网。

这个句子属于错用关联词语。两个分句是转折关系，不是并列关系，应该把"一面……一面"改为"虽然……但（是）"或者"……但（是）"。

（4）滥用关联词语：不该用，却随便用，就是滥用，结果使句子显得生硬、啰唆，造成词不达意的语病。例如：他大学毕业后，就到杂志社工作，所以工作积极肯干，也能吃苦。

在这个复句中，分句之间没有任何因果关系，在第三个分句前用上了"所以"就变成了"工作积极肯干，也能吃苦"是"他大学毕业后就到杂志社工作"的结果，这是不准确的，应该把"所以"去掉。

（5）关联词语位置不对：在复句中，关联词语都有一定的位置。前后分句的主语相同，前一分句的关联词在主语后；前后分句主语不同，前一分句的关联词一般在主语前。例如：

中国人民不但认识了现代霸权主义的反动本质，而且第三世界越来越多的国家和人民也都从自己的经验中看清了现代霸权主义的真实面目。

这个句子的关联词语的位置不对，应该可以改为："不但中国人民认识了现代霸权主义的反动本质，而且第三世界越来越多的国家和人民也都从自己的经验中看清了现代霸权主义的真实面目。"

第四节 汉语修辞常识

一、修辞的含义

修辞这个词用法比较灵活。它的含义随着语境的变化而具有多义性。第一，指运用语言的方法、技巧和规律；第二，指运用语言及语言表达方法、技巧和规律的活动；第三，指以增强表达效果的方法、规律为研究对象的修辞学和修辞著作。我们运用语言交流思想、传达信息，不仅要表达得准确无误、清楚明白，还应该力求生动形象、妥帖鲜明，尽可能给人以深刻的印象和语言的美感，这就需要在特定的语境中对语言进行综合的艺术加工。

二、词语的锤炼

词是构成句子的基本单位，句子选择得好不好，首先要看词语选得好不好。因此，词语的锤炼是非常重要的。在古代，人们十分重视对词语的锤炼，古人叫"炼字"，这是我国传统的修辞艺术。词语锤炼的根本目的就是能够更好地表达思想、传递信息，在正确运用词语的基础上把词语用得更活、更好、更妙，这就是锤炼词语。汉语中的每一个词都是声音（形式）和意义（内容）的结合体，词语的锤炼就是要兼顾这两个方面。

（一）词语意义的锤炼

顾名思义，词语的锤炼，必须先理解和认识词义，这是做到准确得体的前提。准确就是从理性上看对词义把握得是否正确；得体就是从感性的意义上看其是否恰当。如果将这两方面能够结合起来并都能做到，这就做到了准确得体。例如：

原句：这座铜钟就在柏树底下，矗立在地上，有两人高。伸拳一敲，嗡嗡地响，伸直臂膀一撞，纹丝不动。

改句：这座铜钟就在柏树底下，戳在地上有两人高。伸手一敲，嗡嗡地响，伸开臂膀一撞，纹丝不动。

句中的"矗立"指高高地直立，如说"高楼矗立"则可，而说"只有两人高的铜钟矗立"就不太准确。改为"戳"比较贴切而且浅显、明快。用"伸直的臂膀"去"撞钟"与人体生理不吻合，所以改为"伸开"就比较准确恰当。

锤炼词语还要做到语言简练，实际上就是说话、写文章要言简意赅，用最少、最精的词，表达最丰富的信息。语言烦冗是语言表达的大忌，其主要表现是：

1.字面重复。如果是必要的重复，这是修辞的手段，但无意义的重复，就是烦冗。比如：关于稿件来源的问题，我们大家讨论了这个问题，认为问题是不难解决的。

很显然，后两个"问题"放在句子里完全没有必要，它是多余的，这段话表达得很啰唆。

2.同义反复。字面看起来虽然不同，但所选用的词语是同义词，而且在句子里反复出现，这与使用反复强化表达效果是完全不同的。例如：热烈欢迎运动健儿凯旋归来。

"凯旋"就是"胜利归来"的意思，"归来"就是没必要的同义反复。

3.纯属多余的词。从词语表达的意义上来说，这属于画蛇添足。例如：我们的事业要比历来的古人所从事的事业伟大得多。

句中"历来的"和"古人"是重复的。另外，前面已有了一个"事业"，后面就没有必要再加上一个"事业"，显得多余、重复，应该删掉。

我们强调语言表达准确、内含丰富，做到意增词不增，达到更高境界。词语的简练与否要以内容表达的需要为衡量标准，不能以字数的多寡来判断。简短不一定简练，文字简短但意思表达不清，并不意味着简练。相反，有些词语看起来貌似重复，却是内容表达的需要，也不能说不简练。例如：鲁迅的《秋夜》中的名句"在我的后园，可以看见墙外的两株树，一株是枣树，还有一株也是枣树"。看似重复，实则不然，因为这段话一方面表现在了白色恐怖下那种苦闷、无聊、失落；另一方面又隐喻反抗黑暗势力的斗士的那种坚强不屈，不怕牺牲，前赴后继，为光明而战斗的精神。为此，我们必须使语言表达得更鲜明生动，通过对词语的锤炼，进一步增强语言的表达效果，使其更形象、更具体、更鲜活。

一是要了解和掌握词的理性义及其相互间的比喻关系、指代关系、背反关系和表里关系。比如：在某些文学作品中，把党比作"母亲"，"母亲"已不再具有原来的理性义。

二是理性义和活用义之间具有指代关系。比如："我们需要'本本'，但是一定要纠正脱离实际情况的本本主义"中的"本本主义"实际是指代脱离实际的盲目的教条主义的作风。

三是理性义和活用义之间具有背反关系。例如，老舍在《小花朵记》里写的"假如当时我已经能够记事儿，我必会把联军的罪行写得更具体，更'伟大'，更'文明'"。把"伟大"和"文明"加上引号意味着表示反语，即"丑恶"和"野蛮"。

四是理性义和活用义之间具有表里关系。例如：杨沫在《青春之歌》里"……夜是这样的黑暗、阴沉，似乎要起暴雨。多么难挨的漫漫长夜啊！"这里的"夜"表面上是写实，而内里却指黑暗的旧社会，"暴雨"，内里也是指国民党反动派的疯狂镇压。词语的活用有时还表现在改变词语的色彩意义上，通常是改变感情色彩意义和语体色彩。例如：

我们全党全民要把这个雄心壮志牢固地树立起来，扭住不放，"顽固"一点，毫不动摇。

句中的"顽固"本来是贬义的，但在此却有了褒义色彩，在修辞上叫易色。有时在口语中，有意运用一些商务、外交等场合使用的词语，以取得幽默诙谐的修辞效果，如把妻子称为"内阁总理""全权代表"等，修辞上这叫降用。

词语的活用有时还表现在改变词语的组合关系。比如：临时改变某些词的词性，改变词语的语法功能，在修辞上叫转类。

朱自清写的《"海阔天空"与"古今中外"》中在与新同事闲谈时问他第一堂课上什么时，新同事回答道："古今中外了一点钟！"

句中的"古今中外"是名词而当作动词使用了。

还有把适用于某一类事物上的词语用到另一类上，这在修辞上叫移就。比如：

闻一多的《静夜》中："这灯光漂白了四壁……"

句中的"漂白"本指对纺织品的洗染，在这里形容本来不能洗染的四面墙壁。

另外，还有两个事物同时出现时，将适用于某一事物的词语拈来用于另一事物，在修辞上叫拈连。例如：

杨朔《荔枝蜜》中写道："蜜蜂在酿蜜，又是在酿造生活；不是为自己，而是为人类酿造最甜的生活。"

"酿造""生活"就是拈连的方法。

词语的活用还可以改变词语原来的音形规范。这也有以下几种情况：

一是依据原词临时模仿新词。例如：姜天民的《第九个售货亭》："先是'待业'，现在呢，是'待婚',而不是'待恋'。"显然,句中的"待婚"和"待恋"都是从"待业"一词仿造而来的。

二是为了表达上的需要故意把词语写错或读错。例如鲁迅的《阿长与山海经》:"哥儿,有画儿的'三哼经'我给你买来了。"

句中的"三哼经"是"山海经"的误写误读。

三是为某种需要改变词语结构成分的次序。例如:"他为革命多苦辛,万水千山走得勤。"为了押韵的需要,将"辛苦"改变为"苦辛"等。

(二)词语声音的锤炼

声音的锤炼在修辞中也十分重要,语言声音的恰当配合,是使语言声情并茂的前提。语音修辞主要应注意以下三个方面问题:

首先,语言音节要整齐匀称,读起来朗朗上口,听起来悦耳。例如:"满肚苦水,满腔仇恨!在苦水和仇恨里长大的孩子啊,永远忘不了这世世代代的苦,祖祖辈辈的仇。"

其次,要注意音律优美和谐。除在音节上调配之外,有时我们还可以通过一些其他的语音修辞方法来加强语音的音律美、回环美,以增强语言的表达效果。其中,最主要的就是叠音、双声叠韵词的运用,还有韵脚的和谐。这样,除了形象之外,还会增加语言的音乐美。例如:"井冈山五百里林海里,最使人难忘的是毛竹,从远处看,郁郁苍苍,重重叠叠,望不到头。"(叠音)又如:"田原零落干戈后,骨肉流离道路中。"(双声)再如:"梦里依稀慈母泪,城头变幻大王旗。"(叠韵);"长夜无言,天地同悲,只见灵车去,不见总理归。"(押韵)

最后,注意声调平仄相间。这里主要是指在一句话中所用语词平仄相间,音调的长短抑扬相互搭配,从而取得音乐美感。我国的古代诗词自唐代开始就特别注意平仄,这是格律诗的基本要求。"平"和"仄"就是汉语声调的两大类别。现代汉语的平声字包括阴平阳平,仄声包括上声去声,如果将这两类声调交错搭配运用,就会有抑扬顿挫的音律效果。古人写诗必讲平仄,今人虽不必拘泥于此,但在写文章中特别是写诗或者歌词时,能够有效地运用平仄的规律,其效果也是相当好的。

三、句式的选择

文章写得生动成功,要求能够随时变换句子,根据需要自由地选择句子。从修辞的角度来看,表示相同或相近意义而在风格色彩、修辞功能、表达效果等方面存在细微差别的句式,都可以称为同义句式。在多数情况下,是对这些同义句式的选择。善于选择和调整句式,就能够有效增添文采,增强语言的表现力,收到理想的修辞效果。

掌握和选择句式的主要依据主要有三点:一是根据不同句式本身表意的鲜明程度选择;二是根据不同语境,特别是上下文的不同语境的需要来选择;三是根据上下文主语的异同来选择。

（一）长句与短句

短句所用词语较少，结构也比较单一。长句正好与此相反，所用词语多，结构复杂，表意比较周密、严谨、精细，特别适合于在严肃、庄重的文体中使用。如论文、政府报告、法律法规文体等；而短句的修辞效果则简洁、明快、灵活、生动，特别适用于一般文体尤其是文艺新闻文体使用。常见的长句变短句，有如下两种：

一是把长句中的附加成分抽取出来，使长句变成短句。例如：

他是一个身体健康、学习刻苦、工作积极并且立志为"四化"奋斗终生的三好学生。（长句）

他是个三好学生。身体健康，刻苦学习，工作积极，立志为"四化"奋斗终生。（两个短句）

长句的修饰语多，"学生"前面有一个定语是联合短语，里边的联合成分较多，成分也比较复杂，改成一个单句和一个复句组成的句群，单句内的定语少而短，复句内四个分句都没有定语和联合成分，由有联合关系的分句组成联合复句。也可以把第二句中的句号改逗号，变成前后有解说关系的复句，并且都是分句，形式上都是短句。

二是把长句中的联合短语拆开，重复跟联合短语直接相配的成分，形成并列或排比的句式。例如：

这出戏一开始就给观众展现了草原上欣欣向荣的大好风光和牧民群众为开辟草原牧场、架设桥梁而战斗的动人场面。

这出戏从一开始，就给观众展现了草原上欣欣向荣的大好风光，展现了牧民群众为开辟草原牧场、架设桥梁而战斗的动人场面。

句中宾语成分的定语较长，句子结构比较复杂。从第一句改成了第二句之后，变成了几个短句，效果要好多了。

（二）整齐句和参差句

三个方面的因素（结构、音节、节律）决定了句子是整齐还是参差。凡是结构相同或相近、音节相同或相近、节奏匀称的几个句子组织在一起，就是整齐句，又称为整句。与此相反，就是参差句，又叫散句。对偶句和排比句是最典型的整齐句。此外，结构相同或者不同，但音节、节律大体相匀称的，也属于整齐句。例如：

我们培养选拔人才，有广阔的源泉，有巨大的潜力。事不关己，高高挂起；明知不对，少说为佳；明哲保身，但求无过。这是第三种。

在第一句中使用了结构相同、音节和节律相等的句子，在第二句中四字句虽然结构有所不同，但音节和节律整齐，所以都是整齐句。但是如果有的句子虽然音节相同，结构不同，音律也不匀称，就不是整齐句，而是参差句。

整齐句的修辞效果是声音和谐，读起来朗朗上口，便于记忆和流传，感情色彩浓郁，有感染力。这种句式多用于艺术作品、文章标题和广告词中。而参差句的特点主要是自由灵活、富于变化，在言语交际中时常使用。我们要根据实际需要来选择和搭配。

（三）主动句与被动句

使用主动句还是被动句，主要看陈述的对象和语境。假如以施事者为陈述对象，就要选用主动句；如果以受事者为陈述对象，最好是选择被动句。被动句大多是出于迫不得已而表达，所以实际上用得比较少。但是，在某些场合，选用被动句反而效果更好。这里有两种情况：

一是强调受事者，施事者不必说出，下文可能出现；也可能大家心照不宣，不愿说或不必说。例如：

忽而一个红衫的小丑被绑在台柱上，给一个花白胡子的用马鞭打起来了，大家才又振作精神地笑着看。（鲁迅《社戏》）该句是强调"小丑"怎样，是受事者，"花白胡子"是施事者，属于在下文就要出现的情况。

二是在特定的上下文中，为了使前后分句保持一致，使叙述重点更突出，语气贯通、流畅，最好也选用被动句。例如：

在我们厂里，她是有名的劳动带头人；去年大家选她为劳动模范；今年，她又做出了新成绩。

在我们厂里，她是有名的劳动带头人；去年她被大家选为劳动模范，今年，她又做出了新成绩。

在第一句中，前后分句的主语不一致，使叙述失去了重点，而且语气也不流畅，改成第二句，成为被动句，突出了叙述的重点"她"，同时使前后分句保持一致，意思就贯通了。

（四）肯定句与否定句

同一个事物既可以用肯定的句式表示，也可以用否定的句式表示。但是两者在语意的轻重、强弱上是有差别的。肯定句的语意要比否定句的语意要强一些，如"他身体好"（肯定句）、"他身体不错"（否定句）。但是，如果肯定句与否定句并用，用否定来反衬肯定，反过来也用肯定来反衬否定，这时两者的语意会同时增强。例如：

我们是持久论和最后胜利论者，不是赌汉那样孤注一掷论者。（先肯定后否定，强化肯定）

这三千里江山已不再是孤零零的半岛，而是保卫人类和平的前哨。（先否定后肯定，反衬否定）

句中双重否定是两次否定的连用，以表示肯定的意思。与一般肯定句相比，它在修辞上：一是表达的语气更加肯定，不可置疑；二是表现的语气反倒比一般的肯定句更委婉、含蓄。

（五）口语句式与书面语句式

在言语交际中，口语中经常出现的句式，通常都是口语句式，相反则是书面语句式。它们之间的主要差别如下：

1. 日常口语总是直截了当，所以句式比较松散、简单，常使用短句；书面语句式比较复杂、严谨，多使用长句。

2. 书面语句式因为要求严密的逻辑性，关联词语也用得多；而口语句式比较自由随便，关联词语用得少，即使用也比较简单。

3. 书面语比较讲究语言的规范和典雅，特别注意句子的加工，有时还用一些文言句式；而口语则比较通俗、幽默，只要大家能听得懂，就不必严格要求。

无论是对书面语句式的选择还是对口语句式的选择：一是看表达场合、内容的需要是否得体；二是除文学作品外，一般不要将书面语句式与口语句式混合起来使用，这样容易使风格不统一，显得不伦不类。

四、主要修辞格及其使用

汉语中有几十种修辞格，常见的如比喻、比拟、夸张、借代、衬托、层递、对偶、排比、拈连、顶真、回环、反语、警策、婉曲、通感等等。下面分析几个常见的辞格。

（一）比喻

比喻就是打比方，用本质不同又有相似点的事物描绘事物或说明道理的辞格，比喻分明喻、暗喻、借喻等。比喻由本体、喻体、比喻词三要素构成。在运用比喻时的喻体必须是常见的、易懂的。例如：

油光碧绿的树叶中间托出千百朵重瓣的大花，那样红艳，每朵花都像一团烧得正旺的火焰（杨朔《茶花赋》）。这是一种像个小小钟儿似的紫色的花，像"满天星"菊花似的密密麻麻蔟生着（秦牧《草原的花》）。

在运用比喻的时候也常会出现比喻不当的情况。例如：群众是汪洋大海，个人只不过是其中的一滴水，不，简直就是一滴水中的一个原子。

用"原子"来比喻个人，让人难以捉摸、费解。

比喻的本体和喻体必须是本质不同的事物，又有相似点。例如：

那一棵棵大树，像我们的俘虏似的狼狈地躺在工地上。

用"俘虏躺在工地上"比喻"一棵棵大树"不贴切。

运用比喻要注意感情色彩。例如：

鬼子冲进了村子，像砍瓜切菜似的屠杀老百姓。

用"砍瓜切菜似的"来比喻，反而起到了丑化敌人的作用。

（二）夸张

夸张就是为了突出某一事物而有意言过其实的一种修辞方法。夸张有扩大夸张、缩小夸张、超前夸张。例如：

隔壁千家醉，开坛十里香。（扩大夸张）

五岭逶迤腾细浪，乌蒙磅礴走泥丸。（缩小夸张）

他酒没沾唇，人就醉了。（超前夸张）

运用夸张要以客观事实为基础，否则不能给人以真实感；运用夸张还要明显豁，不能又像夸张又像真实。比如"一天等于二十年"这是夸张，如果说"劳动三十天等于六十天"，这很难说是夸张还是事实。

（三）比拟

比拟是把物当人来写，赋予物以人的言行和思想感情，或把人当物来写，或者把甲物当乙物来写，或者把乙物当甲物来写的修辞方法。运用比拟应该是自己真实情感的流露，符合所写的环境、气氛，并要注意进行比拟的人或事在性格、形态、动作方面应有相似或相近之处。像下面的两例就属于比拟不当：

秋雨跳着欢乐的舞，一下就是几天，什么活也干不了，真闷死人了。

推土机舒展它的长臂，在荒原上铲除了一条平坦的路基。

（四）借代

不直说某人或某事物的名称，借同它密切相关的名称去代替，也叫换名。例如：用"红领巾"代替"少先队员"，用"大团结"来代替10元面额的人民币。借代有借体和本体，被借代的事物称本体，用来代替的事物叫借体。运用借代时应该注意借体与本体关系的密切，在上下文里作者应有所交代，使读者看到借体时能明白本体是什么。运用借代，借体一定能代表本体，其作用才明显突出。借代一定要注意褒贬色彩。

（五）排比

排比是把结构相同或相似、语气一致、意思密切关联的句子或句子成分排列起来，使内容和语势增强。例如：

在集中正确意见的基础上，做到统一认识，统一政策，统一计划，统一指挥，统一行动，叫作集中统一。（词语的排比）这是革命的春天，这是人民的春天，这是科学的春天。（句子的排比）

运用排比时要注意必须从内容的需要出发，不能生硬地拼凑排比的形式。

五、辞格的综合运用

（一）辞格的连用

辞格的连用是指在一段话里同类的或不同类的辞格的连续使用。例如：

矮小而年高的垂柳，用苍绿的叶子抚摸着快熟的庄稼；密集的芦苇，细心地护卫着脚下偷偷开放的野花。

句中先后把"垂柳"和"芦苇"人格化，是比喻的连用，还有异类辞格的连用。

（二）辞格的兼用

辞格的兼用指同一种表达形式中，兼有多种辞格，同一个辞格从不同的角度看，作用不同，一身兼二职，十分自然。例如：书山有路勤为径，学海无涯苦作舟。

句中使用了对偶的辞格，从两句的表述来看，又运用了暗喻的辞格，这就是两种辞格的兼用。

（三）辞格的套用

辞格的套用指在一个句子中，一个辞格包含着另一个辞格，形成大套小的格局，是一种相互包容的关系。例如：

一站站灯火扑来，像流萤飞走；一重重山岭闪过，似浪涛奔流。

两个分句的整体看来，应该是对偶关系，每个分句中"像"什么"似"什么，用的是比喻的辞格，第一句的本体"灯火扑来"和第二句中的"山岭闪过"两者都是比拟的辞格，三层辞格层层套用，句子十分生动活泼。

六、修辞易出现的问题

在汉语表达的过程中，出于种种原因，修辞也会出现各种不同的问题，归纳起来大体上有以下三种：

（一）韵律配合不协调

为了使汉语表达中的音节整齐匀称，富有节奏感和气势，必须根据需要来灵活运用单音节词、双音节词和多音节词，这样才能做到读起来上口，听起来悦耳。使声调悦耳的重要条件就是要讲究声调的平仄。韵文自不必说，即使是散文，也应该注意平仄的调配，否则听起来会特别平直，没有韵味；诗歌应该押韵，这是我国古代诗歌创作的传统。现代人有时为音乐谱写歌词都不讲究押韵，因而使语言表达失去韵律，美感大打折扣。

（二）词语运用不精确

如果选择词语不注意其前后意义的搭配，就会出现表达不准确的问题。因为每个词语都表达一定的含义，什么词语能和什么词语相配合，是有一定规律的，不能随心所欲、随意搭配。凡带有某些或褒或贬的词语，有时稍变换一下词的形式，就能附加上感情色彩。只要搭配得当，就会产生很好的表达效果。用于口语和用于书面语的词，会分别产生口语色彩或书面语色彩。如果不是出于表达的需要，尽量不把常用于口语的词和常用于书面语的词混起来使用，这会显得不伦不类，语言风格也不统一。

（三）句子表意不流畅

汉语的句式比较多而且复杂，能够很好地根据表达的需要来选择句式，是取得表达效果的重要保证。能使用单句的就不要使用复句，反之亦然，这完全取决于表达效果的需要。此外，还有常式句和变式句的变换、长句与短句的变换以及散句与整句的变换，既要考虑抒情达意的需要，还应考虑结构紧凑、整齐划一的要求。在选择词语时，不能不考虑语意的重复，不能随便堆砌辞藻，致使文字表达既无条理，又显得俗不可耐。

第五章 文化视角下的汉语言文学常识

第一节 中国古代文学史常识

一、中国古代文学史概述

中华民族是世界上最古老的民族之一,我们的祖先创造了灿烂的文化,而文学遗产正是其中最光辉的部分之一。

中国古代文学,指从上古到1919年五四运动这一阶段的文学历程,它从上古神话、春秋《诗经》开始,一直到近代的小说、戏曲,3000年来源远流长、品类繁多。其发展进程可做如下简略叙述:

(1)先秦文学:从上古到秦统一六国前,是我国文学的孕育和发生期。这一阶段文学,以口头流传的上古歌谣和神话传说为起点。至春秋,产生了我国第一部诗歌总集《诗经》和最早的一部历史文献汇编《尚书》。春秋后期至战国时代,散文创作兴盛,形成了历史散文和诸子哲理散文两大创作高峰。战国后期,在南方楚地风俗和楚地歌谣的文化土壤上,产生了以屈原的《离骚》为代表的《楚辞》。《诗经》和《楚辞》在文学史上并称"风骚"或"诗骚"。

(2)秦汉文学:秦代历史短暂,除秦统一六国之前的《吕氏春秋》和李斯的《谏逐客书》外,文学上并无建树。

秦汉文学主要是两汉文学。赋是汉代文学的重要形式,这种文体是在诗骚的基础上发展起来的。在汉代的400余年间产生了很多赋家,以贾谊、枚乘、司马相如、扬雄、班固、张衡等为代表。代表两汉史著最高成就的,是司马迁的《史记》和班固的《汉书》,两书齐名,世称"史汉"。汉代诗歌根据作者的不同,可以分为乐府民歌和文人五言诗两类。东汉末年的《古诗十九首》是文人五言诗成熟的标志。

(3)魏晋南北朝文学:从汉末大乱到隋代统一,魏晋南北朝历时约400年,由于现实的动荡,这是思想史上一个活跃多元的时期。文学逐渐成为个人抒怀的行为,进而摆脱了经学附庸的地位,因而,学术界习惯把建安开始的这个时期称为"文学的自觉"时期。

就诗歌而言,建安诗坛的"三曹"和"建安七子"成就了为后世称道的"建安风骨"。

两晋出现了重在哲理思索的玄言诗,之后是山水田园诗,而后诗歌又从咏物走向宫体;诞生了陶渊明、谢灵运、鲍照等一批杰出诗人。四声的发现和永明体的出现,为此后律诗的发展奠定了基础。

就散文而言,出现了我国独有的文学样式——骈体文,散文的各种文体至此已经发展得相当完备。由于文学创作的繁荣,文艺理论批评也得到很大的发展,以《文心雕龙》和《诗品》这两部文学理论巨著为代表。

(4) 唐宋文学:唐宋是我国古代文化空前繁荣的时代,也是文学的鼎盛时期,素有"盛唐隆宋"之称。文坛百花齐放,诗、词、散文以及小说都取得了巨大成就。

唐代是我国诗歌的黄金时代,唐诗一般分初、盛、中、晚四个时期。"初唐四杰"开始唐诗一代风气;盛唐不仅有山水田园诗派和边塞诗派争相辉映,更有李白、杜甫两大诗人问鼎诗坛;中唐诗人寻找异于盛唐的诗美,韩愈、孟郊与元稹、白居易开创了不同的诗歌流派;晚唐诗人首推李商隐和杜牧。散文方面最可称道的是韩愈、柳宗元倡导的古文运动。唐代文学中的奇葩还有唐传奇、变文和词。唐传奇在志怪、志人小说的基础上发展而来,是我国小说走向成熟的标志。

词是宋代对中国文学的标志性贡献。宋词流派纷呈、风格迥异,产生了柳永、苏东坡、秦观、周邦彦、李清照、辛弃疾等众多大词人,成就了唐诗宋词两相媲美的辉煌。散文方面则有著名的"唐宋八大家",此外,《岳阳楼记》作者范仲淹、《资治通鉴》主编司马光以及理学家程颢、朱熹等亦为散文名家。宋代小说出现了一种新的体裁——话本,即"说话"艺人讲故事的底本,从此白话小说成为中国小说的主流。

(5) 元明清文学:元明清时期,文学发展的一个重要特征是传统诗文的衰微和小说、戏曲等俗文学的昌盛。

正所谓"唐之诗、宋之词、元之曲,皆所谓一代之文学"。元曲,即元杂剧和散曲的合称,为元代文学的标志。关汉卿是元杂剧的奠基人和最重要的作家。此外,王实甫、白朴、马致远也是重要的杂剧和散曲作家。元代戏剧除杂剧外,在南方还有唱南曲的戏文,即"南戏",以高明的《琵琶记》最为著名。

明代文学的最高成就是小说和戏剧,其次是晚明以公安派为代表的小品文。《三国演义》《水浒传》为我国长篇小说的创作开启了新纪元,明中叶以后又出现了神魔小说《西游记》和世情小说《金瓶梅》,这四部小说一起被誉为明代"四大奇书"。小说创作的另一成就,是文人拟话本中短篇"拟话本"的大量出现和编刊发行,以冯梦龙的"三言"和凌濛初的"二拍"为代表。明代戏剧的主流是从南戏发展起来的传奇,汤显祖是明代最杰出的戏剧家。

清代文坛同样以小说为盟主,《聊斋志异》被誉为中国"短篇小说之王",《儒林外史》是讽刺文学的巨著,《红楼梦》则代表了我国古典小说的最高成就。清代戏剧以洪昇《长生殿》和孔尚任《桃花扇》两部传奇为代表作,李渔《闲情偶记》是清代著名的戏剧理论著作。

(6) 近代文学:1840 年鸦片战争至 1919 年五四运动的近代文学,在实质上是古代文学向现代文学演进的一种带过渡性质的文学。"诗界革命""小说界革命"相继提出,各种报刊大量出现,小说的地位空前提高。这一时期的文学,无论是内容上还是样式上,都新旧并存。重要作家有龚自珍、黄遵宪和梁启超等,重要作品有龚、黄的诗,梁的散文,以及小说《海上花列传》《官场现形记》《老残游记》《孽海花》等。

二、中国古代文学史重要文学运动、思潮和流派

（1）诸子百家：春秋战国时期是文化学术大兴盛的时期,"士"阶层兴起,产生了一批杰出的文化巨匠。他们将目光投向现实社会和人生,构建出各自不同的社会理想,产生了儒家、墨家、道家、阴阳家、法家、纵横家等众多的学派,称"诸子百家"。同时还产生了一批最具代表性的诸子散文。例如：儒家的《论语》《孟子》《荀子》；墨家的《墨子》；道家的《老子》《庄子》；法家的《韩非子》；纵横家的《战国策》等。

（2）"汉赋四大家"："赋"是汉代在先秦诗、骚的基础上发展起来的一种介于诗歌和散文之间的文体,属于韵文。汉赋有三个发展阶段：汉初的赋家多摹拟楚辞,称"骚体赋",以贾谊《吊屈原赋》《鵩鸟赋》为代表,枚乘的《七发》则表现出向散体大赋的过渡；汉武帝时代为汉赋的全盛期,散体大赋定型,代表作有司马相如的《子虚赋》《上林赋》,班固的《两都赋》和扬雄的《甘泉赋》等；东汉中后期,赋以抒情咏物的"小赋"为主流,以张衡《归田赋》、蔡邕《述行赋》为代表。史学家将司马相如、扬雄、班固、张衡并称为"汉赋四大家"。

（3）"建安风骨"：汉末社会的动荡和思想的活跃,使建安诗坛大放异彩,以曹操、曹丕、曹植这"三曹"和孔融、王粲、刘桢、陈琳、阮瑀、徐幹、应玚等"建安七子"为代表。诗人们描写社会动乱的现实,抒发建功立业的抱负,形成了慷慨悲凉的时代风格,其诗风被后世称誉为"建安风骨"。曹操是建安文学的开创者,他诗文俱佳,被鲁迅誉为"改造文学的祖师",有《短歌行》《步出夏门行》等诗歌名篇。曹丕的《燕歌行》是中国古代文学史上第一首完整的七言诗,他写的《典论·论文》是一篇开文学批评风气的重要文章。曹植的诗对五言诗的发展起到了很大的推动作用,其辞赋以《洛神赋》最为著名。

（4）"竹林七贤"："竹林七贤"是指魏末正始文学最有代表性的作家,其中文学成就最高者是阮籍和嵇康。阮籍的代表作是82首五言《咏怀诗》,首创了我国五言抒情组诗的体例。嵇康的诗在四言诗中另辟蹊径,在曹操之后再创四言诗高峰,代表作是18首《赠秀才入军》和《幽愤诗》。

（5）初唐四杰：初唐四杰指王勃、杨炯、卢照邻、骆宾王,他们是"唐诗开创期中担负起了时代使命的四位作家",代表诗作有王勃的《送杜少府之任蜀州》,杨炯的《从军行》,卢照邻的《行路难》,骆宾王的《在狱咏蝉》等。

（6）"吴中四士"："吴中四士"指初、盛唐之交,张若虚、贺知章、张旭、包融四位诗人。其中,张若虚的代表诗作《春江花月夜》有"孤篇压倒全唐"之称,创造了将诗情画意与

人生哲理融为一体的诗境美。与之相类似的诗境美佳作,有刘希夷的《代悲白头翁》。

(7) 山水诗派和边塞诗派:山水诗派和边塞诗派是盛唐诗歌最重要的两个流派。

山水诗人以王维、孟浩然为代表。王维的诗被苏轼称为"诗中有画,画中有诗",充溢着空明境界和宁静之美,如《山居秋暝》《终南别业》《秋夜独坐》等;孟浩然的诗亦有意境清远、恬淡清醇之妙,主要有《宿建德江》《临洞庭湖上张丞相》《春晓》等。

边塞诗人以高适、岑参为代表。他们的诗作以边塞为题材,体现出冷峻直面现实的悲慨与雄健奔放的气势美。高适的《燕歌行》、岑参的《白雪歌送武判官归京》极负盛名。

(8) "元白诗派"和"韩孟诗派":中唐时期,诗人在盛唐诗歌的基础上开创了不同的诗歌流派,使唐诗出现第二次高潮。

一派由白居易、元稹、王建等诗人组成,他们关注现实,诗风较为平易通俗,尤以善写新乐府著称,后人称之为"元白诗派"。

另一派以韩愈、孟郊为代表,包括贾岛、李贺等,偏重艺术技巧,风格奇奥险僻,史称"韩孟诗派",其中孟郊和贾岛二人的诗素有"郊寒岛瘦"之称。

(9) 新乐府运动:"乐府"本是古代掌管音乐的官署名称。至汉代,乐府诗正式问世。汉乐府诗包括文人创作和民歌,其中的民歌多为叙事诗,并以五言为主,打破了《诗经》以来的四言格式。唐代产生了新乐府,首创者是诗圣杜甫,创立了"记事名篇,无复依傍"以诗写时事并自立新题的新乐府。白居易等人的"新乐府运动"在继承杜甫新题乐府的基础上,正式提出"新乐府"的概念,提倡"文章合为时而著,歌诗合为事而作",将其发展成一场有理论指导、有明确宗旨的大规模文学运动。

(10) 古文运动和唐宋八大家:古文运动发生于中唐,由韩愈、柳宗元首倡,它是一场由骈体到散体的文体与文风的革新运动。韩、柳主张"文以明道",提倡效法先秦两汉散句单行的散文,反对六朝以后盛行的骈文。宋代欧阳修推崇韩、柳,进一步推进这一诗文革新运动,领导了宋代的古文运动。其麾下还有其门生曾巩和王安石,以及著名的"三苏":苏洵、苏轼、苏辙父子三人,这五人与欧阳修并称宋代散文六大家,再加上唐代的韩、柳,八人并称为"唐宋八大家"。

(11) 花间词与南唐词:词最早来自民间,它是一种依照乐曲所定的乐段乐句和音节声调填写歌词的特定文体。

温庭筠是中国文学史上第一个以词名家的人,代表作有《菩萨蛮》《梦江南》等。花间词派即是晚唐五代奉温庭筠为鼻祖而进行词创作的一个文人词派,得名于后蜀赵崇祚编辑的《花间集》,以温庭筠、韦庄为代表人物,词风婉丽绮靡。

南唐词以冯延巳和"南唐二主"李璟、李煜为代表,偏重抒怀,多抒发身世凄怆的感慨,把文人词创作推进到一个新的发展阶段,代表作如李煜的《浪淘沙·帘外雨潺潺》《虞美人·春花秋月何时了》等。

(12) 江西诗派:北宋诗人中最具代表性的,是人称"苏黄"的苏轼和黄庭坚。黄庭坚即江西诗派的开创者。他作诗喜欢炼字炼句,主张"点铁成金""夺胎换骨",形成了一种生新瘦硬的诗风。严羽《沧浪诗话》评曰："以文字为诗，以才学为诗，以议论为诗。"南宋吕本中作《江西诗社宗派图》，列举二十五人诗皆学江西人黄庭坚，"江西诗派"因此得名。

（13）宋词的豪放派与婉约派：至宋代，词作为一种独立的文学样式，发展到了高峰。豪放派词人，以苏轼、辛弃疾为代表；婉约派词人，以柳永、秦观、周邦彦、李清照等为代表。

（14）元曲四大家：元曲四大家指关汉卿、白朴、马致远、郑光祖，他们是元代杂剧和散曲中最重要的四位作家。关汉卿是元代最杰出的大戏剧家；马致远被誉为"曲状元"，其著名散曲《越调·天净沙》有"秋思之祖"之誉，《汉宫秋》则是其杂剧代表作；白朴的《梧桐雨》《墙头马上》，郑光祖的《倩女离魂》也是元代著名的剧作。

（15）明代前后七子：明代中叶以后，以李梦阳、何景明为首的"前七子"和以李攀龙、王世贞为首的"后七子"，发起拟古运动，为反对"台阁体"诗风，提出"诗比盛唐"的主张。他们对打击台阁体起了一定的作用，但盲目学古拟古，走上了形式主义的道路。

（16）公安派：以湖北公安人袁宗道、袁宏道、袁中道兄弟为代表，他们受李贽"童心说"的影响，提倡"独抒性灵，不拘格套"的"性灵说"。公安派的文学成就主要在散文，特别是一些游记、随笔等小品文。其中最著名的有袁宏道的传记文《徐文长传》。

（17）桐城派：清中叶最著名的一个散文流派，提倡"唐宋八大家文体"。代表作家方苞、刘大櫆、姚鼐，被称为"桐城三祖"。因三人都是安徽桐城人，故名桐城派。

三、中国古代文学史重要作家介绍

（1）屈原：名平，战国时期楚国人，生活在战国后期诸国争斗最为激烈的年代。他出身贵族，有优厚的文化教养，也有高远的政治理想和为之奋斗献身的精神。但由于楚怀王昏聩无能、听信谗言，屈原被逐，长期流亡江南，最终自沉汨罗江而死。屈原是我国文学史上第一位伟大的诗人，他的诗以浓烈的激情和奇幻的想象，抒发了忧国忧民的情怀、峻洁高尚的人格、追求理想九死不悔的坚韧品质。其名篇有《离骚》《天问》《九章》《九歌》等。

（2）司马迁：字子长，夏阳龙门（今陕西韩城）人。出身于史官世家，从小得到良好的文化熏染，这培养了他坚定的著史志向。继任太史令后，他开始写作《史记》的前期工作。后因为李陵降敌辩护，惨遭腐刑，发愤著史成为支撑他的精神支柱。他遍览经史，游历各地，网罗一切可以获取的史料，考核编排，写成了"究天人之际，通古今之变，成一家之言"的规模宏大的《史记》。其所开创的纪传体著史体例，一直影响着我国两千年的历史著述。

（3）陶渊明：字元亮，浔阳柴桑（今江西九江）人，晋宋时期著名的大诗人、辞赋散文家。其《桃花源诗并记》描绘了一个农业社会的人间乐园，是一篇流传千古的杰作。《归园田居》是其田园诗的代表作，被认为是中国田园诗的鼻祖。散文《五柳先生传》、辞赋《归去来兮辞》也都是千古传诵的名作。陶渊明一生"不为五斗米折腰"，坚持躬耕自资的处世态度、安贫乐道的高尚情怀和宁静心境，成为中国士大夫精神世界的一座堡垒。

（4）李白：字太白，号青莲居士，幼时随家人迁居蜀地绵州昌隆（今四川江油）。李白是中国文学史上，继屈原之后最伟大的浪漫主义诗人。他的诗反映了盛唐时代经济、文化空前繁荣的景象，雄奇豪迈，想象丰富，形象鲜明，语言流畅自然，音韵和谐多变。他还具有鲜明的浪漫气质，善于从民歌、神话中汲取营养和素材，对我国诗歌艺术的发展产生了深远的影响。李白各种诗体都有佳作，以乐府诗和五言、七言绝句成就最高。如《静夜思》《黄鹤楼送孟浩然之广陵》《望庐山瀑布》《望天门山》等篇，历来被认为"冠绝古今"。他的乐府诗扩大了乐府旧题的题材范围和表现力，达到了后人难以超越的水准。

（5）杜甫：字子美，原籍襄阳，生于河南巩义市。杜甫的大部分作品真实地再现了唐王朝由开元盛世转向分裂衰微的历史过程，内容极为丰富，反映的社会生活极为广阔，思想极为深刻，因此被誉为"诗史"。"三吏"（《新安吏》《潼关吏》《石壕吏》）和"三别"（《新婚别》《垂老别》《无家别》）是其中的名篇。在艺术风格上，杜诗继承了《诗经》以来的现实主义传统，形成了自己"沉郁顿挫"的风格，成为我国古代诗歌现实主义的高峰，达到了内容与形式的完美统一。在中国古代诗歌史上，杜甫是集大成者，各种诗体都有杰作，被誉为"诗圣"。杜甫和李白并称"李杜"，代表了唐代诗歌乃至中国古代诗歌的最高水平，对后世影响十分深远。

（6）白居易：字乐天，晚号香山居士，下邽（今陕西渭南）人。白居易是唐代诗歌新乐府运动的代表人物，他提出了"文章合为时而著，歌诗合为事而作"的主张：在内容上，强调诗歌反映社会现实、针砭时弊；在形式上，采用新题乐府，运用平易浅白的语言，使诗歌通俗易懂、便于流传。白居易早年与元稹齐名，并称"元白"；晚年则与刘禹锡齐名，并称"刘白"。他的诗都收在《白氏长庆集》一书中。白居易曾将自己的诗歌分为讽喻诗、闲适诗、感伤诗、杂律诗四类。其中，已被白居易归入"感伤"类的《长恨歌》和《琵琶行》最为人们推重。

（7）韩愈：字退之，河南河阳（今孟州市）人，祖籍昌黎，世称韩昌黎。韩愈在诗歌和散文两方面都取得了极高的成就。他反对魏晋以来流行的骈文，是唐代古文运动的倡导者和领袖，被后人尊为"唐宋八大家"之首。他的散文在继承秦汉古文的基础上创新发展，形成自己独特的散文风格。其中成就最为突出的是论说文，如名篇《原道》《师说》《杂说》《进学解》等。韩愈的诗，力求奇崛险怪，在他的倡导下，形成了一个具有鲜明特色的诗歌流派——韩孟诗派（"孟"是指孟郊），对宋诗影响很大。

（8）柳宗元：字子厚，河东（今山西运城）人，世称柳河东。柳宗元与韩愈同为唐代古文运动的倡导者，历来"韩柳"并称。柳宗元与韩愈在诗文上都有很高成就。柳宗元诗的总体风格是清朗疏淡、幽峭深婉，被苏轼称为："外枯而中膏，似淡而实美。"比较而言，他的散文成就最高，大体可分为论说、寓言、游记、传记、骚赋五类。柳宗元开创了具有独立意义的山水游记，被后人视为游记之祖。他被贬官到永州所写的八篇山水游记《钴鉧潭记》《小石潭记》等被后人合称为"永州八记"。柳宗元的寓言是中国文学史上较早独立成篇的作品，代表作有《临江之麋》《黔之驴》《永某氏之鼠》组成的《三戒》。

（9）李商隐：字义山，怀州河内（今河南沁阳）人。李商隐是晚唐最有成就的诗人，他那婉丽细腻、哀婉感伤的独具特色的诗风，开创了唐诗的新境界。李商隐的诗以咏史诗、咏物诗、无题诗成就最高。以《无题》为名的七言律诗，是李商隐别具一格的创作。这些诗大多以男女爱情、相思为题材，寄意幽深，抒情细腻深刻，艺术成就很高，对后世有很大的影响。

（10）李煜：南唐中主李璟之子，也是南唐最后一个皇帝，史称李后主。李煜以其杰出的艺术成就，在中国词史上占有重要地位。王国维在《人间词话》里评价说："词至后主而眼界始大，感慨遂深。"亡国的深悲剧痛，造就了李煜词最感人的篇章。这些词以具体可感的艺术形象，抒写对江山、故国的怀恋，语言明净优美，接近口语却情味隽永，婉曲深致，富有表现力。如《浪淘沙·帘外雨潺潺》《虞美人·春花秋月何时了》都是脍炙人口的名作。

（11）苏轼：字子瞻，号东坡居士，四川眉山人。苏轼是一个全才的文学家，他的诗、词、文都取得了很高的成就，代表着宋代文学发展的高峰。相对而言，苏轼词的成就最高。苏轼是宋代豪放派的创始人和杰出的代表作家。他的词摆脱了"词为艳料"的狭隘观念，与专写男女情爱、离情别绪的传统樊篱，转而面向更为广阔的社会人生，使词的表现力和文学地位大大提高。其代表作《念奴娇·赤壁怀古》《水调歌头·明月几时有》壮丽雄奇，历来被视为豪放派的代表佳作。苏轼的诗与黄庭坚并称"苏黄"，被认为是宋诗中最杰出的代表。苏轼的七绝，如《题西林壁》《惠崇春江晚景》等篇，历来广为传诵。在散文方面，苏轼被列为"唐宋八大家"之一。他的散文，如行云流水般自然畅达，韵味隽永，富有艺术感染力。

（12）李清照：号易安居士，齐州章丘（今山东济南）人。李清照在诗词创作方面取得了很高的成就，是中国古代创造力最强、艺术成就最高的女性作家，在中国文学史上占有崇高的地位。李清照坚持词中"别是一家"的主张，她本人就是婉约词派的杰出代表。她善于选取日常生活中的起居环境、行为细节，来展现自己的内心世界，抒情方式含蓄委婉又极其自然，语言清新素雅，多用白描手法，似乎信手拈来，却极富情味。李清照的词作风格被称为"易安体"，《如梦令》两首、《醉花阴·薄雾浓云愁永昼》及后期名篇《声声慢》等历来被人们赞赏。

（13）陆游：字务观，号放翁，山阴（今浙江绍兴）人。他是南宋杰出的爱国诗人，也是中国文学史上产量最丰的诗人。陆游在南宋诗坛占有非常重要的地位，他和杨万里、范成大、尤袤被称为南宋中兴四大诗人，并且在其中诗名最著。陆游的诗兼有李白的飘逸奔放和杜甫的沉郁顿挫，语言平易生动，饱含着爱国与忧民的激情，堪称南宋一代"诗史"。《长歌行》《十一月四日风雨大作》《金错刀行》都是脍炙人口的爱国诗名作。千古传诵的诗作《示儿》，更是将这种至死不渝的爱国热情发挥到了极致。陆游其他题材的诗歌也有不少名作，如《游山西村》《临安春雨初霁》等，清新隽永，充满了自然美和人情美。

（14）辛弃疾：字幼安，别号稼轩居士，历城（今山东济南）人。辛弃疾和苏轼并称"苏辛"，都是宋代豪放词的代表作家。辛弃疾独创的"稼轩体"，影响十分深远。和以往词人大多局限于个人情思的抒写不同，稼轩词就内容境界、表现方法和语言的丰富性与创造性而言，都可谓空前绝后。《永遇乐·京口北固亭怀古》《破阵子·为陈同甫赋壮词以寄》《水龙吟·登建康赏心亭》等也都是历来传诵的名作。辛弃疾描写农村生活的词则显得清新自然，轻快明丽，如《清平乐·村居》。

（15）关汉卿：号已斋叟，大都（今北京）人，元杂剧的奠基人，也是元代前期杂剧界的领袖人物。他和白朴等一些著名的杂剧作家，组织过一个著名的玉京书会，他本人就是这个书会中最有名的书会才人。关汉卿是元代杂剧本色派的代表作家，散曲创作成就也较高。其代表作《窦娥冤》(全名《感天动地窦娥冤》)，题材从民间长期流传的"东海孝妇"的故事演化而来。其他作品有《救风尘》《望江亭》《拜月亭》《单刀会》等。

（16）汤显祖：字义仍，号海若、若士、清远道人，江西临川人，明代伟大的戏曲作家。重要作品有传奇《紫箫记》《紫钗记》《牡丹亭还魂记》《南柯梦记》《邯郸梦记》五种，其中《紫箫记》为《紫钗记》的前身。因后四种代表了汤显祖戏剧创作的全貌，又均与梦有关，故而合称"临川四梦"或"玉茗堂四梦"。又有诗文集《红泉逸草》《玉茗堂集》等。

四、中国古代文学史重要作品介绍

（1）《诗经》：我国第一部诗歌总集，共收入西周到春秋时期的诗歌305篇。在先秦，《诗经》统称《诗》或《诗三百》，到汉代被尊为"五经"之一，称为《诗经》。《诗经》内容上分为"风""雅""颂"三部分，形式上以四言为主，表现手法为"赋""比""兴"。名篇有《硕鼠》《伐檀》《关雎》等。《诗经》奠定了我国古典诗歌的现实主义基础。

（2）先秦历史散文：先秦的历史散文对后世历史家和古文家的写作有极其深远的影响。

《尚书》意为"上古之书"，是中国上古历史文件和部分追述古代事迹作品的汇编。春秋战国时称《书》，到了汉代才改称《尚书》，被儒家尊为经典，故又称《书经》。

《春秋》原是先秦时代各国史书的通称，后来因仅有鲁国的《春秋》传世，便成为专称。这部由原来鲁国史官所编的《春秋》，相传经过孔子的整理与修订，被赋予了特殊的意义，因而也成了儒家重要的经典。《春秋》为我国编年体史书之祖，其最突出的特点就是寓褒贬于记事的"春秋笔法"，因此被后人看作一部具有"微言大义"的经典，对后世的史书和文学作品的写作产生很大影响。

《左传》原名《左氏春秋》，后人将它配合《春秋》作为解经之书，称《春秋左氏传》，简称《左传》。它与《春秋公羊传》《春秋谷梁传》合称"春秋三传"。《左传》是我国第一部记事详备的编年体史书，相传作者是鲁国的史官左丘明。

《国语》是我国最早的国别体史书，记载了从周穆王到周贞定王500多年的历史，相传作者亦为左丘明。

《国策》又名《战国策》，是战国时期的史料汇编，国别体史书，共12册33篇。西汉刘向编订。其中有很多寓言故事，如"画蛇添足""鹬蚌相争""狐假虎威""南辕北辙"等。《战国策》具有很高的散文艺术成就，前人称赞它"辩丽横肆"。

（3）先秦诸子散文：先秦诸子散文产生于春秋战国百家争鸣的时代。《论语》记录了孔子及其部分弟子的言行，是孔子死后由其弟子辑录而成的，为语录体散文。全书20篇，是研究孔子生活、思想的重要资料，是儒家经典之一。

《老子》一书也是语录体，共81章。上篇为《道经》，下篇为《德经》，合称《道德经》。"道"这一哲学范畴的提出，在哲学史上具有重要意义。

《庄子》是庄周及其后学的著作集，是道家经典之一。今存33篇，分内篇7篇、外篇15篇、杂篇11篇。一般认为，内篇7篇是庄周所作。《庄子》一书想象丰富、言辞瑰丽，其中塑造的大鹏展翅、庄周化蝶等意象，极富文学意蕴。

《孟子》一书记录了孟子的言行，是儒家的经典之一，和《论语》《大学》《中庸》合称"四书"。《孟子》的文章以雄辩著称，许多篇目短小精悍却表意完整。

（4）《楚辞》："楚辞"是战国时期以屈原为首的楚国人，在本国民歌基础上创造的一种新诗体。其名称本义是指楚地的歌词，有浓厚地方色彩，又称"骚"或"骚体"。西汉刘向搜集屈原、宋玉和汉人仿作，汇编成书，名《楚辞》。它是继《诗经》之后的又一部诗歌总集，有诗歌17篇，其中屈原的作品占绝大多数。

（5）《离骚》：屈原的代表作，是一首自叙性抒情诗。全诗既写了诗人理想与现实的矛盾，又着重写了诗人内心世界的苦闷和矛盾，成功运用比兴手法塑造出坚守节操、为理想而献身的抒情主人公形象。《离骚》是我国文学史上第一首浪漫主义杰作与长篇抒情诗，奠定了我国古典诗歌的浪漫主义基础。我国诗歌史上"风骚"并称，"风"指《诗经》，"骚"指《离骚》，"风骚"后成为《诗经》和《楚辞》的合称。

（6）《史记》：《史记》又名《太史公书》，是我国第一部纪传体通史，为西汉史学家司马迁所著。它记述了上自黄帝、下至汉武帝太初年间，大约3000多年的历史。《史记》包括12本纪、10表、8书、30世家、70列传，共130篇，形成了严谨完整的体系，创造了新型历史著作体例——"纪传体"，达到了"究天人之际，通古今之变，成一家之言"的目的。鲁迅评价《史记》是"史家之绝唱，无韵之离骚"。

（7）汉乐府民歌："乐府"是两汉时期的音乐机构。它的任务有二：一是将文人歌功颂德的诗制成曲谱并演奏；二是采集民歌。后来，乐府就成了民歌的代名词。乐府民歌的最大特点是，描写现实生活、叙事性强。乐府民歌的佳作有《陌上桑》《孔雀东南飞》《长歌行》等。《孔雀东南飞》是我国第一首长篇叙事诗，与北朝的《木兰诗》合称为"乐府双璧"。

（8）《古诗十九首》：汉代无名氏的作品，原非一人一时所作。梁代昭明太子萧统因各篇风格相近，将它们合在一起，收入《昭明文选》，题为《古诗十九首》，后人遂沿用了这一名称。这十九首诗是早期文人五言诗的重要作品，也是文人五言诗成熟的标志，历来被奉为五言诗的一种典范，被钟嵘《诗品》评价为："天衣无缝，一字千金。"

（9）《搜神记》：六朝志怪小说的代表作品，作者为东晋史学家干宝。原书30卷，今存本20卷。所记多为神怪灵异之事，但也保存了不少民间传说。其中较著名的有《范寻》《东海孝妇》《干将莫邪》《李寄斩蛇》等。

（10）《世说新语》：南朝刘宋志人小说集，开创了"志人"这一文言小说体式。全书6卷，主要记载两汉魏晋时代一些人物的趣闻逸事。编著者刘义庆为刘宋宗室，袭封临川王，曾任荆州刺史、江州刺史等职。他爱好文学，召集文学之士编成《世说新语》等书。

（11）《西厢记》：元杂剧名篇，故事出自唐代元稹的传奇小说《莺莺传》，是作者王实甫在金代董解元《西厢记诸宫调》的基础上，借鉴前人成果，精心创作而成的。剧作以五本二十一折连演一个故事，在体制上是一个创新，是我国古代爱情戏中成就最高、影响最深、流传最广的作品之一。王实甫因此被公认为元代杂剧文采派的代表作家，其戏曲作品被赞誉为"花间美人"。

（12）《三国演义》：《三国演义》又名《三国志通俗演义》，是我国第一部章回体小说，也是我国最有成就的长篇历史小说。作者罗贯中是元末明初的小说家、戏剧家。《三国演义》是他在民间传说及话本、戏曲的基础上，运用正史材料，结合自己丰富的生活阅历写成的。全书以刘备集团的兴衰为主线，以宏大的结构描写了三国时期尖锐的政治军事斗争，并塑造了刘备、曹操、诸葛亮、关羽等众多性格鲜明的人物形象。

（13）《水浒传》：《水浒传》是一部以古代农民起义为题材的长篇小说，作者施耐庵在民间传说、话本和杂剧的基础上，经过选择、加工、再创作而成。全书形象地描绘了北宋末年山东梁山泊聚义的故事。《水浒传》在文学上的最大成就，体现在人物形象塑造上。清代著名文学批评家金圣叹指出，《水浒传》中的一百〇八将各有其声音，各有其性情。武松、李逵、鲁智深、林冲等人，以不同的性格和形象内涵，成为家喻户晓的英雄义士的代表。

（14）《西游记》：一部具有现实意义的伟大神话小说。作者吴承恩，字汝忠，号射阳山人。小说为我们创造了一个神奇瑰丽的神话世界。全书情节生动、奇幻、曲折，表现了丰富大胆的艺术想象力，塑造了孙悟空这样一个理想化的神话英雄形象。在孙悟空的身上，反映了广大人民群众反抗专制压迫、战胜邪恶和征服自然的强烈愿望。

（15）"三言""二拍"：《喻世明言》(又名《古今小说》)、《警世通言》、《醒世恒言》合称"三言"，编著者冯梦龙。"三言"有的是冯梦龙本人创作，有的是改写前人的创作。其中的优秀作品，故事情节完整、曲折，细节描写丰富，极善于描摹人情世态。《初刻拍案惊奇》与《二刻拍案惊奇》合称"二拍"，是明代白话短篇小说的代表作品之一。作者凌濛初。两书各有40回，每回除了作为"入话"的小故事外，都是独立的一个故事。这五本短篇小说集被后人合称为"三言二拍"。

（16）《聊斋志异》：清代文言短篇小说的代表作，其故事素材多来自民间的口头传说。但作者"使花妖狐魅，多具人情，和易可亲，忘为异类"，许多优秀作品借花妖狐鬼，广泛地讽喻了社会现实，具有丰富深刻的思想内容。作者蒲松龄，字留仙，一字剑臣，别号柳泉居士，《聊斋志异》熔铸了他一生的心血。书名中"聊斋"是他的书斋名，"志"是记的意思。

（17）《红楼梦》：《红楼梦》原名《石头记》，作者曹雪芹，名霑，字梦阮，号雪芹，又号芹圃、芹溪。现在通行的120回本，前80回是曹雪芹的手笔，后40回由高鹗续成。《红楼梦》可以说是一部百科全书式的长篇小说。它以一个贵族家庭为中心，围绕着爱情婚姻悲剧，展开一幅广阔的社会历史画卷，展示了渐趋崩溃的封建社会末世的真实内幕。《红楼梦》代表了我国古典小说的最高成就，自问世以来，流传极广，续作众多。历来评论和研究《红楼梦》的人都很多，因此还形成了一种专门的学问——"红学"。

第二节 中国现当代文学史常识

一、中国现当代文学史概述

中国现当代文学又称"中国新文学"，是1917年以后中国新文学作家用白话汉语创作的一切新型文学作品的总称。在较长时期的学科建设中，以新中国成立为界，中国现当代文学被分为现代文学和当代文学两个历史阶段：现代文学以其"现代性"区别于传统古典文学，而当代文学则以其"当下性"呈现其特有的文学基质。

在语言形式上，中国新文学借鉴了西方语法逻辑和结构方式的现代白话口语，以取代更注重语势连贯和阅读者心领神会的古典文言文，从而确立了建立在语言层面的现代交流平台；在文学样式上，在保持和发扬鲜明的民族风格和地方特色的同时，广泛借鉴外国文学的多样化表现手法，取得了各种文学样式的平衡发展；而在文学创作的思想内容层面，更体现出现代知识分子的民主主义、人道主义、个性主义、启蒙主义理想和现代性诉求，体现着觉醒的时代精神和自觉的使命意识，有效地传达了现代中国人的思想、感情和心理。

如果说1949年以前的中国新文学，完成了中国文学从古典向现代的过渡和转型，那么此后的创作实践，则是在继续打破传统文学审美形态和价值观念的前提下，在不断更迭的社会政治文化体制和意识形态语境下，努力求新求变。其处于不断发展中的开放性、过渡性和未完成性，是中国新文学"当下性"的一个根本体现。

中国现当代文学的历史进程，可做如下简单的勾勒：

（1）1917年到1927年，中国现代文学之"第一个文学十年"，为中国新文学的开拓建设期。短短十年间，新文学从无到有，从语言革命到思想革命，从理论建设到创作实践，从小群体尝试到大范围接受，并且产生了以鲁迅为代表的一批经典作家，出现了众多经典之作，这足以成为中国新文学的立身之本，也由此圈定了新文学的立足之地。

（2）1927年到1937年，中国现代文学之"第二个文学十年"，为中国新文学的成熟收获期。随着阶级矛盾和民族矛盾的加剧，随着世界范围内"红色十年"的席卷而来，中国新文学创作呈现出前所未有的丰富性和多元性：既有激进的左翼文学、保守的右翼文学，也有中间立场的自由主义文学；既有对现实主义、浪漫主义等新文学传统的继承发扬，也有对西方现代主义和中国古典主义写作立场的借鉴吸收。茅盾、老舍、沈从文、巴金、曹禺等作家和他们的创作，无疑是这个阶段新文学最值得骄傲的收获。

（3）1937年到1949年，中国现代文学之"第三个文学十年"，为中国新文学的分化转型期。战火硝烟之中的这一段"乱世文学"，打破了前两个阶段文学重心的相对集中（北京或上海）和文学格局的相对平静，在文学中心的迁徙流散中，体验和呈现多重复合的创作心态和审美心理。而国土区域的一分为三（国统区、沦陷区、解放区），又必然地分化出三种不同质地的文学形态。其中：国统区文学因为集中了前二十年最富实力的新文学作家，而成为"现代文学"顺理成章的一个延展；而解放区文学则以其全新的创作理念，成为新中国成立以后"当代文学"真正意义上的一个起点。

（4）1949年到1979年，中国当代文学之"前三十年文学"，是中国新文学步入统一和一体化的阶段。在新的社会体制建立之初，以文学创作来完成对新体制、新政权的合法性书写，显得天经地义。走进新时代、新生活的新文学作家，确实也将此作为自己义不容辞的责任和使命。随着体制性文化的逐步发展，随着文艺批判运动和斗争的日益强化，前三十年文学渐渐步入"左"倾专制主义的深渊，公式化、概念化的写作让文学创作生机不再。

（5）1980年到2000年，中国当代文学之"后二十年文学"，是中国新文学再一次走向开放和多元化的阶段。政治经济体制的改革开放，意味着体制性文化的解体。从朦胧诗、意识流小说开始的新时期文学创新，既宣告了五四人道主义和启蒙主义文学主题的回归，也让80年代文坛充满令人感动的热闹和尊严。而90年代以后，或者说1992年邓小平南方谈话这一堪称中国现当代文化历史性转型的起点以后，文学环境和氛围随着一体化时代的终结、市场化程度的提高而产生了更为深刻的变化。不仅在创作上越来越流露解除崇高、消解深度、凸显个人意志和私人话语的后现代写作特点，而且现代作家（知识分子）的使命意识和社会批判功能亦随之消失瓦解，纯文学的日趋边缘化成为有目共睹的事实。或者，多少年以后的"20世纪中国文学"，会将这一"历史进程"的句号点在20世纪80年代末或90年代初；而将1992年以后的中国新文学纳入"21世纪中国文学"的范畴。

二、中国现当代文学史重要文学运动、思潮和流派

（1）五四文学革命：是中国现代文学史的开端，它以"反对旧文学，提倡新文学；反对文言文，提倡白话文"为主要内容，是五四新文化运动的重要组成部分。1917年1月、2月，《新青年》杂志相继发表胡适的《文学改良刍议》和陈独秀的《文学革命论》，这是五四文学革命正式兴起的标志。《新青年》文学革命的主张，得到了钱玄同、刘半农、鲁迅、周作人、李大钊等的响应，展开热烈讨论，形成广泛的运动，并先后击退了林纾、学衡派、甲寅派等封建复古派的进攻。

（2）文学研究会：中国现代最早的新文学社团，成立于1921年1月。其主要成员有茅盾、

叶圣陶、周作人、郑振铎、朱自清、冰心、许地山、王统照、庐隐等，创办了《小说月报》《文学旬刊》等刊物，提出了"为人生"的文学主张，文学基本倾向为现实主义，对现代新文学的发展做出了重要贡献。

（3）创造社：1921年7月，由留日学生创建于日本东京，主要成员有郭沫若、郁达夫、田汉、成仿吾、穆木天等，主要刊物有《创造季刊》《创造月刊》《洪水》等，是一个倾向于浪漫主义的文学流派，和文学研究会成为五四时期双峰并峙的两大文学流派。

（4）新月诗派：由新月社诗人组成的一个新诗流派。其代表人物有闻一多、徐志摩、朱湘、陈梦家，他们以《晨报副刊》的《诗镌》周刊为阵地，倡导新格律诗的创作，因而又称"新格律诗派"。闻一多发表《诗的格律》，提出诗歌"三美"（音乐美、绘画美、建筑美）的主张。代表诗作有闻一多的《太阳吟》《发现》《死水》，徐志摩的《再别康桥》《雪花的快乐》等。

（5）乡土文学：现代文学第一个十年现实主义小说重要的流派，最早可溯源到鲁迅小说《故乡》。代表作家有鲁彦、彭家煌、废名、许钦文、台静农等。他们在鲁迅的创作和五四现实主义文学的影响下，创作出一批以故乡、农村或小镇生活为题材的小说，着力于风土人情的描绘，具有浓郁的地方色彩。

（6）左联：中国左翼作家联盟的简称，1930年3月成立于上海，是党领导下的革命作家的统一组织。其主要刊物有《萌芽月刊》《拓荒者》《北斗》等。1936年春自动解散。左联的成立，推动了左翼文艺运动的发展。

（7）中国诗歌会：左联领导下的群众性诗歌团体，成立于1932年，发起人穆木天、杨骚、蒲风等，出版会刊《新诗歌》。它是一个自觉与无产阶级革命采取同一步调，以大众化为创作目标的现实主义诗歌团体。

（8）京派：30年代一个独特的带隐逸气息的文学流派，其成员如沈从文、废名等大多在京津两地从事文学活动，故而被称为京派。其基本特征是关注人生，但和现实政治保持距离，强调文学的独立品格。与同时期的"论语派""新月派""自由人"和"第三种人"，同属于30年代自由主义文学思潮的代表。

（9）"现代派"：得名于1932年出版的大型文学杂志《现代》。30年代文坛的现代主义思潮麾下有"现代诗派"和"现代派小说"两大阵营："现代诗派"的首领是"雨巷诗人"戴望舒，成员主要有徐迟、卞之琳、何其芳等；"现代派小说"有心理分析小说的代表作家施蛰存，新感觉主义小说的代表作家穆时英、刘呐鸥、叶灵凤等。

（10）文协：中华全国文艺界抗敌协会的简称，1938年成立于武汉，是全国规模的文艺界抗日民族统一战线组织，会刊是《抗战文艺》。在文协成立大会上，提出了"文章下乡，文章入伍"的口号。

（11）孤岛文学：1937年11月上海沦陷后，部分文艺工作者利用上海租界的特殊环境，在日本侵略势力的四面包围中，坚持抗日的文学活动，至1941年12月"珍珠港事变"日军侵入租界止，历时四年零一个月，被称为"孤岛文学"。其间出版登载大量杂文的刊物《鲁迅风》，推动戏剧运动的活跃发展。其中，现代剧以于伶的《长夜行》，历史剧以阿英的《碧血花》《海国英雄》等为代表。

（12）七月诗派：因胡风主编《七月》而得名，是抗日战争时期国统区最重要的现实主义诗歌流派，以艾青、田间为首，并培养了绿原、亦门（阿垅）、曾卓、鲁藜等一批青年诗人，创作了许多战斗的、以抗战现实为内容的、以自由体为主要形式的诗歌。

（13）九叶诗派：40年代国统区出现的一个具有鲜明特色和影响的现代主义诗歌流派，由辛笛、穆旦等九位诗人组成，较多吸收西方象征诗派、现代诗派的表现艺术和手法，以《诗创造》《中国新诗》为主要阵地。

（14）东北作家群："九一八"东北沦陷后，流亡关内的青年作者如萧军、萧红、端木蕻良等，以激昂、悲愤的情感和浓烈的乡土气息，创作了一批描绘东北人民苦难与觉醒的关外地域史诗，形成了一个独特的创作群体，被称为"东北作家群"。代表作品有端木蕻良的长篇小说《科尔沁旗草原》，萧军的《八月的乡村》，萧红的《生死场》《呼兰河传》等。

（15）伤痕文学、反思文学：新时期文学以"伤痕文学"为开端，1977年刘心武短篇小说《班主任》是其发端之作，之后卢新华的《伤痕》引发一大批表现"文化大革命"伤痕的小说，丛维熙的《大墙下的红玉兰》、遇罗锦的《一个冬天的童话》、古华的《芙蓉镇》等相继问世并达到高潮。

"反思文学"是七八十年代之交开始出现的审视反思过去历史的文学创作，代表作品有：王蒙的《蝴蝶》《活动变人形》，茹志鹃的《剪辑错了的故事》，鲁彦周的《天云山传奇》，张贤亮的《灵与肉》《绿化树》，张一弓的《犯人李铜钟的故事》，张弦的《被爱情遗忘的角落》，高晓声的《李顺大造屋》《陈奂生上城》，陆文夫的《美食家》《井》，张炜的《古船》等。

（16）寻根文学：进入80年代中期，文坛出现"文化寻根"热，作家们开始致力于对传统意识、民族文化心理的挖掘，他们的创作被称为"寻根文学"。代表作家及作品有韩少功的《爸爸爸》，阿城的《棋王》《树王》《孩子王》，张承志的《黑骏马》，贾平凹的"商州系列"，李杭育的"葛川江系列"等。他们希望从"民族文化心理"层面，解答中国为何会出现"文化大革命"乃至自盛唐以来国力衰落的疑问。这是新时期首次出现的，以明确理论主张倡导的，理论与作品同时出现的，完整意义上的文艺思潮。

（17）先锋文学：其源头可追溯到"文化大革命"中的诗歌和小说探索。80年代前期王蒙的《春之声》、徐星的《无主题变奏》、刘索拉的《你别无选择》被批评家称为"真正的"现代派小说。先锋小说是指80年代中后期涌现的一批被称为先锋作家的作品。马原的《拉萨河女神》《冈底斯的诱惑》的小说叙事探索形成了著名的"马原的叙事圈套"。莫言的《白狗秋千架》《筑路》，残雪的《山上的小屋》《苍老的浮云》，格非的《褐色鸟群》《迷舟》，孙甘露的《信使之函》《访问梦境》《我是少年酒坛子》，余华的《十八岁出门远行》《河边的错误》《现实一种》，苏童的《一九三四年的逃亡》等汇成了一股先锋小说的浪潮。

（18）新写实主义小说：80年代末出现的文学思潮，代表作家及作品有池莉的《烦恼人生》、方方的《冷也好热也好活着就好》、刘震云的《一地鸡毛》等。他们热衷于对现实生活进行近乎自然主义的"生活流"细节描绘，崇尚对现实的"原生态"表现，刻意避免在叙述中掺杂作者的主观感情色彩。

（19）新历史主义小说：80年代末出现的文学思潮，莫言的《红高粱》被认为是其"开山之作"，其他主要作家作品有黎汝清的《皖南事变》、刘震云的《故乡天下黄花》等。新历史主义在真实观、历史观和艺术观上都带有明显的反传统色彩，追求对题材的抽象和超越，把题材、人物、事件仅仅当作一种背景，而主要表现主观体验和人物心灵，拓展了作品的思想容量。

（20）朦胧诗：新时期重要的诗歌创作潮流，因其在艺术形式上多用总体象征手法，具有不透明性和多义性而得名，代表性诗人和作品有北岛的《回答》、舒婷的《致橡树》、顾城的《一代人》等。这个流派曾创办民间诗歌刊物《今天》，侧重表达对"文化大革命"政治神话的抗争和反思，对自身价值的追问与探求，对自由理想的追寻，从整体上改变了当代诗歌的基本格局和基本风貌。

（21）新生代诗歌：被称为第三代诗歌运动，又称"后朦胧诗""当代实验诗"等，酝酿于80年代初期，到90年代成为中国诗坛的大潮。他们反对朦胧诗经典化的诗歌理念，具有非英雄和非崇高、荒谬感和随意性、非修辞和口语化等特点，代表性诗人和诗作有韩东的《有关大雁塔》、于坚的《对一只乌鸦的命名》等。

（22）学者散文：学者散文是八九十年代散文创作的一个重要现象，这些散文的作者大多是一些从事人文科学或社会科学研究的学者，他们往往将学术知识和理性思考融入散文的表达之中，因而其散文又有"文化散文""哲理散文"之称。代表作家作品有张中行的《负暄琐话》《流年碎影》，余秋雨的《文化苦旅》《文明的碎片》，王小波的《我的精神家园》《沉默的大多数》，等等。

（23）实验戏剧：新时期戏剧改革以1980年马中骏、贾鸿源、瞿新华的《屋外有热流》为起点，之后刘树纲的《一个死者对生者的访问》、孙惠柱的《挂在墙上的老B》、高行健和刘会远合作的《绝对信号》等形成了80年代探索戏剧的创作浪潮。90年代的实验戏剧以过士行的《闲人三部曲》(《鸟人》《棋人》《鱼人》)、孟京辉的《思凡》为代表。

三、中国现当代文学史重要作家介绍

（1）鲁迅：原名周树人，字豫才，浙江绍兴人。伟大的文学家、思想家、革命家，中国现代文化的奠基人。他是中国第一篇现代白话小说《狂人日记》(1918)的作者，也是《新青年》"随感录"最早和最优秀的作者之一。小说集《呐喊》《彷徨》是中国现代文学的奠基之作，是中国小说现代化的卓越开端，此外，还有历史小说集《故事新编》、散文诗集《野草》、回忆散文集《朝花夕拾》。鲁迅一生写得最多的是杂文，结集为《坟》《热风》《华盖集》《而已集》《三闲集》《二心集》《南腔北调集》等，是其思想和精神最直接、最生动的体现。

（2）郭沫若：原名郭开贞，生于四川乐山。杰出的诗人和历史剧作家，"创造社"的发起者和核心人物，革命文学运动的倡导者和领导者，也是杰出的历史学家和古文字学家。在他长达60年的文学生涯中，在诗歌和历史剧上取得了最为突出的成就。第一本诗集《女神》（1921）以全新的思想内容和形式开一代诗风，堪称中国现代白话新诗的奠基之作；此外还有《星空》《前茅》《瓶》等诗集。历史剧作品主要有抗战时期的《棠棣之花》《屈原》《虎符》《高渐离》《孔雀胆》《南冠草》，以及新中国成立后创作的《蔡文姬》《武则天》等。他最早发表的小说是《牧羊哀话》。自传性质的小说《漂流三部曲》开创了中国现代小说"三部曲"的形式。

（3）郁达夫：原名郁文，浙江富阳人，是创造社的发起人和最重要的小说家。在散文、旧诗词、文学理论、翻译等方面也有独到的贡献，以小说创作的影响最大。其小说处女作是1920年于日本留学期间写作的《银灰色的死》，后与《沉沦》《南迁》结集为《沉沦》，于1921年出版。《沉沦》是中国现代文学史上的第一部短篇小说集。其后著名作品有《春风沉醉的晚上》《薄奠》《迟桂花》等。郁达夫的小说以其独特的"自叙传"特色开创了中国小说的新体式。

（4）茅盾：原名沈德鸿，字雁冰，浙江桐乡乌镇人。参与发起成立文学研究会，是五四新文学的理论家和活动家。文学成就以小说最为突出。中篇小说《蚀》三部曲（《幻灭》《动摇》《追求》）是其小说处女作，其后重要作品有：长篇小说《虹》《子夜》《腐蚀》《霜叶红似二月花》，短篇小说《林家铺子》、《农村三部曲》（《春蚕》《秋收》《残冬》），散文名篇《风景谈》《白杨礼赞》等。其中《子夜》是我国现代文学史上第一部现实主义长篇杰作。

（5）老舍：原名舒庆春，字舍予，满族人。1951年获"人民艺术家"称号。老舍是与茅盾、巴金齐名的现代长篇小说大家，又是现代杰出的戏剧家。主要作品有长篇小说《二马》《骆驼祥子》《四世同堂》，剧本《茶馆》《龙须沟》《西望长安》等。老舍以北京市民社会为中心，展开对民族传统文化的反思批判。浓郁的北京地方色彩、温厚又峻厉的幽默，形成了其独特的风格，使他成为"京味小说"的开创者。

（6）巴金：原名李尧棠，四川成都人。其文学创作以中长篇小说最为突出，重要作品为长篇小说"激流三部曲"（《家》《春》《秋》），"爱情三部曲"（《雾》《雨》《电》），以及他的最后一部长篇小说《寒夜》等。其中《家》为我国现代文学史上描写封建家庭历史的最成功的作品，1982年获意大利"但丁国际奖"。巴金还是杰出的散文大家，创作了大量散文，有散文集《保卫和平的人们》《随想录》等。

（7）沈从文：原名沈岳焕，苗、汉血统。自学成才走上文学创作之路，自称"乡下人"。文学创作以小说为主，散文为次，是30年代文坛"京派"的代表作家。代表作有中篇小说《边城》，长篇小说《长河》，散文集《湘行散记》《湘西》等。

（8）曹禺：原名万家宝，现代文学史上最杰出的戏剧家。处女作《雷雨》一举成名，之后的《日出》《原野》《北京人》《家》《王昭君》等，皆达到了很高的艺术水平，为中国现代戏剧的发展做出了巨大贡献。

（9）艾青：原名蒋海澄，中国20世纪重要诗人。前期主要作品为《大堰河——我的保姆》《北方》《向太阳》《火把》等，后期（新中国成立后）有《光的赞歌》《归来的歌》等。他是贯穿整个20世纪中国诗歌创作的大诗人。在中国现代诗歌发展史上，艾青是继郭沫若、闻一多之后，推动一代诗风的重要诗人。他的作品标志着五四以后自由体诗发展的一个重要阶段，也给以后的新诗创作带来了很大影响。

（10）赵树理：原名赵树礼，山西沁水人。著名的小说作家，"山药蛋派"小说的盟主。成名作是40年代的《小二黑结婚》《李有才板话》《李家庄的变迁》等，其中《小二黑结婚》被誉为"解放区文艺的代表作之一"。新中国成立后，代表作品有长篇小说《三里湾》，短篇小说《登记》《锻炼锻炼》等，围绕其作品中的"中间人物"问题曾有过较大规模的争论。1970年被"四人帮"迫害致死。

（11）郭小川：当代杰出诗人，1955年以一首《致青年公民》蜚声文坛，此后一发不可收，写下了《望星空》《甘蔗林—青纱帐》《团泊洼的秋天》等系列诗篇，被公认为当代最具代表性、最富影响力的政治抒情诗人。他借鉴古代辞赋善用排比、对偶、长句来强化感情的特点，结合现代汉语规律，形成了郭小川式的"新辞赋体"。

（12）王蒙：当代著名作家、文学评论家，曾任《人民文学》主编、中华人民共和国文化部部长、中国作家协会副主席。代表作有短篇小说《组织部新来的年轻人》《春之声》，中篇小说《蝴蝶》，长篇小说《活动变人形》等。其作品多次获全国优秀短、中篇小说奖。

（13）汪曾祺：40年代开始发表小说、诗歌和散文，早期作品集有《邂逅集》等。80年代进入其创作高峰期，是一个跨时代的作家。著名小说《受戒》《大淖记事》等，被评论界视为当代诗化、散文化小说的范本。

（14）贾平凹：以小说蜚声文坛，在散文创作上也自成一家。长篇小说《浮躁》获第八届美国美孚飞马奖，中篇小说《腊月·正月》获第三届全国优秀中篇小说奖，短篇小说《满月儿》获首届全国优秀短篇小说奖。另获各种报刊文学奖近40次，有多部作品被改编为影视戏剧，被翻译为英、法、日、德等多种版本。1993年出版的长篇小说《废都》迄今多有争议。

（15）高行健：剧作家、小说家。80年代探索戏剧浪潮的代表人物。其《绝对信号》（合作）、《车站》《独白》《野人》（合作）等，大量吸收了西方现代派的戏剧手法，突破了传统戏剧的时间结构和空间观念。90年代定居法国，出版小说《灵山》等。于2000年获诺贝尔文学奖，成为第一个获此殊荣的华语作家。

四、中国现当代文学史重要作品介绍

（1）初期白话诗的"尝试"：1917年文学革命兴起，白话诗率先向旧文学发起挑战。胡适是尝试白话诗的第一人。他的《尝试集》是现代文学史上第一部白话诗集。在他之后，被称为"平民诗人"的刘半农学习民间歌谣，创作有诗集《瓦釜集》《扬鞭集》。沈尹默的

《三弦》《月夜》是最早的散文诗。周作人的《小河》被胡适誉为"新诗中的第一首杰作"。

（2）文学研究会的"问题小说"：五四时期"问题小说"的写作逞一时之盛，文学研究会成员冰心、叶圣陶、庐隐、许地山、王统照等皆以"问题小说"作家身份步入文坛。

冰心，原名谢婉莹，小说处女作《两个家庭》，之后有《超人》《烦闷》《悟》构成"爱的三部曲"，小诗集《繁星》《春水》，散文集《寄小读者》《往事》。

叶绍钧，名圣陶，新文学史上最早和最有成就的"教育小说家"，相继出版《隔膜》《火灾》《城中》等多部短篇小说集。代表作品有短篇《潘先生在难中》、长篇《倪焕之》。童话集《稻草人》《古代英雄的石像》为现代中国童话文学的开山之作。

许地山，笔名落花生，其小说最引人注目的特点是异域色彩、宗教氛围和爱情线索。代表作品有小说《缀网劳蛛》《春桃》。散文集《空山灵雨》被认为是"现代小品文最初成册的书"。

王统照，文学研究会重要小说家，有短篇集《春雨之夜》《霜痕》等，长篇小说《黄昏》《山雨》《春华》等，以及一些散文集、诗集和评论。短篇《湖畔儿语》、长篇《山雨》是其最重要的作品。

庐隐，原名黄英，五四时期与冰心齐名的女作家，《或人的悲哀》《丽石的日记》《海滨故人》是其最重要的作品。其作品多写女性心理，在一定程度上属于心理问题小说，采用自叙传体式，与郁达夫堪称双璧。

（3）周作人"美文"：周作人于1921年5月发表《美文》，首倡艺术性美文，以"平和冲淡"的美文小品见称于世。主要散文集有《自己的园地》《雨天的书》《泽泻集》《谈龙集》《谈虎集》《永日集》《看云集》《夜读抄》《苦茶随笔》《风雨谈》《瓜豆集》《秉烛谈》《苦口甘口》等，其中有《乌篷船》《喝茶》《谈酒》《故乡的野菜》等诸多名篇，确立了他作为现代中国最大的散文家之一的声名。

（4）朱自清散文：主要收录在《踪迹》《背影》《欧游杂记》《伦敦杂记》等散文集里。朱自清擅长写漂亮精致的抒情散文，既有以《背影》《儿女》《给亡妇》为代表的以事传情的散文，也有以《荷塘月色》《绿》《桨声灯影里的秦淮河》为代表的写景抒情散文。被公认为20世纪20年代娴熟运用白话文的典范，对现代散文的成熟、发展做出了杰出贡献。

（5）20年代诗歌："胡适之体"的《尝试集》首开现代白话诗之风气；郭沫若诗集《女神》创新热烈奔放的自由体式新诗；闻一多、徐志摩的新月诗派引领"新格律诗"的创作；被鲁迅誉为"中国最杰出的抒情诗人"的冯至，其《十四行集》是中国十四行诗成熟的标志，诗集《昨日之歌》收录的《我是一条小河》《蛇》等为脍炙人口的名篇,《帷幔》《蚕马》《吹箫人的故事》等叙事诗为中国新诗发展做出了独到贡献；被称为"诗怪"的李金发率先引进西方象征诗派的艺术手法，创立中国新诗的现代派，其代表作品有《微雨》《为幸福而歌》《食客与凶年》三部诗集。

（6）30年代小说流派：30年代以来，小说创作获得巨大进展，涌现出三大流派。

社会剖析派：注重对现实社会客观真实的描写。代表作家作品如茅盾《子夜》；吴组缃短篇《一千八百担》《樊家铺》,长篇《鸭嘴崂》(后改名《山洪》);沙汀短篇《土饼》《苦难》《在其香居茶馆里》,合称"三记"的长篇《淘金记》《困兽记》《还乡记》;艾芜短篇《南行记》《山峡中》;张天翼合称"速写三篇"的短篇《华威先生》《谭九先生的工作》《新生》,中篇《清明时节》,长篇《鬼土日记》;叶紫的短篇《丰收》,中篇《星》等。

京派:侧重于对人生世态尤其是乡野生活的诗意描绘,将鲁迅、郁达夫开创的现代抒情写意小说推向了一个新的阶段。代表作家作品如沈从文《边城》;冯文炳小说集《竹林的故事》《桃园》,长篇小说《桥》《莫须有先生传》;凌叔华小说集《花之寺》《女人》;萧乾短篇小说集《篱下集》,中篇小说《梦之谷》等。

现代派:包含心理分析小说和新感觉小说两派作家。代表作品有心理分析派施蛰存的《梅雨之夕》《春阳》,新感觉派穆时英的《夜总会里的五个人》《上海的狐步舞》等。

(7)《太阳照在桑干河上》:丁玲于1948年完成的长篇小说,真实地描写了我国土改工作波澜壮阔的历史场面。被誉为"新中国诞生前的叙事诗",获得1951年度斯大林文艺奖二等奖。丁玲1927年发表处女作《梦珂》,随后发表了《莎菲女士的日记》等一批以女性精神苦闷为题材的小说,受到文坛瞩目。1930年参加"左联",1936年到达陕北苏区,出版短篇小说集《我在霞村的时候》。

(8)《财主底儿女们》:路翎1942年完成的长篇小说,小说以"一·二八"上海抗战到苏德战争爆发十年间的社会生活为背景,展现了蒋捷三家这个封建大家族分崩离析的过程,集中描写了青年知识分子苦难的心灵历程。这部长篇巨著,奠定了路翎作为"七月派""小说重镇"的地位。其主要作品还有短篇小说集《青春的祝福》,中篇小说《饥饿的郭素娥》《蜗牛在荆棘上》等。

(9)《围城》:钱钟书1946年创作的长篇小说,小说以留学归来的方鸿渐等为中心人物,描写了抗战爆发后一群知识分子远离社会斗争洪流,内心贫乏、空虚而又卑琐的生活,被誉为"新《儒林外史》"。其主要文学作品还有1941年出版的散文集《写在人生边上》,1946年出版的短篇小说集《人·兽·鬼》。

(10)《金锁记》:张爱玲1943年创作,与《沉香屑:第一炉香》《茉莉香片》《倾城之恋》等一起被公认为张爱玲的代表作。1944年出版了小说集《传奇》。张爱玲是上海沦陷时期最走红的女作家。其小说多选择"欲的自由""生的苦闷"来剖析人性中最根本的东西,将中外古今的优秀传统熔于一炉,形成了自己大俗大雅的独特艺术魅力。

(11)孤岛时期戏剧:孤岛文学最活跃的是戏剧创作,出现了大量现实题材和历史题材的话剧,前者以于玲的《夜上海》为代表,后者以阿英(钱杏邨)的《明末遗恨》(《碧血花》)、《海国英雄》《洪宣娇》为代表。同时期,国统区也产生了一批著名剧作,如曹禺的《黑字二十八》(与宋之的合作,又名《全民总动员》)《蜕变》《正在想》《北京人》《家》,夏衍的《上海屋檐下》《心防》《法西斯细菌》,宋之的的《雾重庆》,吴祖光的《风雪夜归人》,陈白尘的《岁寒图》《升官图》,李健吾的《这不过是春天》《梁允达》,郭沫若的《屈原》《虎符》等历史剧作,阳翰笙的《天国春秋》《草莽英雄》,欧阳予倩的《忠王李秀成》等。

（12）《王贵与李香香》与《白毛女》：解放区文学以大众化和民族化为主要方向，出现了许多新人新作。

《王贵与李香香》是解放区最有代表性的长篇叙事诗，作者李季，运用陕北民歌信天游的形式，在诗歌民族化、群众化方面获得巨大成功。同类作品还有阮章竞的《漳河水》，张志民的《王九诉苦》等。

《白毛女》1945年延安鲁迅艺术文学院集体创作，贺敬之、丁毅执笔，解放区新歌剧的代表作，也是中国歌剧发展史上的一个里程碑。新歌剧作品还有《赤叶河》《王秀鸾》《刘胡兰》等。

（13）解放区小说：40年代解放文学成就较大的是小说创作，其中最具影响力的作品有：赵树理的《小二黑结婚》《李有才板话》《李家庄的变迁》；孙犁的《荷花淀》《芦花荡》《嘱咐》；同获斯大林文学奖、反映解放区土地革命的长篇小说有，丁玲的《太阳照在桑干河上》和周立波的《暴风骤雨》；两部章回体长篇小说是马烽、西戎的《吕梁英雄传》和袁静、孔厥的《新儿女英雄传》；反映解放区农村生活的长篇小说有欧阳山的《高干大》；反映农村初期互助合作组的长篇小说有柳青的《种谷记》；解放区第一部工业题材的长篇小说是草明的《原动力》；另有短篇佳作康濯的《我的两家房东》、刘白羽的《无敌三勇士》等。

（14）十七年小说：这一时期是小说丰收期。一为农村题材小说，有"山药蛋派"代表人物赵树理的长篇《三里湾》，短篇《锻炼锻炼》《登记》；"荷花淀派"代表人物孙犁的《铁木前传》；以及周立波的《山乡巨变》、柳青的《创业史》、李准的短篇《李双双小传》等农村题材小说。

二为革命历史题材小说，表现国内革命战争的，长篇代表作有杜鹏程的《保卫延安》和吴强的《红日》，短篇代表作有茹志鹃的《百合花》等；表现民主革命时期斗争的小说有罗广斌、杨益言的《红岩》，梁斌的《红旗谱》，曲波的《林海雪原》，杨沫的《青春之歌》，李英儒的《野火春风斗古城》，欧阳山的《三家巷》；表现抗战斗争的小说刘知侠的《铁道游击队》、刘流的《烈火金刚》、雪克的《战斗的青春》、冯志的《敌后武工队》、冯德英的《苦菜花》等。

（15）《人到中年》：作者谌容，1980年发表。这是一部具有深刻现实意义的社会问题小说，通过中年女医生陆文婷的独特经历，提出了一个极具普遍性的社会问题：我们的国家应该如何对待知识分子，特别是中年知识分子。小说塑造了陆文婷这个具有典型意义的人物形象，使之成为80年代中年知识分子的代名词。小说结构颇具"意识流"色彩。

（16）《人生》：作者路遥，1982年发表。这是一部具有鲜明时代感和现实感的作品。它围绕主人公高加林曲折复杂的人生故事，串联起农村和城市、理想和现实、文明与落后……深刻地反映了不同经历和社会地位的青年人对"人生"的探求、对命运的思索。作品发表并改编成电影后，围绕高加林形象曾引起全国性的争议和讨论。路遥另有长篇小说《平凡的世界》和中短篇小说集《当代纪事》《姐姐的爱情》等。

（17）《活着》：作者余华，1992年发表。小说以叙事主人公福贵的回忆，讲述了几十年历史变迁中，这位老人所经受的家庭变故、贫困、战争和亲人的死亡。小说在平淡与冷峻中，闪烁着温暖的亮光与抒情的诗意色彩。余华另有长篇小说《呼喊与细雨》《许三观卖血记》等，以及小说集《十八岁出门远行》《偶然事件》《河边的错误》等。

（18）《白鹿原》：作者陈忠实，1992 年发表。这是一部具有史诗规模与气度的长篇小说。小说以白鹿原的白家和鹿家为叙事主线，描绘了一幅从大革命、抗日战争到三年内战，贯穿 50 多年变迁的历史画卷。在政治斗争的历史表象背后，小说揭示出真实复杂的人性和家族伦理的传统文化观念，称得上是一部民族文化的寓言。在审美形式上，小说也具有浓厚的民族文化韵味。陈忠实另有短篇小说集《乡村》，中篇小说集《初夏》《蓝袍先生》等。

（19）女性作家的小说：新时期以来，文坛涌现出一大批女性作家，成为当代文坛引人注目的现象。代表性作家作品有：张洁的《方舟》《祖母绿》《沉重的翅膀》，王安忆的《小鲍庄》《三恋》《小城之恋》《锦绣谷之恋》《荒山之恋》）《叔叔的故事》《纪实与虚构》《长恨歌》，铁凝的《没有纽扣的红衬衫》《麦秸垛》《玫瑰门》。此外，还有被称为先锋作家陈染的《与往事干杯》《嘴唇里的阳光》《私人生活》，林白的长篇《一个人的战争》，以及"新写实"作家池莉的《烦恼人生》、方方的《风景》等。

第三节　世界文学史常识

一、世界文学史概述

世界文学史是一部时间跨度大、地域涵盖广、内容异常丰富的文学发展史，大致可分为西方文学和东方文学两条线索。"西方文学"泛指欧美各国的文学，它虽然包含了许多国家和民族的文学，但因其有着共同的文化渊源和大致相同的历史进程，可以被视为一个整体。"东方文学"指亚洲和非洲各国文学，它以《圣经》和古印度文学为开端，构成了世界文学的另一个组成部分。

（一）西方文学发展的几个阶段

（1）古代文学：古希腊、古罗马是欧洲文化的发源地，古希腊罗马文学和早期基督教文学是欧美文学的两大源头。古希腊文学分为三个时期：第一，"荷马时代"或"英雄时代"。公元前 12—前 8 世纪，氏族社会向奴隶制过渡时期，主要成就是神话和史诗。第二，"古典时期"。公元前 8—前 4 世纪，古希腊进入奴隶制时代，主要成就有抒情诗（品达和女诗人萨福）、寓言（相传为释放奴隶伊索所作，故称《伊索寓言》）、戏剧、文艺理论（柏拉图和亚里士多德）。第三，"希腊化时期"。公元前 4—前 2 世纪，奴隶制衰亡时期，主要体裁为新喜剧和田园诗。古罗马承接古希腊文学，是古希腊文学和后世欧洲文学的中介。

（2）中世纪文学：476 年，西方历史进入中世纪，即封建制时代。基督教成为封建制度的精神支柱，教会文学盛行于世，欧洲文学处于中世纪的萧条冷落时期。主要有英雄史诗和民间谣曲，如法国的《罗兰之歌》、西班牙的《熙德之歌》、德国的《尼伯龙根之歌》。骑士文学：主要体裁是骑士抒情诗和骑士叙事诗。亚瑟王与他的圆桌骑士，是叙事诗常用的题材。城市文学：韵文故事最流行，以法国的《列那狐传奇》为代表。中世纪欧洲最重要的作家是意大利诗人但丁，他是中世纪文学向近代过渡的标志。

（3）文艺复兴时期文学：从14世纪起，欧洲历史进入资本主义萌芽的新时期。14—17世纪初，欧洲兴起反封建教会的文艺复兴运动。意大利是文艺复兴运动的发源地，但丁（长诗《神曲》）、彼得拉克（诗集《歌集》）、薄伽丘（短篇小说集《十日谈》）是意大利文学的奠基人和文艺复兴运动的先驱。英国人文主义文学最早的代表是乔叟，代表作《坎特伯雷故事集》。法国的拉伯雷、西班牙的塞万提斯和英国的莎士比亚被认为是这一时期西方文学的三大巨人。

（4）17世纪文学：古典主义文学思潮应运而生。弥尔顿是当时英国最重要的作家，代表作有长诗《失乐园》《复乐园》和诗剧《力士参孙》。高乃依是法国古典主义悲剧创始人，他的《熙德》是古典主义悲剧代表作。拉辛的《安德洛玛克》是标准的古典主义悲剧。莫里哀是法国古典主义成就最高的喜剧家。布瓦洛的《诗的艺术》被视为法国古典主义文艺法典。

（5）18世纪文学：启蒙运动兴起的时代，提倡自由、平等和天赋人权。伏尔泰是法国启蒙运动的领袖人物；卢梭是启蒙运动中的民主派，对浪漫主义文学产生了巨大影响。笛福的《鲁滨孙漂流记》，标志着英国现实主义小说的诞生。歌德和席勒将长期处于落后状态的德国文学提升到了这一时期欧洲文学的高峰。莱辛的美学名著《拉奥孔》论述了诗与画的界限。

（6）19世纪文学：在1789年法国大革命的影响下，19世纪初欧洲掀起了声势浩大的浪漫主义文学运动。浪漫主义文学首先在德国兴起，在创作上，则以英、法两国的成就最为突出。早期英国浪漫主义的代表，是以华兹华斯为代表的"湖畔派"诗人，第二代浪漫主义诗人有拜伦、雪莱等；法国浪漫主义文学最主要的作家是雨果。

19世纪中期，批判现实主义文学思潮兴起，奠基人是法国的司汤达、巴尔扎克，随后还有梅里美、福楼拜、左拉、莫泊桑等作家；英国现实主义作家中狄更斯是最杰出的代表，哈代和萧伯纳是19世纪后期英国重要的现实主义作家。

俄国和北欧的现实主义文学起步稍晚但成就显赫。普希金是俄国文学浪漫主义向现实主义过渡的标志。果戈理是俄国现实主义文学的奠基人。此后，屠格涅夫、陀思妥耶夫斯基、列夫·托尔斯泰和契诃夫等人的创作，达到了更高的水平。北欧最著名的现实主义作家是安徒生和易卜生。

19世纪中期，浪漫主义推动了美国民族文学的发展。华盛顿·欧文被誉为"美国文学之父"，惠特曼《草叶集》是美国浪漫主义文学的杰出代表，马克·吐温、杰克·伦敦是优秀的现实主义作家。

19世纪西方文学中还有一个值得注意的现象,就是无产阶级文学的兴起。英国"宪章派文学"和德国工人诗歌,是早期的无产阶级文学。1871年后巴黎公社文学为世界无产阶级文学树立了一座丰碑,其最杰出的诗人是《国际歌》的作者鲍狄埃。

(7)20世纪文学:20世纪欧美各国经历了巨大而深刻的变化,欧美文坛呈现出流派纷呈、复杂多变的局面。现实主义处在更新和深化的状态,现代主义以强劲势头开拓了文学发展的新领域。

高尔基是俄国伟大的无产阶级作家,社会主义现实主义文学的奠基人。欧美现代主义文学(先锋派)产生于第一次世界大战前后,包括表现主义、后期象征主义、意识流、超现实主义等众多流派。奥地利卡夫卡的《变形记》、英国乔伊斯的《尤利西斯》和法国普鲁斯特的《追忆逝水年华》是其奠基之作。

第二次世界大战后,西方文坛出现了存在主义、荒诞派戏剧、新小说派、黑色幽默等一系列新的现代主义文学流派。存在主义文学的代表作家,是存在主义哲学的两位代表萨特和加缪;法国尤奈斯库的《秃头歌女》和爱尔兰贝克特的《等待戈多》,是荒诞派戏剧的杰作;黑色幽默出现在20世纪60年代的美国,代表作是海勒的《第二十二条军规》;魔幻现实主义兴起于拉丁美洲,影响最大的作家是哥伦比亚的加西亚·马尔克斯。

(二)东方文学(不包括中国文学)发展的四个阶段

(1)古代文学:埃及文学和巴比伦文学是世界上最古老的文学。古巴比伦的《吉尔伽美什》,是已发现的世界最古老的完整史诗。宗教性诗文集《亡灵书》是古埃及文学汇编。诗歌总集《吠陀》是印度最古老的文学遗产;《摩诃婆罗多》《罗摩衍那》是古印度的两大史诗,也是印度教的经典;迦梨陀娑是这一时期杰出的诗人和剧作家;《旧约》是希伯来古文献的汇集,集中了希伯来文献的精华和成就。

(2)中古文学:中古文学以阿拉伯、日本、波斯的文学成就最为突出。伊斯兰教经典《古兰经》是阿拉伯文学史上第一部散文巨著,民间故事集《一千零一夜》是阿拉伯文学最杰出的作品;《万叶集》是日本最古老的诗歌总集;女作家柴式部的《源氏物语》是物语文学的代表,也是世界上最早的长篇小说之一;中古波斯有"诗国"之称,菲尔多西的长篇英雄史诗《王书》和萨迪训诫故事诗《蔷薇园》是其代表;朝鲜小说《春香传》被誉为古典名著。

(3)近代文学:近代东方文学除日本外,绝大多数是殖民地、半殖民地和半封建社会的文学。日本近代文学的代表人物有,开拓近代浪漫主义文学之先河的森鸥外、现实主义代表作家夏目漱石、自然主义代表作家岛崎藤村。印度新文学的杰出代表泰戈尔,他也是东方第一位诺贝尔文学奖得主。

(4)现当代文学:现当代东方文学一般指20世纪以来的文学。这一时期东方国家纷纷摆脱殖民主义的枷锁,走上了不同的发展道路。

现当代日本文学的成就主要表现在两方面:德永直的长篇小说《没有太阳的街》和小

林多喜二的中篇小说《蟹工船》,被称为日本无产阶级文学的双璧。资产阶级文学产生了唯美派、白桦派和新思潮派;新感觉派标志着日本现代派文学的兴起,代表作家是川端康成、三岛由纪夫和大江健三郎,都是"二战"后日本节学的代表作家。

阿拉伯现当代文学产生了两个重要流派:旅美派和埃及现代派,前者以黎巴嫩作家纪伯伦为代表,后者以埃及作家塔哈·侯赛因为代表。东方又一位诺贝尔文学奖得主、埃及作家马哈福兹,被誉为埃及和阿拉伯小说界的"金字塔",代表作是《宫间街》《思宫街》《甘露街》三部曲。

二、世界文学史重要文学运动、思潮和流派

(1)文艺复兴运动:14—17世纪初发生于欧洲的一场以复兴古希腊古罗马文化为旗帜,反对封建教会神权的伟大思想文化运动,是欧洲从中世纪进入近代的枢纽。人文主义是文艺复兴运动的主要思潮与理论。人文主义文学占主导地位,近代文学的抒情诗、短篇小说、长篇小说、戏剧都发源于这一时期,在整个人类文化发展史上占有极其重要的地位。

(2)古典主义:17世纪流行于西欧尤其是法国的一种带有浓厚封建色彩的资产阶级文学思潮。因为它在文艺理论和创作实践上以古希腊古罗马文学为典范,故称古典主义。法国古典主义的成就是多方面的,尤以戏剧最为突出,形成了戏剧"三一律"的创作规范,出现了以高乃依、拉辛为代表的悲剧作家,以莫里哀为代表的喜剧作家,以及文艺理论家布瓦洛和寓言诗人拉·封丹。

(3)感伤主义文学:18世纪中叶英国文学思潮,因斯泰恩的小说《感伤的旅行》而得名。这部小说以感伤的情绪表达对现实的不满,侧重描写心理感觉。感伤主义对法国卢梭、德国狂飙突进运动以至于19世纪浪漫主义文学,都产生了深远影响。感伤主义文学代表作家作品有:英国笛福的《鲁滨孙漂流记》、斯威夫特的讽刺小说《格列佛游记》、菲尔汀的《汤姆·琼斯》。

(4)哲理小说:18世纪法国启蒙作家创作的新型小说,以思想的深度和表达方式的特别著称。代表性作家作品有:孟德斯鸠的《波斯人信札》、伏尔泰的《老实人》、狄德罗的《拉摩的侄儿》、卢梭的《爱弥尔》等。

(5)狂飙突进运动:18世纪七八十年代德国文学运动,因剧本《狂飙突进》而得名。这一运动是反封建启蒙运动的继续和发展,要求个性解放,推崇自然和自我,强调民间文学和民族风格。代表作家作品有:歌德的戏剧《铁手骑士葛兹》和小说《少年维特的烦恼》、席勒的戏剧《阴谋与爱情》。

(6)浪漫主义:通常指18世纪末至19世纪初盛行于欧洲的一种文艺思潮和文艺运动。它受英国产业革命和法国大革命的直接影响,以及启蒙理想破灭后催生的一种释放并表现自我潮流的间接影响,反映了资产阶级上升时期对个性解放的要求。

欧洲浪漫主义的代表作家作品有：德国诗人海涅的抒情长诗《德国——一个冬天的童话》。英国第一代诗人"湖畔派"华兹华斯的《抒情歌谣集·序》，被称为英国浪漫主义文学的纲领；第二代诗人拜伦的长诗《恰尔德·哈罗德游记》。雪莱的诗剧《解放了的普罗米修斯》、山水诗《西风颂》。法国雨果的剧作《欧那尼》。俄国普希金的诗《自由颂》。莱蒙托夫的长诗《诗人之死》。美国惠特曼的诗集《草叶集》。波兰密茨凯维奇的叙事诗《塔杜施先生》和匈牙利裴多菲的抒情诗《自由与爱情》。

（7）批判现实主义文学：通常指19世纪30年代以后，在欧洲文学艺术中取代浪漫主义而占主导地位的一种文艺思潮和文艺运动。批判现实主义作家主张客观真实地描绘现实生活，塑造典型环境中的典型人物，强调唯理主义和批判精神。司汤达的《拉辛与莎士比亚》是现实主义文学的第一部理论著作。欧洲批判现实主义代表作家有：法国的司汤达、巴尔扎克、福楼拜，英国的狄更斯、哈代、萨克雷和勃朗特姐妹，俄国的果戈理、别林斯基、契诃夫、车尔尼雪夫斯基等。

（8）现代主义文学：是19世纪末到至今的欧美文学思潮，又叫现代派文学，是欧美当代一大批反传统的文学流派的总称。现代主义源于19世纪末法国的象征主义，到20世纪20年代得到很大的发展，逐渐形成后期象征主义、表现主义、未来主义、超现实主义和意识流文学等众多流派。"二战"后到今天，现代主义又一次繁荣。当代有法国的存在主义文学、新小说派，欧美的荒诞派戏剧，美国的"垮掉的一代""黑色幽默"等。现代主义文学的代表作家有：法国的波德莱尔、美国的海明威、奥地利的卡夫卡、英国的艾略特等。

（9）象征主义：象征主义可追溯到19世纪五六十年代的英国诗人波德莱尔，他被认为是现代主义的先驱，其小说《恶之花》描写病态的巴黎及诗人孤独、颓废而又不甘沉沦的复杂的精神世界。后期象征主义在20世纪20年代兴起，代表作家作品有：爱尔兰诗人叶芝《盘旋的楼梯》《驶向拜占庭》，英国诗人艾略特《荒原》，法国诗人瓦雷里《海滨墓园》，比利时诗人和戏剧家梅特林克《青鸟》等。

（10）表现主义：20世纪初起源于德国绘画界"桥社"和"青骑士"，1914年进入文学、音乐等各种领域，中心在德国。表现主义文学反对现实主义和自然主义的创作思想，强调表现人的主观感受和复杂多变的精神状态。代表作家作品有：恰佩克《万能机器人》，奥尼尔《毛猿》《琼斯皇》，卡夫卡《变形记》《城堡》等。

三、世界文学史重要作家介绍

（1）莎士比亚：文艺复兴时期英国伟大的剧作家和诗人，代表了英国文学的最高成就，被马克思称为"人类最伟大的戏剧天才"。他一生写了37个剧本、两部长诗和154首《十四行诗》，以戏剧成就最为突出。最著名的作品有，悲剧《罗密欧与朱丽叶》和被称为"四大悲剧"的《哈姆雷特》《奥赛罗》《麦克白》《李尔王》，喜剧《威尼斯商人》《第十二夜》，历史剧《亨利四世》。

（2）莫里哀：17世纪法国伟大的喜剧家，古典主义喜剧的代表人物，也是世界喜剧作家中成就最高者之一。早期《太太学堂》是部性格喜剧，也是欧洲近代社会问题剧的开端；中期重要作品有《伪君子》《吝啬鬼》《唐璜》《恨世者》；晚期重要作品有《史嘉本的诡计》，是世界最出色的喜剧之一。

（3）歌德：德国诗人、剧作家及思想家，"狂飙突进运动"的主将。他的书信体小说《少年维特的烦恼》是德国第一部产生世界影响的作品，引起"维特热"；另有哲理诗剧《普罗米修斯》、悲剧《葛兹·冯·伯利欣根》、长篇小说《威廉·迈斯特》；代表作诗剧《浮士德》是世界文学史上里程碑式的作品。

（4）拜伦：英国诗人，浪漫主义文学的杰出代表。重要作品《东方叙事诗》是一组以地中海沿岸为背景的长诗总题。诗篇中的主人公被称为"拜伦式英雄"，他们都是孤傲的反抗者，具有强烈的叛逆精神，但又脱离群众，其反抗是悲观、绝望的孤军作战。长诗《恰尔德·哈罗德游记》以反侵略、反暴政、争自由为主题，带有鲜明的主观抒情性。诗体小说《唐璜》被歌德称赞为"绝顶天才之作"。

（5）雨果：法国诗人、小说家、戏剧家，欧洲19世纪浪漫主义文学的卓越代表。他的《〈克伦威尔〉序言》成为法国浪漫主义运动的宣言。戏剧代表作《欧那尼》上演的成功，标志着浪漫主义对古典主义的胜利。长篇小说有《巴黎圣母院》《悲惨世界》《笑面人》《九三年》等。著名短诗《希腊的孩子》被收录在诗集《东方吟》中，是其早期浪漫主义诗作之一。

（6）普希金：俄国诗人、小说家，对19世纪俄国文学的发展起了开创和奠基的作用，是俄罗斯文学语言的典范。主要作品为抒情诗《自由颂》《致大海》；长篇叙事诗《高加索的俘虏》《强盗兄弟》；长篇小说《上尉的女儿》；长篇诗体小说《叶甫盖尼·奥涅金》，主人公奥涅金是俄国文学史上第一个"多余人"的形象。

（7）巴尔扎克：法国批判现实主义大师、世界文学界的伟人。主要作品为《人间喜剧》，包括《高老头》《欧也妮·葛朗台》《贝姨》《邦斯舅舅》等96部小说，是世界文学中规模最宏伟的创作之一，被恩格斯评价为"用编年史的方式""给我们提供了一部法国社会特别是巴黎上流社会卓越的现实主义历史"。

（8）狄更斯：英国批判现实主义文学的杰出代表。第一时期的作品有《匹克威克外传》《老古玩店》，第二时期作品有《董贝父子》《大卫·科波菲尔》，第三时期的作品有《艰难时世》《双城记》《远大前程》《我们共同的朋友》。其小说具有强烈的批判精神和浓厚的人道主义色彩。

（9）果戈理：继普希金之后俄国文坛之主，他开创了俄国新的文学流派——"自然派"，这个流派实际上就是俄国的批判现实主义文学，后来成为俄国文学中最强大的流派。主要作品有小说集《狄康卡近乡夜话》《密尔格拉得》和《彼得堡故事》，其中《狂人日记》《外套》等是写"小人物"的名篇；剧本《钦差大臣》为喜剧艺术的杰作；长篇小说《死魂灵》是其代表作，也是俄国"自然派"文学的奠基作品。

（10）易卜生：挪威现实主义文学的代表，社会问题剧的创始人，欧洲现代戏剧的先驱。主要作品有哲理诗剧《布朗德》《彼尔·金特》；著名"社会问题剧"《社会支柱》《玩偶之家》《群鬼》《人民公敌》；晚期创作由社会问题剧转向象征主义，剧本着重于心理描写和对人性的挖掘。

（11）托尔斯泰：19 世纪俄国小说家，被列宁称为"俄国革命的镜子"。早期小说有自传体三部曲《童年》《少年》《青年》，代表作有长篇小说《战争与和平》《安娜·卡列尼娜》《复活》。托尔斯泰的创作是"清醒的现实主义"，但他自己又狂热鼓吹"勿以暴力抗恶"的托尔斯泰主义。

（12）契诃夫：俄国小说家、戏剧家。代表作有小说《小公务员之死》《变色龙》《第六号病房》《挂在脖子上的安娜》《带阁楼的房子》《装在套子里的人》等；剧作《万尼亚舅舅》《三姊妹》《樱桃园》《海鸥》等。他的短篇小说创作尤其受到人们的称赞。

（13）高尔基：俄国作家，无产阶级文学的最伟大代表。代表作有散文诗《海燕之歌》，自传体三部曲小说《童年》《在人间》和《我的大学》，长篇小说《母亲》为后来的社会主义的现实主义奠定了基础。

（14）海明威：美国作家，诺贝尔文学奖获得者。代表作《永别了，武器》是"迷惘的一代"创作的顶峰和终结；《丧钟为谁而鸣》展现了西班牙人民反法西斯的斗争，摆脱了悲观和迷惘；《老人与海》描写一个老渔夫与鲨鱼搏斗的故事，具有明显的象征意味和寓意，形象地展示了人类要勇敢地面对失败、永远保持精神不败的主题，主人公桑提亚哥是一个"硬汉子"性格的化身。

（15）卡夫卡：德语小说家，生于奥匈帝国统治时期的布拉格犹太商人家庭。在短暂的一生中，他写下了被称为"孤独三部曲"的长篇小说《美国》《审判》和《城堡》，以及中短篇小说《判决》《变形记》等。卡夫卡小说深刻描写了资本主义社会的异化现象，通过荒诞、隐喻、痛苦的幽默来揭示现代西方人的精神危机，被认为是西方现代主义文学的奠基人。

（16）泰戈尔：印度诗人和作家，诺贝尔文学奖获得者。代表作有诗集《吉檀迦利》《飞鸟集》《新月集》，长篇小说《沉船》和《戈拉》，剧本《邮局》等。他的《人民的意志》一诗被定为印度国歌。

（17）川端康成：日本小说家，"新感觉派"文学运动发起人，将西方现代派创作方法引进日本节坛，诺贝尔文学奖得主之一。一生写了 400 余篇（部）中短篇和长篇小说，其中以中短篇为主，还写了不少散文、随笔、评论、诗歌和书信、日记等。获诺贝尔文学奖的作品是三个中篇小说《雪国》《千只鹤》和《古都》。另有著名小说《16 岁的日记》《伊豆的舞女》《温泉旅馆》《花的圆舞曲》《名人》等。

四、世界文学史重要作品介绍

（1）荷马史诗：包括《伊利昂纪》和《奥德修纪》两部史诗，产生于公元前9—前8世纪，相传是盲诗人荷马所作，故称"荷马史诗"。《伊利昂纪》描写部落战争，《奥德修纪》描写氏族社会末期到奴隶社会初期，人类同自然的斗争和社会的斗争。两千多年来，"荷马史诗"一直被当作欧洲叙事诗的典范和史诗的楷模。

（2）古希腊戏剧：源于酒神祭祀。悲剧产生于公元前6世纪末，起源于祭祀活动的酒神颂歌（酒神颂），主要以神话为题材；喜剧源于祭祀活动的狂欢歌舞或游行，多取材于现实。三大悲剧家指："悲剧之父"埃斯库罗斯，代表作《被缚的普罗米修斯》；"戏剧界的荷马"索福克勒斯，代表作《俄狄浦斯王》；"舞台上的哲学家"欧里庇得斯，代表作《美狄亚》。阿里斯托芬被誉为"喜剧之父"，代表作《阿哈奈人》《鸟》。

（3）《旧约》：希伯来古文献的汇集。在犹太教看来，《旧约》是上帝与人订立的"契约"。公元前1世纪，基督教诞生后，把犹太教的《旧约》和自己的《新约》合并，称《新旧约全书》，通称《圣经》。

（4）《一千零一夜》：又译作《天方夜谭》，是一部流传很广的中古阿拉伯民间故事集。早期手抄本流传于公元七八世纪，基本定型于公元15世纪末、16世纪初。全书共有大故事134个，许多大故事中包含了若干个小故事。其中如《国王山鲁亚尔及其兄弟的故事》《阿拉丁和神灯的故事》《阿里巴巴和四十大盗的故事》等流传甚广。

（5）《神曲》：但丁在流亡时期写的一部长诗（1307—1321年间完成），是该诗人的代表作，分为三部，即《地狱》《炼狱》《天堂》。全诗像一篇庞大的寓言，采用象征、隐喻、梦幻手法，既有中世纪文学的一般特征，又透露出文艺复兴的曙光，恰如恩格斯对但丁的评价"是中世纪的最后一位诗人，同时又是新时代的最初一位诗人"，具有两重性。

（6）《十日谈》：薄伽丘的短篇小说集，近代欧洲第一部现实主义巨著。用"框形结构"把100个故事联成整体，揭露教会的虚伪与腐败，宣扬"幸福在人间"的现世主义理想，奠定了欧洲短篇小说创作的基础。

（7）《堂吉诃德》：塞万提斯的一部辉煌巨著，欧洲近代现实主义小说的先驱，标志着欧洲长篇小说进入一个新的发展阶段。小说兼具骑士传奇和流浪汉小说的优点，塑造了堂吉诃德这一典型形象。堂吉诃德是一个既脱离现实的主观主义者，又是一个执着于人文主义理想与信念的人。

（8）《哈姆雷特》：莎士比亚的杰出悲剧，写于1601年。借古代丹麦王子复仇的故事，反映了文艺复兴末期英国"颠倒混乱"的社会现实，塑造了哈姆雷特这一不朽的艺术典型。哈姆雷特是人文主义理想的王子，"生存还是死亡"、理想与现实的深刻矛盾，造成他精神忧郁与优柔寡断的性格，他的悲剧是人文主义者的悲剧和整个时代的悲剧。

（9）《巨人传》：法国16世纪著名小说家拉伯雷的代表作，全书共五部，具有浓郁的象征意义。巨人象征着文艺复兴时期思想的先驱者、时代的巨人，他们代表着人类的前途和信心。《巨人传》第一次把人本身提高到了前所未有的高度。

（10）《浮士德》：歌德的代表作，其创作贯穿于歌德的全部写作生涯。它的构思来源于16世纪浮士德民间传说，歌德对这一传说进行了根本的改造，使其成为一部时代精神发展的历史。浮士德形象象征着近代资产阶级精神的探索过程，既有永不满足、不断进取的个性，也有贪图享乐等弱点，魔鬼靡非斯特是浮士德的对立面，他是个虚无主义者，持否定精神，对人生抱消极态度。

（11）《汤姆大伯的小屋》：美国废奴文学的代表作家斯托夫人的著名长篇小说。小说以写实的手法描绘了黑奴的非人生活，表现黑奴们的优良品质，张扬人道主义精神，预示了奴隶制覆灭的历史趋势。这部小说发表后产生了巨大的影响，林肯总统接见作者时，戏称她是"写了一本书，酿成一场大战的小妇人"。

（12）《变形记》：西方现代派小说鼻祖、表现主义小说代表作家卡夫卡的短篇小说，创作于1915年。小说情节离奇，描写主人公推销员格里高尔变成了大甲虫，最终被家人抛弃的故事，是西方现代主义文学中描写人被异化主题的杰作。小说以意识流手法写人的精神状态，语言含有苦涩的幽默，在怪诞、夸张中显示主题思想。

（13）《尤利西斯》：爱尔兰意识流小说大师乔伊斯的长篇小说，于1922年发表。小说书名从荷马史诗《奥德修纪》拉丁文名而来，在人物、情节和结构上都与荷马史诗对应。乔伊斯认为，在表现对人生的探索上，《奥德修纪》是全部西方文学的基石。《尤利西斯》被认为是一部"现代资本主义社会精神崩溃的史诗"。小说大量采用意识流以及内心独白、象征暗示等艺术手法。

（14）《第二十二条军规》：约瑟夫·海勒是美国"黑色幽默"小说的代表人物，《第二十二条军规》是他1961年发表的长篇小说，也是60年代"黑色幽默"小说的代表作。小说以第二次世界大战为背景，描写了一支美国空军飞行中队的种种荒唐混乱的状况。主人公尤索林求生求安的愿望一再受挫，这隐喻了在动荡的美国社会中许多人不能掌握自己命运的困境。作者用漫画式的小说人物，及反语、嘲讽的手法，创造了小说中疯狂、杂乱的生活氛围。

（15）《百年孤独》：拉丁美洲魔幻现实主义代表作家马尔克斯的代表作，于1966年发表。小说一问世就震惊了整个西语文坛，再版上百次，被誉为"再现拉丁美洲历史社会图景的鸿篇巨制"。小说人物近百个，描写布恩蒂亚家族七代人在马孔多延续了百年的历史。布恩蒂亚家族的神奇经历与不幸，是印第安人历史文化的再现和拉美民族的缩影。小说遵循"变现实为幻想而又不失真"的创作原则，将荒诞离奇的描写与"孤独"的马孔多融为一体。

第六章 文化视角下的汉语言文学写作

第一节 汉语言文学写作相关问题

目前,高校的汉语言文学专业的写作课存在着写作理论与学生实践脱节、课堂教学与写作训练脱节、教材编排与学生生活脱节等问题。要改变这一现状,必须从教学观念、教学模式、教材编排等方面进行改革。实行写作能力延续性训练,使汉语言文学专业学生的写作训练从大一到大四不仅具有阶段性,而且具有延续性,是切实提高学生写作能力的有效方法。

在高校汉语言文学专业课程中,写作是一门重要的基础课,更是一门实践性很强的课程。一方面,学得好对其他各门功课都大有益处,小到课程作业的阐述、课程论文的写作,大到毕业论文的撰写,都需要扎实的写作基本功;另一方面,写作作为一项能力,也是学生毕业后走向社会从事各项社会工作的重要技能。这门课程的技能性、综合性特点,要求写作教学无论是在课程学习中,还是能力提高上,都必须进行大量的实践训练,才能获得良好的效果。可是在实际教学过程中,在写作训练方面却存在一些不尽人意的地方,需要在教学中进行探索和改革。

一、写作教学中存在的问题

大学汉语言文学专业课程里,写作课是培养本专业合格毕业生的必修课,写作能力是体现该专业学生综合素质的重要指标。长期以来形成的一些教学模式、教学观念和教学方法,让学生产生类似的感慨:"学起来似乎有兴趣,实际写作水平却难提高"。写作原本是一门应用性、操作性很强的课程,学生学过之后为何收效甚微呢?探究其原因,我们可以从教师和学生双方进行理性的分析。

(一)教师教学中的问题

从教师教学角度来看,无论是写作课的教学内容安排,还是教学方法都存在问题:

在教学内容上重理论、轻实践。当前汉语言文学专业的写作课教材大都分成两部分,前半部分是写作理论部分,我把它叫作"大理论",即从宏观的角度,讲述文章的主题、结构、语言、表达等文章的一般规律;后半部分是各类文体理论,我把它叫作"小理论",讲的是各种文体的特点、要遵循的写作规律、文体格式及要注意的事项等等，还是理论的东西。教师教学自然而然进入一种从理论到理论的空洞教学模式，这与真实的写作活动和学生的生活实践有较大的差距。学生在学习过程中，老师也会布置作业，会练习写几篇文章，由于缺乏系统性、连续性，练得又太少，所以很难有大的提高，而且这些练习可能与学生的学习生活脱节，与未来的职业缺少真实的联系，造成所学的知识很难转化为实际的写作能力，难以与未来的职业生活接轨。

在教学方法上重视教师的主导作用，而忽视了学生的主体作用。大学写作教学比较重视教师的主导作用，教学中习惯于把教材的理论知识和学生习作为教学依据，侧重对文章的主题、结构、语言、表达等方面做静态构件的分析，认为学生掌握了这些东西，就自然而然地提高了写作能力。实际上这样的教学只抓住了文章外显的构成因素来指导学生"写作"，却忽略了写作过程是作者的一种复杂的精神劳动，也是内部复杂的认知操作行为过程。这种教学方法，忽略了学生的主体作用，忽略了对写作训练的关注，这样导致学生只知道应该"写什么"（比如知道什么是好主题、好结构、好语言、好表达等），却不知"如何写"（怎样去确定好主题、组织好结构、选用好表达方式、选择好语言），所以到最后，还是不知如何写文章，写作能力的提高还是十分缓慢。

在写作训练上存在盲目性而缺乏延续性。大学里的写作课程大都在大一开一个学年，课程结束后，学生写作训练只是在大一时为完成老师布置的作业，而完成有限的几篇作文练习，加上老师布置作业时也有较大的随意性，系统性和目的性很难达到。至于大一一过，不少同学的写作就处于完全自由和自觉状态，除了应付某个课程作业（比如某个课程须写一个小论文做考查作业）外，很多同学干脆就"停笔歇业"，直到大四要写毕业论文时，才"重操旧业"，写作练习已经歇业两年了，这样的写作训练缺乏延续性和全程性，效果当然也就可想而知。

（二）学生写作中的问题

从学生写作情况看，由于写作缺乏有计划、延续性训练，大学四年下来，作文就普遍存在下面的问题：

内容上缺乏真实性。"做真人，说真话"，本来是为人处世的行为准则，也是提笔作文的准则。我们太习惯为作文而作文了，获取考试的高分成了我们唯一的目标，所以长期以来，我们看到的文章，从内容上大多存在"四不"现象：写自己不实，写亲人不亲，写学校不新，写社会不深。急功近利的写作态度，让学生写作时缺诚信，少真诚。不少同学为应付老师布置的任务，不惜采取"抄袭"或"下载加改头换面"的方式，交差完事。

主题上缺少创造性。文章的主题来源于写作者对生活的高度的富有见地的提炼。主题的平庸，往往根源于思想的平庸。不少学生对身边的人、周围的事、心中的情熟视无睹，更不能从生活中捕捉鲜活感人的细节，不能换个新的角度去审视身边的问题，不能从平凡的人物事件去挖掘振奋人心的精神，这样写出的文章，当然只能老生常谈了。

情感上缺少独立性。在情感上作文的本源是要"写我之见,抒我之情",一切皆"着我之色"。但很多大学生已经习惯高中时为分数而作文的俗套,很少从"我"出发写生活,不敢打上浓烈的"我"的烙印,即使写"我",也不能很好地认识自我,出现一般化、普泛化现象,对语言和结构都会产生影响,因此语言、结构上显得空乏、老套、无个性。

语言上缺乏准确性。按常理,汉语言文学专业的学生,最先过的应该是语言关。但是我们在改学生习作时发现。有不少的学生连最基本的"文从字顺"都做不到。如:遣词不够讲究,造句前言不搭后语,错字、别字不予在乎,标点符号使用不当,卷面写得不够干净,字体写得不够美观得体等等。

虽然这些现象表面看是教师或学生各自的问题,实则是一个问题的两面,要改变当前写作教学的这些问题,就必须彻底改革传统的写作教学思维模式、训练模式,以及训练的时间和空间。

二、写作教学改革的方向和对策

改变教学思维模式。大学写作教学,写作教师已经形成了一个较为固定的思维模式:认为只要教好了理论知识,学生掌握了理论知识,就自然会把理论运用到作文之中去,实际上这只是老师的一厢情愿。学习写作理论是必要的,但必须明确,只有通过学生不断实践,才能使理论逐步转化为能力,才能切实提高写作水平,而且写作训练不能局限于某种技法和体式的训练。写作的综合性和实践性特点告诉我们:写作这项复杂的精神劳动,其写作过程及其产品,都是作者综合素质的反映,写作训练要求教师要培养学生健全的人格,陶冶健康的情操,开发全面的智力,还要具备很强的思维能力和语言表达能力,这些东西都不是一时一刻可以完成的,而是要经过长期反复的实践。

因此,在教学中大学写作教师要改变现有的教学思维模式:教师不仅仅是"讲师",还要是"训练师"。如果把教学过程看成是一台戏的话,教师是"导演",学生是"演员",戏必须让学生登台演出,提高他们表演的积极性,教师只是做好"点拨"、"引导"工作,让学生在不断的练习中去体会理论,真正把理论融汇于实践中。

细化学生训练模式。马克思主义理论告诉我们系统科学的理论永远是一切行动和实践的指南,写作理论对于写作实践的指导意义也不言而喻。反观中学时代的作文教学,不少老师进行过多种多样的改革,有的训练思维,有的训练速度,有的注重知识的拓展,有的注重技巧的培训,不一而足。但还是存在写作理论的零碎与僵化、写作体验的被动与无奈、写作结果的肤浅与粗糙。探究其根源,缺乏系统、科学、完整的写作理论指导是一个重要原因。进入大学后,大学生们学习环境相对自由,思想氛围相对活跃,情感体验相对丰富,这些应该容易激发大学生多年来受到压抑的写作冲动和写作欲望。但是他们的灵感、欲望、朝气、自信仿佛都被慵懒冲淡了,他们还习惯于中学时代所养成的写作方式,不在意什么理论,对思想和体验也浅尝辄止,让很多有才华、有潜力的大学生最终日渐平庸起来。

但怎样将大学里学的系统、科学、完整的写作理论化为真正指导学生作文的积极因素呢？我根据多年的写作教学实践，和对写作教学的思考，2008年申报了一个省级教改课题——"汉语言文学本科专业写作能力延续性训练的研究与实践"，通过实践和改革，想从传统写作课的教学模式和教学方法中解脱出来，从注重理论知识讲述而忽略写作训练的训练模式中解脱出来，让汉语言文学专业写作能力的训练从大一到大四贯穿始终，使写作能力的训练既有阶段性又有延续性：即大一时注重一般文体训练，重点又在于记叙文和议论文训练，适当训练文学文体，为后来的训练提供写作基本功；大二重点训练实用文体；大三训练课程论文；大四主要训练毕业论文。使整个学习过程有目标、有重点，全程化。

通过这些训练的研究和实践，使学生树立正确的写作观，养成良好的写作习惯，从而进一步提高写作能力，为今后从事中学作文教学，或者从事文秘、行政工作，或是进行相关专业的深造都奠定较为坚实的基础，让他们成为真正符合市场经济需要的实用性人才。

具体做法是：大一时重点在讲授写作理论的同时，加强一般文体（重点在记叙文和议论文训练），要求学生训练篇数不得少于50篇，此项主要由任课老师督促完成．本学年完成后，将50篇结集成册，要求设计出封面、目录、前言、后记等，并进行评奖。旨在培养学生写作的基本功。大二时重点训练课程论文。要求其他任课老师配合，每门课不得少于2篇的课程论文，由专业课老师督促完成，把情况汇总给写作教研室。大三时重点训练实用文体。写作老师加以跟踪，大三学生结合社会实践，训练社会实践中运用得比较频繁的应用文体，不得少于40种。大四时重点训练毕业论文的写作。由论文指导老师配合，重点训练学生的初步科研能力，要求写出格式规范，内容有一定创新的论文。通过这种大学四年都有训练目标，都有训练内容的教学模式，能够改变现在的写作教学现状。

延伸训练时间空间。传统的写作教学，有的重视基础知识传授，有的重视文体写作，有的注重方法技巧的操练，但都限于大一时的任课阶段，并且数量少，程度浅。不论哪种情况，都不利于全面提高学生的写作水平。再加上纵向（时间）上没有考虑写作技能训练的延续性、全程化，横向（空间）上没有向其他课程的渗透，因此有不少的弊端。为改变这一现状，想通过进行延续性的写作训练的改革，打破原有的只重视理论或只强调训练的教学模式，通过四年的不同文体、不同阶段的训练，让教学从课内向课外延伸，让写作课向其他课程延伸，具体说来有下面几个方面的延伸：

从时间上说，将写作训练由大一延伸到大四。而且每一阶段都有了训练的内容，能全面提高学生写作能力。

从范围上看，由写作课渗透到其他专业课。从写作课的作文训练，延伸到课程论文、毕业论文，让其他老师参与，大大提高了写作的督促、训练的广度。

从深度上看，从基础写作拓展到了应用写作，再到研究性写作（论文写作），使写作的水平上不断升级。

社会在不断发展，人的认识在不断深化，大学写作课也将随着社会的发展变化而变化。这种变化对学生整个人生的发展起着重要的基础作用。

大学阶段是每一名学生成长的一个重要阶段，大学生是一个具有鲜明特色的写作群体，大学写作也是具有独特阶段的写作现象。写作老师在指导学生进行写作训练时，将系统、科学的写作理论与具体的写作训练相结合，让他们在理论学习和写作实践中学习写作，在写作中充实自己、完善自己、提高自己，使大学生写作水平获得可持续发展和可持续提高，从而成为适应社会需要的专业人才。

第二节　汉语言文学运思与行文

一、确定主题

（一）确定主题的要求

主题即文章表达的中心思想。在不同的文体中，主题有不同的名称。在记叙文体中，主题是指作品中通过人物和事件显示出来的中心思想，又称为主题思想；在说明文体中，主题是作者想要传达给读者的中心意图；在议论文体中，主题又可称为中心论点。

我们把主题喻为全文的统帅和灵魂，甚至把主题看作是决定文章品位的重要因素，所以提炼主题就显得尤其重要。一般说来，文章主题要求做到正确、深刻、鲜明、集中、新颖。文章主题或失当，或肤浅，或模糊，或涣散，或陈旧，都是写作的大忌。

1. 正确

主题正确是针对文章主题的思想性和科学性提出的要求。作者对生活要有正确的认识，文章的观点要经得起实践的检验，同时能引导人们积极向上、正确地认识客观世界。尽管不可能要求文章的主题十全十美、毫无瑕疵，但也并不意味着作者可以不负责任地乱说一气。尤其对一些值得深思的社会现象，如果只是一味地抱怨、指责，而不加理性地思考、判断，就很可能会发生主题立意的偏差。

在国家公务员录用考试的写作中，文章主题的正确与否，在阅卷审核中是一个很重要的写作要求和考核向度。毕竟，文章的主旨和观点，是最能直接体现写作者的精神状态、世界观、价值立场和整体素质的。

当然，强调主题的科学正确，并不意味着将主题拔得越高越好。硬性拔高主题的文章，容易给人虚假的印象。主题提炼，要求我们在生活事件中，透彻深刻地提炼出生动活泼而又新颖的思想，并以其为文章的生命、脉络、焦点，来进行艺术构思。

2. 深刻

深刻是作者在文章主题中表现出来的对客观世界的认识程度。鲁迅曾说过，写文章"选材要严，开掘要深"。这"开掘要深"就是对文章主题的要求，指作者对客观世界的认识要尽可能地深入、全面。任何客观事物，都包含着现象和本质两个方面，即能被我们的感官所感知的事物的外部形态，和通过理性判断才能获得的事物的内在本质。提炼主题的过程就是透过生活的表层现象，揭示事物本质、反映事物内在规律的过程。只有这样，人们才能对纷纭复杂的社会现象有一个深入的思考和分析，才能不被表面现象所迷惑，从而获得一个深刻而独到的文章主题。这种独立思考、深入分析的能力，是一个国家公务员必须具备的。

3. 鲜明

可以从两个角度理解这个要求。首先表现为作者的写作态度要明朗、立场要坚定。在文章中赞成什么、反对什么，倾向和立场要清晰可辨。特别是涉及政治意识形态领域的观点，更不能含含糊糊、模棱两可。这是确保文章主旨鲜明的一大前提。

其次是文章观点要明确、要旗帜鲜明。尤其是议论文写作，要求有观点，而且是明确的观点，这样才能从中提炼出"正确的"观点。所以，如果对材料所蕴含的主旨把握不定、下笔不知所云，观点是否鲜明、正确也就无从谈起了。

4. 集中

指文章的主题一般要做到一文一意，不枝不蔓，突出重点。虽然记叙文的写作有时可以突破这一框框，但说明文、议论文还是十分强调主旨的明确、观点的集中。我们经常说，一篇文章能解决一个问题已经是物有所值了。大到整体构架，小到修辞炼意，都应尽可能地围绕一个主题运作，"驱万途于同归，臻百虑于一致"，这样，文章才能做到千言万语而不繁乱。相反，如果在一篇文章中放入两个以上的主题，不仅会给写作增加不必要的难度，而且主题之间也难免会发生冲撞，令"众理"难调，让"群言"莫衷一是，乱哄哄一团糟，文章散乱而没有章法。许多考生应考时心绪不能平静，不对主旨作明确的统筹，就仓促落笔，这样往往会东一榔头、西一锤子，实在是得不偿失。

5. 新颖

主题新颖是指作者在文章中传达的对生活的感受，要有新鲜感、要有创意，不能人云亦云，或简单重复前人的思想和对生活的见解。从信息论的角度看，写文章是一个搜集、整理、加工和传播信息的过程。而信息的生命之源，就是新颖。一篇让人耳目一新的好文章，或是材料新颖，或是用词新颖，或是主题新颖，三者必有其一。其中主题的新颖尤为重要。作文如果只是拾人牙慧，重复别人讲过的话，那么，即使文句再华丽，也不会是一篇好文章。

雕塑家罗丹揭示过艺术大师的"秘密"："所谓大师，就是这样的人：他们用自己的眼睛去看别人见过的东西，在别人司空见惯的东西上能够发现出美来。拙劣的艺术家永远戴别人的眼镜。"进行文学艺术创作是如此，写好一篇文章也是如此。一个写作者要做善于发现生活的有心人，这样才能在寻常生活中看见别人看不见的东西；同时也要尊重自己对生活的发现，相信自己的独立判断。

（二）确定主题的方法

1. 敢于大胆质疑索解

提炼主题，首先要敢于大胆质疑。真理并非总是和权威联系在一起，真理面前人人平等。狂妄自大固然可笑，妄自菲薄更为可悲。既不能满足于流行的解释和现成的看法，也不能过分迷信从书本上得来的教条，而要勤于思索、努力发出自己的声音。对于每一个个体来说，只要奋发努力、施展出自己的聪明才智，就可以在人类认识真理的长河中，提出比前人更深刻的见解，对人类做出一份贡献。

2. 透过表象认清本质

马克思主义认为，本质和现象是事物客观发展过程的两个不同的方面。本质是事物比较深刻、比较稳定的内部形态；而现象则是能直接被我们的感官所感知的事物的外部形态，它是比较片面、肤浅和局部的，而且多变、易逝，甚至还掺杂着假象。因此，一个作者要想写出深刻的主题，就必须分清现象与本质，练就一双能透过现象看清事物本质的火眼金睛。

3. 拓宽思路，多角度思考问题

世界是复杂的，世界上的诸种事物并非如人们所想象的那样简单。从哲学的角度看，任何事物都是矛盾诸方面各种联系的统一体，而矛盾的每个侧面又包含着多种角度。因此，我们只有拓宽思路，尝试从多种角度去思考问题、提炼主题，做到不因循守旧、不人云亦云，保持自己的独特立场和独特思考，才能写出与众不同、让人耳目一新的好文章。

（三）实例一则

根据上述提炼、确定主题的方法，我们可以看一下以下几个材料和从中整理出的一些主题。

现象：中年知识分子"英年早逝"。

事例：80年代，"英年早逝"的知识分子有光学专家蒋筑英、数学家罗健夫等；21世纪以后，这一现象有增无减——

胡可心，2001年38岁去世时，已是中国科学院研究员、博士生导师、国家重大基础研究项目首席科学家助理。

萧亮中，中国社科院边疆史地研究中心学者，终年32岁。据《南方周末》报道，2005年1月5日凌晨，萧亮中在睡梦中突然与世长辞。击倒这位年轻学者的，是过度的劳累和生活压力，以及他内心郁积着的焦虑。

焦连伟，清华大学电机与应用电子技术系讲师，终年36岁。据《新京报》报道，2005年1月22日晚，焦连伟突然发病去世。亲属及同事认为，这或许与他长期的超负荷工作、心理和生活压力过大有关。

高文焕，清华大学工程物理系教授，终年46岁。2005年1月26日中午，高文焕因肺腺癌不治去世。医生诊断认为，繁重的工作压力使他错过了最佳治疗时机。

何勇，年仅 36 岁的浙江大学数学系教授、博导，因"弥散性肝癌晚期"于 2005 年 8 月 5 日与世长辞。家属与学校同事公认，其死亡原因是过度劳累。据上海社科院最新公布的"知识分子健康调查"，北京知识分子平均寿命从 10 年前的五十八九岁降到调查时期的五十三四岁，比第二次全国人口普查时北京市平均寿命 75.85 岁低了二十多岁。

主题：

其一，中年知识分子具有崇高的革命理想，忘我的献身精神，精益求精的科研态度和共产主义思想的光辉。

其二，这是知识分子追求荣誉最大化的结果：职务职称、社会地位、经济收益。

其三，对知识分子英年早逝最应该反思的，其实是知识分子自己。在大多数情况下，与其说那些英年早逝的知识分子是被社会所累，不如说是被自己所累。

其四，工作压力大、生活负担重、精神包袱沉，这"三座大山"是让许多知识分子"不堪重负"、英年早逝的原因。

其五，目前学术评估机制的不完善、人才使用平台的不合理，使得知识分子工作环境不尽人意。

其六，……

大家也不妨根据这些材料，自己思考体会一下。

二、选择材料

材料，是作文的基础，是作者从生活、学习和工作中搜集起来，可用来提炼和表现文章主题的事实和观念。任何写作，都不能缺少材料。材料积累得越充分，写文章就越得心应手。

写作前，充分、有效的材料是作者提炼思想、形成观点的基础。通常情况下，材料越丰富，主题的提炼就越便捷、越容易。写作时，材料又是表现主题、证明观点的依据。在文章的写作过程中，作者获得正确的"认识"是一回事，把这种认识"表达"出来，使它能够为读者所理解、所接受，从而具有较强的说服力和感召力，又是一回事。一个作者在生活中获得了写作的材料，经过仔细深入的分析和提炼后，提取了比较深刻的主题思想，这只是写作的第一步。而当要将这一主题思想告诉读者时，还有一个说服读者、使之相信的过程。俗话说"空口无凭"，写文章也是这样。没有生动的材料，没有富有说服力的证据，要想读者轻易接受你的思想，是不可能的。

（一）材料的分类

材料可分成两大类：事实性材料和观念性材料。

1. 事实性材料

所谓事实性材料，是指客观存在的或书本提供的具体事物，包括人物、场景、事件，也指统计数据等材料。在记叙文写作中，大量使用的就是这类事实性材料；而说明文，对事物客观形态、统计数据等事实性材料的使用也十分普遍；议论文写作中，事实性材料更是论证观点的重要依据。许多提供事实性材料的作文本身，就要求使用这些事实性材料，让实例说话。

2. 观念性材料

观念性材料又被称为理论材料，它是来源于人们的社会实践，并在人们的社会实践中得到检验的观点。凡是经过实践验证并具有一定影响的人类思想成果，都可以成为人们写作时的观念性材料。

观念性材料大致可以分为两种：一种是经过科学实验证明的科学材料，另一种则是人们在日常生活中约定俗成、被大家公认的常理。前者主要指科学原理和公理定式，后者常表现为民间的俗谚、格言、成语、古典诗词名句等。一些名人名言，由于说话人本身的权威性，也成了不证自明的公理。这些可谓议论文写作的法宝。所以平常的时候，大家就可以有意识地进行一些搜集和积累，以备不时之需。

（二）材料的搜集

陆游在论诗时曾说："功夫在诗外。"这句话有两层意思：第一，要提高诗人的整体文化素质；第二，要做好写作的前期准备工作，主要就是材料的搜集和主题的提炼。

搜集材料，古人又称为储材。储材是顺利完成写作任务的重要前提。一个有经验的写作者，平时会注意搜集、存储尽可能多的写作材料。久而久之，在提笔写作时，就能得心应手、挥洒自如了。

对于写作而言，储材的现实意义有三：

第一，大量吸取各种信息，保证作者在写作时材料充实、新颖，文章言之有物。

第二，对于作者来讲，只有对搜集到的材料进行整理、体验、感悟、读解，才可能把外在的写作材料变成自己内在的东西。所以，搜集材料的过程，就是一个积累写作能量、寻求写作动机的过程。

第三，激发写作冲动，增加写作热情。写作是一种特殊的劳动，它需要能力，需要技巧，也需要想象和灵感。激发创作冲动的媒介很多，材料无疑是其中最重要的媒介之一。

写作材料的搜集，从来源上讲，主要有生活材料、书面材料和实验材料三大类。所以，写作材料的搜集方法，相应也有观察、体验、调查采访、阅读、实验等几种。

1. 观察

所谓观察，就是用眼睛仔细地察看、了解客观事物或客观现象。据科学家研究，人对外界的感知，有 80% 来自视觉。观察是认识的基础。一个人只有对周围事物不断地观察，才能全面、正确地认识我们所处的世界。

首先，观察与一般的"看"不同。观察不仅要求很仔细地"看"，而且在"看"的过程中，还要联想、推理、判断。所以，观察是仔细地"看"，再加上内心的揣摩、体会、感受，是一种伴有积极思维活动的行为，是一种有目的的"看"。

其次，观察需要透过现象看本质。我们生活的世界极其丰富多彩，写作的材料取之不尽。但是，一个人眼前的世界往往是表象，甚至还是假象。如果人们被这些表象、假象所迷惑，那么这些"材料"对文章主题的提炼、对文章最后的撰写完成，都是很不利的。所以，我们在平时观察生活的时候，不要浅尝辄止，而要多问几个为什么，特别是在长期的观察实践中，要不断提高自己识别生活的能力。在这个过程中，观察者的阅历和经验是必不可少的。

再次，还要用实事求是的态度进行观察。观察是一项严肃的工作，必须坚持实事求是的科学态度。生活中富有特征性的闪光的东西、真实生动的细节，只有在细致的观察中才能被准确地把握。

最后，要抱着兴趣，抱着对世界、对生活感恩的心态，去观察世界。现实生活中，人们都有这样的经验：只有对某个对象有兴趣、有感情，你才能认真地对待它。人们相信"情人眼里出西施"，是因为情人最善于发现对方身上的吸引力；而这种"发现"，显然与两情相悦有关。对生活的观察也是一样，喜欢它、爱它，才能善待它，才能处处做生活的有心人。

2. 体验

体验就是主体通过实践的方式来认识周围的事物，感同身受地进入生活、了解世界的方式。体验可分为间接体验与直接体验。

间接获得的材料，可能会很完整，但也往往给人一种僵硬、教条、不够感性的感觉。而直接的生活经验，如作者切身的感受、体验、情绪、记忆，在记叙文的写作中无可替代：第一，可以直接进入创作，成为塑造形象、创造意境的艺术材料。许多记叙文的写作，作者使用的几乎都是自己的生活材料，它可以使作文更真切、自然。第二，它可能成为了解和理解间接生活的依托和条件。间接得来的材料，作者必须把它融入自己的生活体验，才有可能激活对象，从而完成艺术创造。

对于议论文写作而言，体验同样具有十分重要的作用——由体验获得的材料，其无可比拟的真实性，能有效增强文章的现场感和说服力。

3. 阅读

阅读，即通过看书、读报的方式搜集材料。人的一生，无论从空间还是时间来讲，活动的范围都十分有限。因此仅仅依靠个人的观察、体验，搜集到的写作材料也将十分有限。而能以文字为媒介来记载并传播文明，被认为是人与动物最根本的区别。作为人类收集和交流知识与其他信息的最重要的工具，传统的纸质媒体和今天的电子媒体，都能为写作者提供最丰富的写作材料。

4. 调查采访

调查，是人们为了了解客观实际情况而进行的考察。采访，则是人们为了搜集材料而进行的一种特殊的调查研究活动，现在专指媒体记者为了搜集了解新闻材料而进行的调查活动。调查采访，是议论文和记叙文写作时搜集材料的重要方法，说明文写作也可用这一方法获取依据和资料。

调查采访应该坚持科学的态度。调查采访与观察体验不同，观察体验是在自然条件下，写作主体直接感知客观事物，主体与客体之间有着直接的交流；而调查采访是写作主体通过口头或书面的方式，从当事人或知情人那里获取信息，需采取实事求是的科学态度，认真地甄别材料。

调查采访的方法主要有两类，第一类是访谈法，另一类是问卷调查法。其结果可以为写作提供最切实的内容和依据。

（三）材料的剪裁

搜集写作材料，要求材料尽可能丰富多样。这样，在提炼主题时，能有厚实的基础；在运用材料时，也有较多的选择余地。但当你提笔开始写作时，在材料的选用上还是要小心谨慎。材料的使用与文章的主题、文体以及作者想达到的艺术效果等密切相关，绝不能搜集到多少材料，就使用多少材料。大体上说，文章材料的剪裁，要遵循以下几个方面的原则。

1. 材料应与主题相统一

一般来说，观点来自材料，作者在搜集大量的材料之后，经过分析、整理，从中发现客观规律，从而形成文章的主题。当然也有如胡适提出的"大胆假设，小心求证"的方式，即作者在只占有少量材料的前提下就确定主题，然后在写作过程中再寻找合适的材料加以论证。但无论哪一种观点的形成，都和材料有密切的关系。

因此，选材的第一条标准，就是看选用的材料是否切题。因为文章总是围绕主题运作的，与主题无关的材料就会失去意义。但凡能够很好地表达主题、实现作者的创作意图的材料，就予以选用；但凡与主题无关或关系不大的材料，无论多么生动感人，无论如何讨人喜欢，也必须舍弃。

2. 材料应该具有典型性

所谓典型材料，是指能够反映事物本质的、具有广泛代表性的、有巨大说服力的事实材料和理论依据。因为文章篇幅的限制，我们要善于将尽可能精致、典型的材料写入文章，而舍弃那些大同小异的。而且，从读者的角度来看，一个只需一两个例子就能说明的道理，如果堆砌了过多的材料，不仅不能更深一步地说明道理，反而会因为累赘和冗长而造成读者在信息接收上的疲劳，效果适得其反。这在议论文写作中尤其需要注意。

当然，记叙文的写作也是一样。鲁迅曾说过："忘记是谁说的了，总之是，要极省俭的画出一个人的特点，最好是画他的眼睛。我认为这话是极对的，倘若画了全副的头发，即使细得逼真，也毫无意思。"鲁迅在这里所说的"眼睛"，就是"典型的"写作材料。

3. 材料应该真实

文章中使用的材料必须真实。实事求是是我党一向的原则，也应该成为受党领导的国家公务员的行为准则和工作作风。就议论文、说明文写作而言，文章所使用的事实材料，必须确有其事，无论有怎样冠冕堂皇的理由，也绝不能任意杜撰和更动；所引用的理论材料，也应该有确切的出处，不能作随意的删改或不负责任的断章取义。

较接近审美文体的记叙文，可以体现"艺术真实"。艺术真实是对生活的"逼真"，也就是毛泽东所说的"源于生活又高于生活"。作者可以概括生活、提炼生活，从而使作品比实际生活更鲜明、更强烈、更集中，但仍需遵循"忠于生活"的原则，特别是在细节描写上，更要注意真实。否则会让文章失去真实感。

4. 材料应该新颖

所谓新颖，是指材料要有新鲜感，最好是别人没有使用过，至少使用时的角度与别人不同。新颖、生动的材料，是使文章新鲜生活的重要条件。从接受心理的角度看，读者往往"喜新厌旧"。主题陈旧，固然可憎；材料陈旧，也难讨读者的喜欢。我们生活在一个高速发展的现代社会，新生事物层出不穷，能够写入文章中的新人、新事、新成果、新经验、新思想每天都在大量涌现，关键是作者要花工夫去寻找。

每年的高考作文，虽然命题者在出题思路上尽可能有所区别，但每年答卷中看到的内容、材料却往往大同小异：屈原投江，司马迁修史，西绪福斯的石头，牛顿的苹果……几乎是年年一样的老面孔。考生们千篇一律的回答，固然是应试教育指挥的结果，也是其自身"两耳不闻窗外事"生活阅历有限的结果。虽然确有部分考生因此"事半功倍"，但是参加国家公务员考试的我们，应该以此为鉴，尽量避免材料的陈旧和过于大众化。

当然，任何一个写作者，都无法保证自己文章使用的材料是未经别人使用过的。因此，如何把旧材料推陈出新，也非常重要。如余秋雨 80 年代以后创作的"文化散文"，把陈旧的历史材料和个人的游历感受结合起来，从而在这些材料中咀嚼出了新意，使旧材料变成了"新材料"。

三、构思写作

（一）打腹稿

许多人不习惯事先的严密思考，往往拿起笔就写，写一句、想一句，写一段、想一段，"脚踩西瓜皮，滑到哪里是哪里"。考场作文尤其如此。这样写成的文章，难免有东拼西凑、东拉西扯的硬伤。而下笔之前有一个短暂而严密的构思过程，就会使之后的写作变得顺利很多。俗话说，"磨刀不误砍柴工"，构思就是为正式写作"磨刀"，这是非常重要的准备工作。

公务员考试作文时间非常紧迫，最多也只能在一小时左右完篇，不可能从容不迫地起稿、修改、誊正。所以，短时间的构思就显得非常重要。

构思分为两个阶段：探索期和定型期。探索期即刚开始的构思阶段，文章的轮廓还没有形成，是作者思维最活跃的时候。面对大量的材料，要写的文章却还是一纸空白。一切都刚刚开始，一切可能性都会在眼前出现。这个时候，作者可以趁着思维没有限制，多考虑几套方案，对文章的可能结果作多方面的设计，打腹稿或随意地纸上涂鸦都可以，以便裁取。

所以这构思的第一步，俗称"打腹稿"，就是在尚未落笔写作之前，对文章写什么、怎样写的一种凝神思索的心理过程。所谓"腹稿"，指的是孕育在作者头脑中的文章的雏形。而"打腹稿"，即对文章所作的整体设计。打腹稿的过程，就是初步安排文章总体结构的过程。

初唐四杰之一的王勃，每每作文之前，并不急于下笔，而是"令人磨墨数升，引被掩面而卧，忽起，一笔书之，初不窜点"（《新唐书·文艺传》）。其实他不是在蒙头睡觉，而是在构思、打腹稿。王勃"梦"中作文的故事，一直被人们传为佳话。

如何打腹稿？古今中外名家在这方面有很多经验和趣闻。宋代文学家欧阳修打腹稿是在"三上"，他说："余平生所作文章多在三上，乃马上，枕上，厕上也。"在这"三上"时他并没有执笔成文，而是"盖唯此可以属思尔"。"思"就是构思，也就是说欧阳修是在"三上"构思文章腹稿的。鲁迅先生说："静默观察，烂熟于心，然后凝神结想，一挥而就。"鲁迅也强调了打腹稿的重要性，即使是三五百字的短评，他也不是摊开纸就写，而常常是在早晚饭前后，一言不发地躺在躺椅上打腹稿。

那么，打腹稿该打些什么？

（1）仔细审题。要认真思索，搞清楚作文题必须写什么，抓住题眼，理清题目限制的人称、时间、选材范围、体裁等。这是打好腹稿的第一步，也是关键的一步。

（2）精心立意。要搞清楚文章的主题是什么，要选择哪些典型、恰当、足以表达题意的材料。

（3）巧于剪裁。主要是指文章的谋篇布局。怎样开头、怎样结尾，总体有几个层次，先写什么、后写什么，详写什么、略写什么，等等，都要经过粗略的安排。

不过，用打腹稿的方法来构思写作，一般只适用于写作篇幅短小、便于一气呵成的文章。写较长的文章或者需要深思熟虑的文章，还是应该先在纸上列好提纲，进一步酝酿、构思，然后再一节一节往下写。

（二）列提纲

经过短时间的"构思探索期"，我们必须在"腹稿"显示的多种可能中，选择一种最佳模式，并为之"定型"：确定文章的总体结构轮廓，选定恰当的体式，设置完整的情节线索或逻辑线索；同时充分考虑文章的细部，诸如采用哪一种结构形式，大致写几个段落、分多少层次，前后的呼应与照应，材料的调整与组合等——这就是构思的第二步：列提纲。

列个简单的写作提纲，哪怕寥寥几笔，也要做到心中有数。提纲是构思的外化，实际上相当于是用序码和文字符号所组成的一种图表：根据"腹稿"阶段大致确定的题目要求和文章的整体结构，给文章分几个段落或层次，以短语或词组记下每段的主要内容，不必过于详细，自己明白即可。

提纲的作用在于使构思视觉化以指导写作，可以使杂乱无章的材料变得井然有序，让接下来的写作有切实的依靠；列提纲还可以使写作紧扣主题而不跑题，写作前做好"布局谋篇"的构思工作，成文自然就不会出现结构方面大的问题了；列提纲更可以节约时间，提高写作效率，在考场上，还能省去草稿、誊抄的时间，做到一气呵成。

列提纲，既有写作习惯问题，更有写作能力问题。平时要加强训练，形成列提纲的习惯，提高列提纲的能力。

（三）写作

在平常的写作过程中，写作其实包含了初稿、修改、定稿这样几个阶段，有时还要数易其稿。很少有文章一口气写下来，一字不易就能定稿的。反反复复、甚至大刀阔斧地修改，并不是一件让人难堪的事情。古人作诗行文的苦苦"推敲"，正是作文的一大秘诀；而如今人们利用电脑写作，使修改作文变得更加方便：无论怎样修改都不需忍受誊抄的麻烦，以至于许多人写文章，不修改到每一字都妥当、每一句都熨帖，似乎就没有办法停止。

但公务员考试的作文，却要求在有限的时间里完成。所以，一方面时间紧迫到无法修改完善，一方面作文好坏又直接影响考试成绩。面对这一矛盾，考生们只能迎难而上。俗话说，"台上一分钟，台下十年功"。考场写作相对来讲，还是颇能显示考生的写作基本功的。

写作其实没有秘诀，关键在于平时的积累。这些积累除了材料的积累，还包括审美观察能力的积累，推理思维能力的积累，情感想象能力的积累，语言表达能力的积累等，不一而足。

这些能力的培养，确实不是依靠几部写作技巧参考书、几道写作训练题就可以完成的。除了人的天赋之外，更重要的是在实际生活中不断提升自己。所以，从今天起，做一个关心世界、关怀他人的人，做一个渴求真理、渴望知识的人，做一个天马行空、自由纯粹的人，做一个情感充沛、联想丰富、有独立意志的人，或许，这才是成为一个写作高手的第一步。

另外，写作还需要体现不同文体的写作特点。记叙文有记叙文的写作风格，说明文有说明文的写作要求，议论文也有议论文的写作特点。完全不顾文体要求，甚至写成"四不像"，即使可能会有让人眼前一亮的形式创新，但也毕竟有冒险之虞，考场上尤其要小心。

第三节 汉语言文学写作的技巧

文章首先分析了汉语言文学写作中的主要问题包括写作内容缺少真实性、主题创造性不足、情感独立性不够、语言不够准确等，随后介绍了汉语言文学写作技巧，包括通过感性思维创作、运用个体意识写作、设身处地思考、剖析心灵深处、注重细节描写等，希望能给相关人士提供一些参考。

写作技巧是展现作者写作意图的基础条件，正常情况下来看，作者通常都是以某种写作意图为基础进行写作活动的，其中的写作意图其实就是作者想要通过创作表达怎样的思想以及描述怎样的生活，或是通过相关表达实现怎样的目的，想要实现写作意图就需要掌握各种写作技巧，如此才能更加直观、灵活地表达出自己的想法。

一、汉语言文学写作过程中的主要问题

（一）内容缺少真实性

说真话、做真人不仅是一个人生存的基本准则，同时还是汉语言文学中的写作基础。而学生在考试的压力下，经常会因为追求高分而进行写作，由此从一开始的创作目标就错了。在学生写作过程中经常能够发现以下四种问题，分别是写社会不深、写学校不新、写亲人却不亲、写自己却不实。这种功利性的写作态度，导致学生在创作过程中缺少真诚性，不够诚信，大部分学生通常只是为了完成教师所布置的任务，甚至存在为此而采取抄袭等现象。

（二）主题创造性不足

汉语言文学的创作源泉主要就是生活，通过对生活进行高度凝练形成文章主题。而思想平庸，就会导致主题的平淡。大部分学生在日常生活中对于周围的事和人通常会保持一种事不关己的态度，不懂得从生活中汲取灵感，经常会从固定的角度来看待问题，不懂得转变思想，无法在平凡的生活和人物中挖掘出伟大的精神，这样的文章也注定平淡。

（三）情感独立性不够

从情感角度上分析汉语言文学，主要就是抒发自己的情感，写自己的感受，所有的一切都赋予自身的特色，但是学生大部分都已经习惯了老生常谈套话，很少会从自己的角度出发理解问题，不敢将自己浓烈的特色刻印上去，即便是写自己，学生也无法准确地认识自己，经常出现普泛化和一般化等现象。从而影响文章的结构和语言，让整个文章的结构、语言呈现出一种无个性、空乏的特点。

（四）语言不够准确

汉语言文学中的基础性要求就是语言的准确性，为此其中写作的首要关卡就是语言关，但是在学生写作过程中经常能够看到语句构造等方面的问题，如标点符号的使用、错别字以及造句前后不搭等。

二、汉语言文学写作技巧

（一）通过感性思维创作

感性思维主要就是人们利用自身的感官，如皮肤、舌头、鼻子、耳朵、眼睛等器官用来感知世界中的热能、声波、光波等因素，在一定的刺激下，将信息传输到中枢神经当中，随后经过相关处理，能够产生一种感性信息。感性思维是通过体验和感知来认识世界的。汉语言文学中的写作过程比较倾向于通过感性思维进行写作，为此人们也将文学作品看作是感性思维成果。文学是人们表达情感的主要渠道，通过感性思维进行创作，在感性的煽

情和渲染下，存在，并将自己潜意识中的激情充分调动起来，用文字表达出自己所感受到的一切事物。而读者在阅读后，才能获得诗意的感性。为此在汉语言文学的写作过程中，学生应该将自身的个性特征在文学作品中充分展示出来，其中就包含思维个性。

（二）运用个体意识写作

个体意识主要就是人在认识自己与客观世界之间的关系时，从主动和主导的角度出发，了解到自己拥有独立自主人格，同时还是命运的主人。在汉语言文学的写作过程中，应该注重以个体意识进行写作。文学是一种展示自己的方式，文学表现自己越忠实，自身的成就感就越大。文学写作过程中写的是作者的喜怒哀乐，阐述的是作者的内心情感。就像著名作家沈从文所提到的，所有的作品都应该拥有自己的个性特征，同时渗透有作者情感和人格，想要实现这一目标，在写作过程中，就应该做到彻底独断。沈从文的《萧萧》中就描述了萧萧作为一个童养媳的生活，而这一主人公的原型其实就是沈从文的嫂子。沈从文切身体会童养媳的日常生活，失去了自由，也没有女性的独立人格，从而在作者的内心深处留下了深刻的印象。因为作者拥有不同的个体意识，因此作者内心感受也存在较大的差异，处理作品的方式也有较大的差异。文学写作属于一种创造性活动，因此需要具备独创性，避免千篇一律。

（三）设身处地地思考

将自己彻底融入汉语言文学的整个写作过程中，通过自己的认识、见闻、体验和经历，引导读者走进自己创建的情境当中，让读者悟其理、感其情、传其意。即便是一个虚构的文章也应该将自己变成其中的线索人物、目击者和参与者，如此才能和读者之间产生情感共鸣。尽管写作的材料并非是将真实的生活全部引入进来，但是创作本来就是以生活为基础的，为此需要避免在写作过程中无病呻吟。应该科学引导学生描述自己的内心世界，将自己的所思所感通过自己独特的语言阐述出来。学生在创作中往往带有活泼、清晰等特点，在幼稚中还带有一定的灵气。而部分学生在创作过程中会出现没有材料、写不出来等问题，主要就是学生不相信自己所说所想，能够创作出符合时代潮流，拥有较强思想性的文章。从而导致其在写作之前，总是想要华丽一些、规范一些，并在迎合某些东西。汉语言文学中的写作并不是辞藻的堆砌，即便是摘抄空话和套话，也潜意识地给自己带上一层面具，将真实的自己隐藏起来。

（四）剖析心灵深处

和汉语言文学中的写作相比，通常学生的私人日记水平反而会更高，更加真实、富有生气，而产生这一现象的主要原因就是学生不能将真正的自己解剖出来，但实际上，敢于露丑反而比空洞的内容有更好的效果。真挚也是一个文章的核心灵魂，在写作过程中，就应该关注生活，将自己的所思所感和所见所闻真实地反映出来，写自己最想说的话，表达真实的喜怒哀乐，如此才能化被动为主动，将痛苦的写作过程变成一种愉悦的享受，提高文章的可信度和真实性，彻底改变现有的写作现状。

（五）注重细节描写

写作前应该学会感知生活的细节，用心观察生活中的人和事，做一个有心人，不能漏掉生活中的每一个微小细节，不断积累生活中的感动内容，并将其记录下来。在汉语言文学的写作中，应该利用自身情感载体，勾画出对于生活的真切感受，创作出情感真实的文章。比如在《隔着代沟，我看见了您》一文中，就是从情感触发点入手，在父亲不经意间显露出来的白发展开，看到了和父亲之间的代沟。《路是月的痕》中则是以生活中的动物情为载体，也就是和父亲出现共鸣的笛声以及充满爱意的小路。尽管人的情感属于意识性的活动，但是情感活动又是从现实生活的刺激中所产生的，也就是说人类的情感和特定的物和人相关，尤其是在某一强烈情感的爆发通常是从某一触发点开始的。在写作过程中也应该抓住情感触发点，带动情感浪潮。

综上所述，写作技巧是形成文学作品的主要组成因素，没有写作技巧也就没有文学作品中的艺术性，也就会降低文学作品中表达情感、反映生活的完美度。这种艺术性也是由作者的写作技巧、创作方法和世界观所决定的，在各种实际的文学作品当中，艺术性就是作家在基础世界观的指导下，灵活运用多种写作手法从而创造出各种拥有较高审美价值的典型形象，读者在阅读中也能获得一种愉悦的审美体验。

第四节　汉语言文学专业写作实践教学

在探索汉语言文学专业改革的过程中，我们始终将"能写会说"作为专业的核心能力，各措并举强化写作训练。为了进一步推进写作实践教学改革，探索写作实践教学新模式，我们率先在黟县屏山村建立了汉语言文学专业实践基地，带领学生在特定环境中深入生活，参与劳动、采访、调查等多种写作实践活动，让学生贴近生活、贴近底层、贴近心灵、贴近应用进行写作，这极大地提升了学生的综合素养和写作能力，作品的真实度、艺术性、感染力、说服力和文本的规范意识都得到显著提升。

在探索汉语言文学专业改革的过程中，我们坚持把"能写会说"作为专业的核心能力，并注重打造写作类、语言类课程群，积极开展课程建设和课程教学改革，不断强化"写""说"能力培养，切实提高教学效率。其中，对写作课的实践教学这个以往较为薄弱的环节，我们采取了一些举措推进教学改革，也取得了一定成效，但同时也发现一些新的问题。为了解决这些问题，根据《安徽省地方应用型高水平本科院校建设标准（试行）》的要求，开始着力建设校外实践基地，积极建构写作实践教学新模式。通过科学设计、过程管理、严格要求等方式，积极组织学生到实践基地开展专业实践活动，将"看""做""写""说"融为一体，在真实的环境中进行观察、体验、采访、调查、思考和写作，并要求学生及时完成各项写作任务，切实提升了学生的综合素养和写作能力，强化了写作文本的规范意识。

这些做法及成效得到一些著名作家、学者的肯定和好评，也受到了有关媒体的报道和推介。

一、采取各项举措加强写作实践教学

在当今社会快速发展和分工大调整中，汉语言文学专业人才的优势就是要成为适应社会发展、满足用人单位亟须的"笔杆子"。从该专业人才就业情况看，那些具备深厚的人文素养和较强写作能力的学生，更容易受到社会和用人单位的青睐，更容易找到专业对口的工作。为此，我们一直采取各种举措，加强写作教学及写作实践。

第一，在人才培养方案设计中，突出写作课的重要地位。我们先后设置了基础写作、应用写作课，增加了写作课的学分、学时，同时在"专业技能训练"实践教学模块中，还安排了较多课时开展写作实践活动。

第二，在教学理念上，倡导大写作、大实践，主张"在写作中学会写作"。所谓大写作，就是教育学生要跳出写作看写作，强调写作的开放性、现代性、系统性、创造性、审美性、应用性等，要通过全面提升自身的综合素养，建构写作与做人、写作与社会、写作与生活、写作与生命、写作与思维、写作与审美、写作与文化、写作与创造、写作与表达等相互协调、相互激发、相互提升的动态写作场，从根本上激发学生的多种潜能和写作内驱力，以避免封闭的、教条的、脱离实际的、局部的写作教学与写作训练。此外，从汉语言文学专业人才培养过程来看，大写作的教育理念，还强调所有专业课程教学中都要进行写作设计，都要布置并督促学生完成相关写作任务，追求合力提升学生的写作能力，而不是仅仅依靠写作课的教学。

所谓大实践、"在写作中学会写作"，就是在重视写作理论的指导作用的同时，更要看到写作教学的根本特点就是较强的实践性。任何先进的写作理论如果不通过学生的写作实践转化为自身的写作素养与写作能力，就很难取得写作教学的实效性。正如学者赵国刚和段晶所言，要"树立实践教学与理论教学并重的教育理念，强化实践育人的重要性"，要"打破固有模式中理论与实践相脱节状态，有效地将写作理论转化为课堂及课外实践训练，真正让学生学有所得"。因此，在写作教学中必须高度重视写作实践。这主要表现在如下几个方面：其一，每个教学单元都要精心设计写作训练题，组织学生进行写作，上交电子文本，制作作品课件，组织学生在课堂演示、朗读作品，谈写作心得，要求师生共同参与对作品的评议和修改，切实提升学生对作品的感知力、判断力、评价力和修改能力。其二，课后布置写作实践题，要求学生开展写作实践，及时提交写作成果。其三，在上课期间，要求每个学生每学期都要独立开展系列写作活动，自写、自编、自配图片、自写前言后记、自我校对、自主印制一本图文并茂的个人作品集，作为写作课平时成绩的考核依据之一。其四，组织学生参加各级各类写作竞赛，拓展学生写作境界，提升写作竞争力。其五，鼓励学生申报大学生创新创业项目，或参与教师的项目研究，积极撰写相关调查报告、论文等。其六，鼓励学生自主写作、合作写作，发表新闻、文学作品、论文，或为学校有关部门、社会有关单位提供实用性写作服务等。通过这些写作实践，提高学生的写作能力。

第三，加强写作教材建设，建构便于开展写作实训的写作教学体系。为了推动写作教学改革，我们在借鉴国内优秀写作教材长处的基础上，积极组织老师开发具有本校特色的写作教材。我们明确提出"体现教改精神，构建训练体系，强化能力开发，提升教学实效"的编写宗旨，力求编写出具有创意的高质量的便于教学训练的写作教材。几年来，我们先后主编出版了《基础写作》《应用写作》《应用文写作》《应用写作训练教程》等省级规划教材，其中《基础写作》由高等教育出版社出版，在全国销量逐年增长。

第四，积极申报各级各类写作教研、课程建设项目，以教研、课程建设成果推动写作实践教学改革。多年来，写作教学团队先后申报了省级教研项目"建构现代的开放的科学而实用的写作教学体系""应用写作教学改革及训练模式研究"、省级精品课程"写作"、校级精品课程"应用写作"、校级重点教研项目"'工程化'教育理念与应用写作教学改革及课程网站建设研究""省级名师工作室"、省级重点教研项目"基于'写作育人'、创新创业能力提升的高校写作教学改革研究"、省级"汉语言文学专业综合改革试点"等，通过这些项目研究，取得了不少研究成果，促进了写作教学观念的转变，也推动了写作教学内容、教学模式、教学方法、教学手段、教学考核方式的变革。其中对写作实践教学的路径、方式和举措也进行了探索和实施。先后申报的教改项目《建构现代的开放的科学而实用的写作教学体系》《省级精品课程〈写作〉教学内容更新及实践》《高校〈应用写作〉教学改革的探索与实践》均获得了省级教学成果三等奖。同时，我们还积极参加国内写作界的学术会议，在会上交流我们的写作教改经验，得到与会专家的肯定和好评。我们提交的论文多次获得大会论文评比一等奖。

第五，改革写作课考核方式，将学生写作实践及成果纳入成绩考核。写作课是一门实践性很强的课，如果按传统的以一张试卷决定学生成绩的考核办法，不仅不合理，也无法调动学生参与各类写作实践的积极性。为此，我们制定了《写作课教学及考试改革试行办法》，将学生写作实践的各类成果分类、分项、分级纳入写作课成绩考核，以逐项加分的方式累计学生平时分，再与考试成绩一起按比例合成学生写作课成绩。这样，就能充分调动学生参加写作实践的积极性，实现以能力考核为主的教改目标。

二、写作实践教学面临的亟待解决的问题

尽管我们采取了多项举措，切实加强了写作实践教学，也取得一定成效。但毋庸讳言，写作实践教学仍面临一些亟待解决的问题。这些问题既有客观原因，也有主观原因，它们从不同层面影响到实践教学的成效。主要有：

第一，校外实践基地建设不足，不利于沉下来开展综合性的多种文体写作实训。根据《安徽省地方应用型高水平本科院校建设标准（试行）》，要求着力建设"应用型人才培养基地等资源"（皖教秘高〔2018〕136号）。但多年来，笔者所在学校汉语言文学专业建设

的实践基地主要在校内某些部门或本市某些单位,在本市以外,没有建立实践基地。即使安排学生在本地实践基地进行写作实践,也很难集中一段时间,让学生独立开展各类实践活动,并根据活动情况,紧扣真实情境进行不同文体的写作实践。有时仅仅是安排半天或一天到某地参观,然后让学生自己写作。这类写作实践,常常流于走马观花,很难深入进行观察、调查、体验和思考,从而获得有价值的发现,激发学生写作兴趣和动力,写出真实可信、有个性、有创意、有见解的作品。此外,有些实践基地因缺乏特色和吸引力,难以激发学生热情,缺少助力写作的内涵,也会直接影响学生的写作成效。

第二,缺乏真实的写作情境,导致写作存在脱离实际、凭空想象、胡编乱造、下载拼凑、剽窃他人成果等不良现象。在开展写作实践教学过程中,有不少学生态度很认真,积极参与活动,严肃对待写作;但也有些学生有畏难情绪,对写作实践抱着敷衍了事、不思进取的态度。仅从写作实践成果的角度来看,其主要表现有如下几种:

其一,从课堂演示的学生作品来看,有的作品存在严重失真的状况。在进行习作交流"会诊"的过程,会发现很多人物、事件、场景等方面的描述都存在细节不真实、想当然、随意编造的问题。课堂讨论中也常因写作失真问题爆发出哄堂大笑。围绕如何修改的争论焦点,也常是反复探讨如何做到真实、准确、贴切地表达,让学生充分认识到真实写作、准确写作的重要性和必要性,培养学生观察、体验、思考、写作、修改的耐心和对写作的敬畏心。

其二,从学生做的作品集来看,学生写作仍存在各种各样的问题。虽然大多数学生都花了不少心血写作、编辑排版、校对,作品集印制也十分精美,前言后记也写得像模像样,写出了自己对写作的体验和感悟。但老师在细致审阅的过程中,也发现有的同学对外界事物、现实生活和身边人的观察大而化之,不细致、不具体,缺乏深刻的体验、分析和准确的把握能力,导致写作出现很多问题,或情境不真实,或细节虚构,或前后矛盾,或没有把握事物的本质,或没有触及人物的灵魂,或没有发现问题,或没有表达个人感悟和见解等。例如,有些散文、消息、求职信、个人简历、调查报告等文体写作还存在拔高、夸大、虚构、拼凑的问题。如有的写消息,写的却是远在千里之外发生的地震、举办的国际文化节或农产品博览会等新闻事件。经核查,学生并没有去采访,而是根据别人已发新闻稿加以编造、拼凑的,这已违背新闻写作的基本要求。

其三,从开展实践活动的写作成果来看,有的学生并没有认真参加相关实践活动,写作时不能依据真实的情景或事实进行写作,导致写作脱离实际。如写新闻稿,常根据别人的报道编写一个新闻稿交差。写调查报告,没有选好调查对象,没有确定调查目的,没有实地进行深入调查,没有问题意识,没有自己的发现和见解,只是从网上收集一些材料拼凑。这样的调查报告既没有实际应用价值,也失去了对调查过程、写作过程的真实体验。

第三,缺乏写作规范意识,没有通过较多写作训练、写作实践将不同文体的规范要求及文本的基本规范内化为写作素养,没有形成写作的敬畏感、自律性和自觉追求有效写作、完美写作、规范写作的内驱力。这一点首先表现在应用文写作上。学生虽然通过理论学习,了解到有关应用文体的基本特点、规范要求，但到具体写作时就将其抛在一边，不去认真回想或对照规范要求进行写作，而是凭想当然、信马由缰、随意写作，结果导致既文不对题，又题不对文，完全背离了写作的文体规范性、主旨的切题性，最终变成了无效写作，甚至闹出写作笑话。例如消息的导语、主体结构都有明确的内涵、分类和写作格式要求，但学生写消息时仍平铺直叙、事无巨细地进行事件描述，写出的稿子从标题到内容都不像新闻报道。再如写调查报告，尽管教师在教学中已结合文案详细讲解了调查报告的内涵、分类、特点和写作格式要求，但学生写起来仍没有突出体现调查情况、调查分析、调查建议等方面内容，没有通过对材料进行有效提炼，对调查情况进行富有条理的凝练的概述，没有在概述的基础上进行多角度的深入分析，形成富有见解和应用价值的调查建议等，而是习惯于按时空转换的结构方式，从头到尾叙述调查的过程，将调查报告写成了长篇记叙文。

此外，在文本格式上常常出现各类低级错误。尽管我们在平时写作训练、写作实践方面都要求学生上交电子文本，并且特别强调文本规范，但学生交上来的习作或作品集，常常出现每篇排版不统一的情况，包括字号、字体、行间距，连每段开头空两字都做不到（有的开头顶格，有的空一字，有的空三字甚至四字），标题与作者、作者与正文中间各空一行都常常被忽视等。这些虽然是一些细节问题，但对于汉语言文学专业的学生而言，是不容出现的，也拉低了学生的专业素养和形象。

三、探索写作实践教学新模式的举措与成效

解决上述问题的途径主要有两个方面。第一，树立"写作育人"的教育理念，对学生加强写作教育（包括写作诚信、写作态度、写作境界、写作意志、写作品质、写作主体性、写作自律性、写作艺术性等），并且通过写作实践解决好写作与做人的关系问题。"因为写作的过程，实际上就是对写作者的灵魂和潜能不断进行激活、发掘、重组和表述的过程，也是将'人'提升为'写作主体'的过程。"

第二，就是要创造条件，为学生提供真实的写作情境，让学生参加各类实践活动，要求学生紧扣真实的情境、人物、事件和贴近实际的写作任务进行写作，以避免学生因缺乏生活体验而进行浮泛式写作、应付式写作、编造式写作等。因而经过认真思考，笔者所在院校结合办学实际，决定首先从专业实践教学模式改革方面做出新的探索。为此，我们决定在黟县屏山村建立汉语言文学专业写作实践基地。这个皖南小村被誉为"徽州风水第一村"，自然生态环境优美，文化底蕴深厚，乡风民风淳朴，历史与现实在这里交相辉映，传统与现代在这里融为一体，是全国很多艺术院校学生写生的实践基地。同样，选择这里作为汉语言文学专业学生的实践基地，有利于将学生置身于一个陌生新奇、极具吸引力、易于开展各类活动的真实环境，调动他们参与实践的积极性，培养他们做人做事的综合素养和专业能力，激发他们的创造潜能。为了确保这次实践活动取得成效，我们确定了本次活动的宗旨：一是瞄准国内汉语言文学专业都在加强实践教学、积极探索实践教学新

模式这一教改方向，谋划我们专业改革的新思路和突破口，力图敢为人先，有所作为；二是根据笔者所在院校汉语言文学专业人才培养方案中的"专业技能实习实训"的时间安排，对学生的综合素养及"能写会说"的职业能力进行一次实战式训练和具体检验。为此，特将此次活动命名为"屏山村采风暨写作实践活动"，将实践的具体目标确定为：亲近自然，接触底层，考察历史，观照现实，用心感悟，用笔书写，培养人文情怀，提升写作能力。要求学生在活动中注意发现传统文明的奥妙与价值，感悟现代文明的特征与风采，在传统文明与现代文明的交汇处表达现代人的思考、追求与梦想。

为了确保活动取得成效，我们对本次采风暨写作实践活动的具体任务做了明确的要求和科学、合理的安排，使学生每天都有事做，每天都要写作。主要包括：其一，文学采风。要求学生结合自己的观察、劳动、体验和思考，写作与屏山村实践活动有关的现代诗、散文、散文诗等。其二，新闻采访。要求学生根据自己独立采访的人物、事件或开展的实践活动情况写作消息、小通讯等。其三，考察调研。要求学生自主选择调查对象，结合自身的观察和思考，写作一篇调查报告。此外，鼓励学生撰写与屏山村有关的广告词、解说词、演讲稿等实用文。其四，开展活动。即先后组织举办"行走屏山，话说实践"演讲会和"感悟屏山，抒写情怀"诗文朗诵会。通过演讲与朗诵，培养学生"能写会说"的专业能力。

此外，为了检验本次实践活动成效，要求每位同学必须完成写作任务，制作"屏山村采风暨写作实践活动作品集"（包括个人作品集、班级作品汇编），院部将举办作品评奖、作品展等。个人作品集是本次专业实践活动成绩考核的主要依据。个人作品集除了必须完成的作品外，每个同学还可以根据个人兴趣和写作情况，自由增加散文诗、解说词、说明文、演讲词、活动策划书、活动总结等。所有作品均要求附有相关照片。作品集制作要求学生自行设计，力求个性化，富有创意。班级作品汇编要求以班级为单位成立学生编委会，确定主编、副主编、责任编辑、责任校对、美编等，全程由学生自主审稿、编辑、校对、印制，切实提升学生的写作能力、编辑能力和文本规范意识。

经过为期一周的采风暨写作实践活动，达到了预期目标，在探索建构写作实践教学新模式方面取得了明显成效。正如蚌埠日报记者余小乔在《探索教学新模式传统专业焕新春》的深度报道中所言："高校普遍存在的'重理论，轻实践'的课程设置倾向，通过'走出去'写作采风的课程调整，在蚌埠学院汉语言文学这个传统专业得到有效扭转。"可以说，这是我校汉语言文学专业推进实践教学改革的一次有效探索，是对该专业学生综合素养及专业核心能力的一次实地检验。其成效性主要体现在如下几个方面：

第一，通过这次采风实践，提升了学生的综合素养，增强了他们的集体观念、团队意识、合作意识、自律意识、审美能力、发现能力、创新意识和写作能力。同时，同学们普遍认为，这次实践活动还密切了同学之间、师生之间的关系。正如有的同学所言："这一周，是两年大学生活以来，同学之间最为亲密的一周。""除了同学以外，跟老师的距离也拉近了。平时上课，授课结束，老师学生各自退场，师生之间的交流少得可怜。而在屏山这一周中，因为采风写作需要，还有安全方面的顾虑，师生每天都有很长的一段时间是待在一起的。我们接触了老师们私下可爱的一面。她们会因为调侃而害羞，会因为一句夸奖而喜笑颜开，会因为美景像小孩子一样叫出声。这可爱的一面是我们平时所看不到的，一周下来，我们与老师似乎更加亲密了。"

第二，学生作品质量有着显著提升，有的作品甚至超常发挥，显得出类拔萃，不仅洋溢着浓郁的生活气息、生命气息，还闪射出独特的悟性、灵性和思想的光芒，真正实现了对平时在校那种"生编硬凑"式写作的一次质的超越和提升。正如蚌埠日报记者余小乔在报道中所描述的那样：汇总的"人人一本作品集，堆成小山一般。任意翻开其中一本，活动剪影、前言、诗歌、散文、新闻稿、调查报告、心得体会、后记，篇篇真情实感，页页图文并茂。短则 16 页、长则 22 页的作品集，握在手里沉甸甸，流露出的是学生对于'行走创作'的渴望"。"的确，经历过大自然熏陶和人文浸染的文字，美得有点醉人：'四月的屏山，映入眼帘的是猝不及防的绿，远山黛绿，近水浅绿，竹林翠绿，桑树青绿''远山如黛眉，近水似盈目，屏山古镇宛若婉约清静的女子，傲放在四季轮回里，只余了一双顾盼生姿的水眸望长了岁月''走出校园，看暮春苍翠的树叶撑满天宇的葱然，听水流叮咚歌唱的幽静，品绿茶在舌尖跳舞的奇妙，这样的时光真像一朵亭亭玉立的莲花，在记忆里永久地芬芳馥郁'……"特别是诗歌、散文、实践心得的写作都达到了较高水平。随意翻开每一个同学的作品集，那洋溢着才情、充满着活力、极具艺术表现力和感染力的文字便映入眼帘，其中都蕴含着他们敏感、细腻、惊奇、独特的发现和感悟。限于篇幅，这里不再举例论述。

值得肯定的是，在这次采风暨写作实践活动中，学生所写的新闻稿、调查报告等都是贴近活动、贴近调查实际写作的，没有任何虚构编造的成分。新闻是紧扣每天开展的活动进行写作，包括举办的"行走屏山，话说实践"演讲会、"感悟屏山，抒写情怀"诗文朗诵会等，是对整个活动进程的现场报道，切实培养了学生敏锐观察、及时采访、快速写作的能力。调查报告则是同学独立或自愿组成调查小组，紧扣屏山村的实际，自主选择具体调查对象进行调查和写作。如《关于屏山村绿茶生产及销售状况的调查》《关于黄山屏山祭祀文化的调查报告》《关于屏山古村茶业资源的调查报告》《关于屏山村特产销售现状的调查报告》《关于徽州屏山古民居现状的调查报告》《关于屏山村石雕文化的调查报告》等，从标题中可以看出，这些调查报告有着确凿的真实性和较强的针对性、实用性，是在校园里无法写出的。

第三，通过开展相关实践、即兴演讲、诗文朗诵等活动和多种体裁的写作实践，学生完成了一次"做""写""说"相统一的实战训练，大大提升了他们的自主实践能力和"能写会说"的专业核心能力。在这次采风过程中，有很多令人难忘的事。例如学生上山采茶、挖笋，下山跟师傅学炒茶，做采访，搞调查，师生一起修改作品，举办演讲会、诗文朗诵会等，那种好奇、热情、认真的样子令人难忘。尤其是学生即兴演讲时，精神处于完全放松的状态，激情洋溢。妙语连珠，有的甚至完全按照个人感受，用生动幽默的语言进行表述，场面热烈，掌声雷动。这完全出乎预料，是我们老师在校时没有经历过的。演讲大大拉近了同学之间的距离、师生之间的距离，增强了集体的凝聚力。此外，学生在路边、在树下、在餐桌写作的场景给各位老师留下了深刻的印象。因为这次采风，布置给学生的写作任务很重。学生因集体住宿，写作环境受到影响，于是他们就自寻地点，见缝插针，抓紧写作，及时完成写作任务。

第四，采风归来，在老师的指导下，每个同学都对自己在屏山村写出的作品进行了认真、细致的加工修改，制作成了图文并茂的作品集。学院组织老师遴选出部分优秀作品，制作成作品展板，在学校艺术中心进行为期两周的展览。学校领导及有关部门领导、很多师生都参观了作品展，并给予了好评。正在笔者所在院校参加有关学术会议的省作协领导、高校专家以及皖北地区部分作家应邀参观了作品展，对此次实践活动及取得的成果给予了较高评价。安徽省作家协会副主席、著名作家潘小平为作品展题词："读万卷书，不如行万里路。"安徽省作家协会副主席（现为主席）、著名作家许春樵欣然题词肯定此次实践活动："文字和想象带我们走向远方，走进屏山采风暨写作活动帮我们圆梦。成效显著，令人惊喜。"安徽省文艺评论家协会主席、安徽大学文学院博士生导师王达敏教授，则以"走进现场收获想象"的题词为学生点赞。安徽省写作学会会长、安徽大学文学院博士生导师赵凯教授为作品展题词："知行合一，为蚌埠文教学院学生采风活动点赞。"

第五，院部组织专家对学生实践作品进行了评奖，并向获奖的同学颁发了奖状。同时，每个班级成立了编委会，由学生自主确定主编、副主编、责任编辑、责任校对、美编等，对本班作品进行整理、审改、编排，按照出版要求，印制出全班采风暨写作实践作品集。值得肯定的是这次无论是个人作品集，还是全班作品汇集，都严格按照事先确定的文本格式要求完成。经过三校后均达到了文本的规范要求。通过本次编辑、制作、印制作品集的全过程实践，大大提升了同学们自觉追求文本规范、完美的质量意识，为以后从事写作奠定了基础。

第六，这次带领汉语言文学专业学生到屏山村进行采风暨写作实践活动受到各界关注、肯定和好评。其一，蚌埠日报社得知我们的实践情况后，专门派出深度报道组记者进行采访，于2017年7月21日在《蚌埠日报》以4000字的篇幅发表了《探索教学新模式传统专业焕新春》的深度报道，对笔者所在院校汉语言文学专业探索实践教学改革给予了充分肯定和大力推介。其二，2017年9月6日，安徽科技学院人文学院院长陈传万教授带领中文系主任、编辑出版系主任等一行来到笔者所在院校文学与教育学院，调研汉语言文学专业建设与改革情况，详细了解赴屏山村开展采风暨写作实践活动的具体做法、过程及成效，实地观看了学生采风作品展及个人作品集，认为这种做法富有开创性，成效显著，值得推广和借鉴。其三，我们应邀先后参加了2017年9月在徐州召开的中国写作学会现代写作学委员会学术年会、2017年10月在重庆召开的国际汉语应用文写作学会第十二次学术研讨会、2018年8月2日在澳门大学召开的国际汉语应用文研究高端论坛，在会上介绍笔者所在院校写作教学改革经验时，着重介绍了我们赴屏山村采风写作的做法，得到了专家的充分肯定。学会领导认为，蚌埠学院的这一做法富有创意和成效，值得大力推广。

综上所述，在探索汉语言文学专业的过程中，我们一直高度重视写作课程建设和写作教学改革。在推进写作实践教学改革方面，采取了各项举措，强化了写作训练与写作实践，并取得初步成效。为了尝试建构写作实践教学新模式，我们率先在黟县屏山村建立了汉语言文学专业实践基地，带领学生在特定的环境中深入生活，观察和考察地方风土人情、社会风貌，参与各种劳动实践，开展各种调查及专业实践活动，通过真实的体验让学生贴近生活、贴近底层、贴近心灵、贴近应用进行写作，取得了明显的成效，受到了学生、老师、学校领导、作家和学者的充分肯定和高度评价。当然，上述举措及采风实践活动只是我们探索写作实践教学改革的一次初步尝试，是我们开展系列专业实践活动中的一环。我们将在此基础上，继续创建更多新的实践基地，不断探索新的实践方式，丰富活动内容，从不同角度、不同层面提升学生的写作实践能力，力求将汉语言文学专业打造成笔者所在院校特色专业、重点专业，以提升学校办学实力，培养出更多更好的专业人才，为传承中华文明、推动社会进步和发展、实现伟大的中国梦做出更大贡献。

第五节　汉语言文学写作类课程教学改革

基于提升专业核心能力的必然要求，汉语言文学专业写作类课程改革势在必行。目前写作类课程面临着课时不足，课程缺乏系统性与持续性，内容重理论、轻实践等问题。为切实提高学生的写作能力，写作类课程可以从课程体系、课堂教学、实践平台等多个方面进行改革。

汉语言文学作为中国语言文学的一个传统专业，历史悠久、覆盖范围广，在全国大部分综合院校均有开设。鉴于汉语言文学肩负着对本民族语言、文学进行研究和传承以及使受教育者获得较好的语言文学修养，在实际工作中能更好地驾驭语言文字的责任，目前专业课程主要集中在语言、文学、理论及写作四大板块。而随着社会对大学生要求的不断提高，越来越多的学校专业面临着向应用型转型的压力，在这种大环境下，更侧重技能培养的写作类课程或许就成为汉语言文学转型的一个突破口。

一、写作类课程改革是提升专业核心能力的必然要求

20世纪90年代"核心能力"这一概念在企业管理领域首先提出。它指公司、企业、部门的主要能力，是单位主体在竞争中处于优势地位的强项，是其他对手很难达到或者无法具备的一种能力、优势。核心能力具有价值性、独特性、延展性、长期性的特点。将此概念应用于专业建设中同样适用，指毕业生在未来工作中具有持续比较优势的独特能力，这也是一个专业能否立足发展的基础。

根据汉语言文学专业行业需求调研，我们发现社会对汉语言文学毕业生最大的期待即

要求其具备较强的语言文字运用能力。也就是说语言文字运用能力即汉语言文学专业的核心能力。而此核心能力最终是要把学到的语言文学知识落实到运用上。就目前汉语言文学专业课程板块的设置来看，语言类的课程包括现代汉语、古代汉语、语言学概论等，教授语言的基本理论、基础知识。文学史类，包括中国古代文学、中国现代文学、外国文学等，讲述文学史上的众多文学流派和代表作家作品。理论性较强的课程有文学概论、美学等，将文学作为研究对象，是具有总论性质的理论课程。相比之下，只有写作类的课程旨在培养学生的写作能力，侧重写作技巧的传授。因此，在突出专业核心能力的总体要求下，写作类课程首当其冲，成为汉语言文学这一传统专业改革的排头兵。

目前国内大多数院校汉语言文学专业均开设写作类课程，较为常见的有大学写作、应用写作、基础写作、创意写作等。各大院校根据自身情况自主设置，但是开设写作类课程已经成为一个共识，然而目前写作类课程的开设是否真的取得理想的效果还值得进一步商榷。对汉语言文学专业毕业生的调查显示，与其他专业学生相比，汉语言文学专业学生的写作能力并不特别突出。为什么会出现这一现象，多少与目前写作类课程的现状有关。

课时不足，课程缺乏系统性与持续性。在目前绝大多数院校汉语言文学专业课程体系中，写作类课程处于十分尴尬的位置。特别是在汉语言文学专业不培养作家这一意识的影响下，对写作课的重视程度明显不够。以教师为例，一旦成为专职的写作课教师似乎就与专业研究分道扬镳，无论是课题申报还是职称评审似乎都不占优势。在这种认识下，写作课就成为语言、文学、理论课程之外的点缀。尽管各学校开设的写作课程名称不尽相同，内容也各有侧重，但课时总数却相差不大。多为一学期学完，每周两课时，也就是一次大课。在这么短的时间内，单是传授理论知识已是非常紧张，更别说要兼顾写作训练了。

除此之外，写作类课程还缺乏系统性和持续性。一种知识的传授、一种能力的培养并非一门课程、一个学期就可以完成。以汉语言文学专业中古代文学知识的传授为例，一般由中国古代文学史、古代文学作品选、唐宋诗词选读、国学研究等一系列课程共同完成。而目前，大多数院校写作类课程只有一、两个学期的一两门课程，似乎这一、两个学期学完，学生交一篇作业获取学分后，写作水平就有了保障一样。很显然，写作能力的培养是一个长期的过程，需要全方位的规划及投入更多的时间。

内容上重理论。目前写作类课程在教学内容上基本是以讲授写作理论为主，原因也是多方面的。第一，长期以来对写作理论的研究，要明显多于对写作实训的研究，这样在课堂讲授的时候，写作理论的介绍自然偏多。第二，受教师自身条件的限制。目前国内的写作课教师大多数并非职业作家，而是植根于大学校园中的学者，其精力更多的是投入写作规律、写作学的相关研究中，而很少去进行除学术论文之外的文学训练。这样就造成教课过程中无法真正解决学生写作中遇到的实际问题，而只能隔靴搔痒似地进行一些理论指导，当然还受一些观念上的影响。在不少人看来，作家是没有办法培养的，更多需要个人的天赋。因此，写作课也就没有办法像工匠学艺一样手把手地去传授。

二、写作类课程改革方向

正是由于目前汉语言文学专业写作类课程还存在各种问题，专业培养目标很难真正落实，写作能力的培养尚不尽如人意。因此，要想有所突破，必须在一系列问题上进行调整。

课程设置体系化。要想真正把写作能力培养落到实处，首先要进行教学计划的重新调整，增加写作课比重。比重增加主要有两个方面：一方面是课时的增加，另一方面是课程种类的增加。课程设置应该更加系统、科学。比如大一可以安排一些侧重写作基础知识和理论的课程，如基础写作。教授学生一些基本的写作技巧和方法，像如何锤炼语言、如何提炼主题、如何谋篇布局等。大二因为已经有了一些写作训练，在这个基础上可以开设一些侧重技能练习的课程，如应用写作、创意写作、文学写作等。应用写作侧重于应用文体的练习，使学生能够熟练进行行政公文、事务文书和专业文书的写作。创意写作侧重于培养创意思维，对接文化创意产业，为其提供具有原创力和创造性的写作从业人员。而文学写作则主要教授一些文学性较强的文体如小说、诗歌、散文的写作方法。大三是专业提升阶段，根据学生今后的就业方向，可以开设一些如新闻采访与写作、影视批评与写作、广告文案写作、文学评论与写作、新媒体写作等课程。学生根据个人兴趣，自由选择。到了大四，面临毕业的压力，应该配合开设专业论文写作课程，教授专业论文写作的方法、技巧，对专业知识与写作技能进行一个全方位的整合。

注重写作技能的传授。改变传统写作课重理论轻技能的现状，课堂上理论讲授不超过20分钟，将更多的时间留给学生进行写作训练，教师随时指导。当然要保障教学效果有两个问题必须解决：一是要尽可能采用小班教学的形式，方便每一个学生都能与教师进行直接的交流；二是教师要掌控整个练习过程，将以前的结果教学法变为过程教学法。结果教学法指写作课教师布置写作任务，学生交上来完整的写作成品，教师点评。此方法的不利之处在于，学生学习了写作理论后，在转化理论的过程中没有办法直接得到教师的指导，对理论的消化有时是不成功的或者缺少具体可行的路径，结果只能依靠僵化的写作套路完成练习，效果自然不理想。而过程教学法则可以弥补上面的不足，将一个最终要完成的作品，按写作规律分解成若干个小的步骤，学生按提示来一一进行练习，环环相扣、最终自然而然完成整个作品。此做法既降低了作业的难度，又让学生掌握到一种切实可行的写作方法和技巧，同时课堂时间被有效利用，学生在每一个时间段都可以得到充分的锻炼。压缩课堂理论的讲授时间，以学生为主体进行更多的写作训练，看似教师退居次要位置，其实作用至关重要。教师要更加具有责任心，要对写作过程进行细致而合理的规划设计，要随时解决学生练习中出现的困难，加以引导。引导的方法要具体可行，便于操作。因此这本身也对写作课教师提出了更高的要求。

与社会实践对接。写作课不能仅仅局限于课堂的练习，要走出校园，走向社会，直接与产业对接，把学生的学习、创作活动与社会实践紧密结合，最好能够根据客户的要求和产品、市场的需求进行写作。这既培养了学生敏锐捕捉社会前沿信息的能力，也可以更好地激发学生的创作热情，在实战中得到锻炼。对此，专业可以积极地与各对口实习基地建立联系，一方面邀请对口单位、企业走进校园、走入课堂，面对面地与学生进行交流，必要时聘请文字工作人员来学校授课；另一方面也可以让学生走出去，用尽可能长的时间，如寒暑假、周末、业余时间到实习单位跟班学习，参与企业的行政管理和文化宣传工作，了解实际工作中常用的文体、写法。

以上只是写作类课程改革的一种思路，各学校还需要根据自身情况灵活应对。但无论如何，写作类课程改革已经势在必行，在改革的过程中也必然会出现各种问题，这些都需要教师、专业、学校去思考、去解决。唯有如此才能真正将专业培养目标落到实处，培养出符合社会需求的毕业生。

第六节　新媒体时代汉语言文学专业写作课程的教学

新媒体时代的到来，对汉语言文学专业的写作课程提出了新的要求。在新媒体语境中剖析了汉语言文学专业写作课程教学的现状与问题，并结合应用型写作人才特点和当代社会的需求，以贺州学院文化与传媒学院的汉语言文学专业写作课程教学改革为例，进行了理论与实践探讨，主要包括：更新教学理念，重置教学目标，调整教学内容，多元教学评价，建立实训基地。通过调查得知，学生对教学改革的满意度和用人单位对学生写作表现的满意度都较高，反映出教学改革已取得良好的效果。

2014年以来，教育部将"深化教育领域综合改革，引导本科院校向应用技术型转型"作为地方高校改革的重点，要求各地方本科院校按照自身实际情况，结合区域优势，深入研究与经济社会发展相适应的转型之路。

随着传统就业思路的转变，本科院校汉语言文学专业毕业生就业口径逐渐开阔，面向社会的写作成为毕业生的新选择。与此同时，互联网等新媒介的发展，促进了以网络文学为中心的新媒体写作的兴起。当前，以网络"非虚构写作"为中心的日常生活写作在网络社交平台中呈方兴未艾之势。因而，在当前的写作教学中，教学内容的安排要增加数字化技术和网络技术的学习。在汉语言文学专业写作课程改革中，其教学组织形式要注重多维互动性，也是适应当前社会发展的适时之举。

一、汉语言文学专业写作课程教学现状分析

传统汉语言文学专业的"写作课"，其目的并不在于培养面向社会的写作人才，而是为了满足中小学教育师资综合能力的要求，及对学生写作基本能力的训练。传统教学目的在当前新媒体时代需要注入新的内容。

新媒体时代，汉语言文学专业写作课程教学需要顺应数字信息时代的发展，我国逐渐形成了"网络文学"与"网络与新媒体"两个专业体系的设置。2013 年开始招生的"网络与新媒体专业"是对 2011 年开始招生的新媒体与信息网络专业的进一步发展，2012 年教育部开始组织该专业申报工作，2013 年首次批复 28 所高校招生，2014 年批复 20 所高校招生，2015 年批复 29 所高校招生，2016 年批复 47 所高校招生，该专业文理兼收，毕业授予文学学士学位；2014 年，由盛大文学和上海视觉艺术学院联合成立的国内首个网络文学本科专业开始招生。这些专业招生规模的不断扩大，"为整个行业做好人才的储备，为文艺的创作者提供更多的发展方向"。随着招生高校的增加，与其相伴而行的是汉语言文学专业写作课程的改革。在这一过程中，人民大学出版社翻译出版了"创意写作"教材，上海大学文学院和其他地方本科院校形成了"创意写作"的教学研究团队。写作课作为汉语言文学专业的传统课程，当前存在的现实问题主要有以下几个方面：

（一）教学理念严重滞后

在新时代，培养理念缺乏前瞻性，未能与时俱进。当前社会，科技革命发展迅猛，网络与新媒体技术日新月异，应用型本科院校亟须进行相应的变革，及时更新人才培养理念，以提高学生的专业素养和实践能力，彰显出特色的差异化办学理念。

（二）教学目标偏离社会需求

各大高校的写作课培养目标设置基本是相互借鉴的，并无特色可言；随着近年中小学师资紧缺现状的缓解，汉语言文学专业毕业生多方面的就业需求并未能在教学目标中得以彰显，未能紧密结合社会和科技发展的新动态及企业的最新要求进行培养目标的设置。

（三）教学内容缺乏时代性

教学内容的更新速度比较慢，课程教学资源与案例匮乏、内容与形式单一。在当前的新媒体时代，传统写作课应该立足于网络及其他新媒体传播优势，以期突破传统的教学藩篱，建立开放的课程体系，以满足社会需求为最终目的。

（四）实践教学成薄弱环节

重视理论、轻视写作实践，其结果造成了汉语言文学专业写作教学与行业需求有了一定的距离。目前部分高校开始注重实践教学，如北京大学、复旦大学、上海大学等高校设立了创意写作专业，也带动了国内写作教学的活跃与发展。但从实际情况来说，多数高校缺乏相应的实践场地，专业教师不仅缺乏写作的实践经验，且对当今日渐被民众所接受的新媒体写作了解不多。在课堂教学上，大多数教师极为重视对传统文本、经典文本的教学与摹写，而忽视对新媒体中写作现象的了解与把握，对新媒体语境中与网络民生息息相关的写作实践关注也并不多。因此，致使传统汉语言文学专业学生的写作能力逐渐远离民众与社会的需求。

当前，"网络文学"及"网络与新媒介"等新设专业对传统汉语言文学专业写作课程教学已有了反超之势，汉语言文学专业毕业生难以融入，需求与日俱增的网络写作及日常生活写作的就业市场。以上种种，昭示了汉语言文学专业写作课教学中存在的诸多不足，这些现实问题已经严重影响人才培养的质量，而教学改革研究与实践应用，是解决这一问题的有效途径。

二、写作课程教学改革理论源头与基础

我国当前的高校写作教学，有三大体系。一为传统的语文教学体系，二为西方的创意写作体系，三为新兴的写作创业体系。

自1992年邰爽秋首先提出"科学化的国文教授法"的设想后，我国现代语文教育先驱便不断倡导语文科学化。到20世纪80年代，我国写作课程已经建立起一套基于"三大文体"的写作知识系列。这套知识体系在当时"科学化、序列化、逻辑化"思路下不断完善，并结合标准化测试，使我国高校汉语言文学专业写作课程教学渐渐形成了具有"知识点、能力点、训练点"的严密体系。这一时期的写作课程与教学研究的主要特点有：第一，写作课程知识侧重主题、材料、结构等层面的静态知识介绍；第二，分解、重组写作课程内容试图体现某种逻辑序列；第三，很大程度上异化为应对学生职业生涯中的语文应试作文教学。

相对于传统的作文教学体系，"创意写作"教学研究发源于美国Iowa大学，自1936年开设的作家工作坊（Writer's Workshop），其教学模式被复制到以英语为母语的国家；1967年，Paul Engle及夫人聂华苓创办了国际写作项目（International Writing Program），每年资助30多名作家到Iowa进行三个月的写作交流，至今已为120多个国家的1000多个作家提供了交流、写作、推介作品的平台；中国创意写作学科的建立和定位得益于上海大学葛红兵与许道军的努力，该学科产生于中国汉语言文学专业写作课程与高校文学教育体制改革之时，恰逢文化产业浪潮，除了要打破作家不能培养、写作不是学术研究等传统观念外，还要理清继承与创新，创意与写作，文学写作和非文学写作、文学体裁写作等关系和差别。

近年，随着网络文学的兴起，网络文学教学与研究显得尤为重要。网络文学发生于20世纪的美国，最后在中国蔚为大观。21世纪的第一个十年，形成了以中南大学与北京大学为代表的网络文学研究中心；出现了以上海视觉艺术学院与三江学院为代表的网络文学本科教学高校；形成了以盛大文学为代表的网络文学产业；树立了"社会培训，注重应用"的网络文学写作教学理念。

三、汉语言文学专业写作课程教学改革的实践应用

贺州学院高度重视本科教学改革工作，学校制定了支持教学改革的相关政策和文件，把教学改革作为教师教学工作业绩考核的一项重要指标，提高了教师参与教改的积极性，

将促进教学改革和提高教育质量的工作切实落到实处。2013年，中国应用技术大学（学院）联盟成立；2014年，178所高校在产教融合发展战略国际论坛上共同发布《驻马店共识》，地方本科高校正式开始全方位的转型发展。贺州学院成为首批加入中国应用技术大学（学院）联盟的单位，以文科专业为核心的创业创新团队在广西区"互联网+"大学生创新创业大赛中连续三届斩获佳绩。笔者所在院校的教育环境和优势资源，为汉语言文学专业写作课程教学改革的实施提供了有利条件。贺州学院文化与传媒学院以8个汉语言文学专业自然班为基础，设立平行班与实验班，自2017年开始进行写作教学改革，主要从以下几个方面进行教学改革：

（一）汉语言文学专业写作课程教学改革的理论分析

教学理念变革。①在泛传播化的社会语境下，重新思考和深入分析自身的专业定位。致力于培养新时代的"既懂传播，又懂写作"的复合创新型写作人才。②重视创新思维能力的培养。③理论性与实操性相结合，精讲多练，重视写作实践。

教学目标重置。教学目标是写作课教学的灵魂所在，对后续阶段起着统领作用。根据新媒体时代的要求和汉语言文学专业写作课程的特点，结合教学对象和教学内容，从知识、能力、情感态度等三方面对教学目标进行重新设置。

教学内容更新。把文学写作划分为非虚构文学写作和虚构文学写作，以非虚构文学写作为教学重点，将贺州本土文化的写作实践与推广作为写作的实践训练，以适应当前社会对写作的需求。

教学组织形式多样。①课堂中，主要采用模拟教学法、讨论教学法、案例教学法等方法。②课外，学生在线自主学习与创作。③校外实践教学。创建实习实训基地，鼓励学生到校外相关企事业单位及新媒体平台进行实习，熟悉多样化写作。

教学评价多元化。对过程性评价与结果性评价两部分进行研究：过程性评价包含写作的主动性、师生互动、写作成果量、实习表现等方面的评价；结果性评价包含期末成绩、作业完成度等方面的评价。

（二）汉语言文学专业写作课程教学改革的实践应用

课前准备。根据教学理念和教学目标，正确选择教学内容和教学方法，分析学生的实际情况，进行备课。

课中教学。让学生明确学习目标和任务；综合运用模拟教学、讨论教学和案例教学等方法，组织学生进行课堂写作的学习；教师引导学生学习传统经典文本的同时也关注新媒体写作，关注纯文学写作的同时也尝试进行以文学为基础的日常生活写作。

课外网络学习与写作平台建设。以贺州学院文学社、新媒体部以及贺州学院汉语言文学专业老师于2016年创建的网络写作与教学平台"星空网"作为学生主要的新媒体写作实习平台，并辅以网络打卡式作业批改模式，构建向校外写作平台辐射的写作实践模式，融合新媒体与传统的写作课程资源。同时，抓住文学与媒介的紧密联系，以网络文学为切入点，研究新媒介语境下文学的生存状态。通过对广西网络文学作家作品的研究，推动广西网络文学的发展。通过对广西各地传统民俗文化进行网络文学改编，既为文学研究提供了素材，又传播了民族文化。

校外实习实训基地建设。积极联系大型的企事业单位，商讨和落实校外传统及新媒体实习基地的建设；鼓励学生勤写多练，在网络文学及社交平台进行各类文体的写作，让学生既能满足传统语文写作教学、社会职业化写作的要求，同时也能适应新媒体时代对写作人才的需求。

四、汉语言文学专业写作课程教学改革效果的调查分析

贺州学院汉语言文学专业本科写作课程教学改革取得了较好的效果，主要体现在以下两个方面：

（一）学生和用人单位的满意度较高

学生和用人单位满意度的调查程序是：①编制调查问卷。问卷1：学生问卷《汉语言文学专业写作课程教学满意度调查问卷》。问卷2：用人单位问卷《汉语言文学专业学生写作能力满意度调查问卷》。②通过问卷和现场发放与回收问卷。③由回收问卷的数据统计可知，汉语言文学专业的学生对写作课程教学的满意度为：很满意的有29.3%学生、满意的有42.6%学生；用人单位对汉语言文学专业学生写作能力满意度为：很满意的占25.7%、满意的占39.8%。

（二）课外实践效果良好

2017年以第四届全国网络文学年会在贺州学院召开为契机，首先建立了以"星空网"为中心的学生网络创作中心，先后创作习作400余篇，同时试图依托凤凰传媒谋求网络习作的IP转化。2018年，以汉语言文学专业写作课的改革实践为基础，建立了写作基地"非虚构写作工坊"，旨在培养本土文化的写作人才，以图实现本土文化的多方面应用转化。2018年，贺州学院文化与传媒学院同黄姚管理处签订了"梦里黄姚"文化旅游创意城项目，让贺州学院教师与学生团队负责其"行走文学"项目。

新媒体时代影响着传统写作的思维方式和表达形式。基于新媒体和写作课程教学的理论框架，找准现行汉语言文学专业写作课程教学的主要问题，以贺州学院汉语言文学专业写作课程教学改革为例，主要从课程教学理念、教学目标、教学内容、教学组织形式、教学评价等维度探讨了课程改革的内容。通过实践应用的检验，贺州学院汉语言文学专业写作课程教学改革取得了良好的成效，学生和用人单位的满意度较高。希望这种教学改革方式，能为其他地方本科院校汉语言文学专业应用型人才培养提供参考与借鉴。

第七节 汉语言文学专业应用写作课程与实践

我国高等教育中,应用写作课程是以培养学生的应用写作能力为教学目标,是汉语言文学专业的基础课,是在应用写作基础理论的基础上,以常用的应用写作技能训练为教学重点,重点研究应用文学做知识、写作规律、写作方法,是一门具有较强实践操作性能的课程。本节主要探讨了提高汉语言文学专业应用写作课程的有效途径以及实践的有效途径。

一、提高汉语言文学专业应用写作课程的有效途径

为学生提供策略模式,是学生在写作个性和共性之间的问题。为了明确和规范公文的写作,在公文写作中,结合每个文种讲解的特殊情况,要为学生提供一个公文总体形式与内容的撰写策略模式,才能使学生在写作个性中反省共性,在写作共性中思考个性。如:为了解决应用文体中的标题撰拟个性和共性之间的关键问题,要根据教师的写作教学经验,为学生提供一个规范的标题模式。公文的标题主要由发文机关、事由、文种等三个部分组成。而这三个部分中是由介词来连接的,如:"××市人民政府关于号召全体公务员向××同志学习的通知"中"关于"是介词,而"的"是助词,再加上主谓结构就组成了事由连接文种。如:"××市人民政府关于公务员工资待遇调整的通知"中,连接文种是动宾结构和介词"关于"组成的。这样从连接词、语法等方面,进一步地规范了公文标题的写作。同时,在这三个部分的内容解读中,标题是告诉读者,"××市人民政府"是发文的机关单位,是高级别的发文单位,同时也是有权利发文的单位,其次告诉了读者这篇公文负责人。

展开主体,按照主体要求、期望相辅相成,实现应用文体的写作目的。为了实现应用文体的写作目的,要根据应用文体的各个文种,统治内容的合法性、合理性、合情性的叙述,展开主体,按照主体要求、期望相辅相成,如公文中的行文背景是行政单位具体行政过程中管理视野的体现,是前提、原因、条件,在行政工作中,要关注全面工作从大局出发,为规范自身的行政行为提供标准与参考。其次,发文事由中,关注上级相关活动、要求体现一种行政归属。上级单位工作计划的一部分是对自身工作的安排,因此,公文写作中,行文的原则就是在安排过程中上级相关活动、精神,也是行文权利的保障。另外,公文写作中行政事业单位行政行为的连续性决定了内容的选择与设计具体、明确。因此,针对此次工作之前所召开的相关会议,发文要确立相关精神。由此可见,按照国家宏观层面(专业、行业背景)、上级工作、活动(本级工作、活动)、前期工作(目前工作)、群体(个体)等顺序来考虑安排写作内容,而行文的核心事项、背景、意义等组织安排、希望、要求,

可以为应用文体的写作内容实践提供行文的形式策略路径，可以作为具体的行文方向。

二、汉语言文学专业应用写作课程实践的有效途径

采用工作过程中系列文种实践模式，设置课程设计环节。根据课时设置与专业特点，应用写作课程采用工作过程中系列文种实践模式，设计课程设计环节，如：在年中总结活动中，单位会依次产生×××关于年度先进个人、集体选拔的实施意见、×××关于召开××年度先进个人、集体表彰大会的通知等四个文种。根据课程设计的要求，为学生设置一次活动，选择一个独立虚拟的工作环境，以下级单位的名义回文，以上级单位的名义行文，从而以小组的形式完成课程设计的内容。并且为了给学生提供专业角度的意见，要选择相关课程教师参与评判这类课程设计，从各个专业角度进行考核。

熟悉掌握常用公文，并进入其实践环节重点训练。很多汉语言文学专业的学生会进入到行政事业单位工作，因此，要按照级别区分熟练掌握常用公文，公文写作内容必须要进入其实践环节，重点训练公文的写作。如：根据设置主题下文，把学生分成小组，第一组为上级，重点训练行文的语气、要求、内容的组织安排等。根据上级来文选择文种，第二组为下级进行回文，重点训练回文的语气、目的等，接着两组互换位置进行第二次写作时间训练。

根据学生的实际需求进行写作实践与训练，突出日常实用性的写作实践与训练。大一的学生保留着高中写作思维惯性，因此，要重点掌握理解基础写作知识，设置是叙述性、说明性较强的工作计划、总结、报告等文种的训练。大二、大三的学生具备了基础知识，因此采取各类专业文书的实践训练，结合其他专业知识，与其他课程的学习形成知识的应用和互补。而大四的学生重点是学习就业单位急需的实操性文书，因此，要满足学生的实际就业需求，吸引学生更好地进行写作实践训练。另外，在家庭生活、学习过程中，要及时了解学生的需要，针对学生实际情况设置写作实践，突出应用写作课程的实用性，推广到整个班级，从而实现写作实践训练的目的，实现课程教学目标。

三、汉语言文学基础对新闻写作的作用

当人类文明日益进步的同时，新闻作为一类重要的文体形式，主要对对最新发生的事件进行公布，其表述语言关系着新闻的真实性与吸引力，是对新闻写作者汉语言文学基础的极大考验。尤其当公众的整体审美能力得以提升后，对新闻报道方面的要求也随之提高。本节通过阐述汉语言文学基础对新闻写作的作用，说明了新闻写作中的汉语言文学的合理运用方式。此研究以分析汉语言文学基础对新闻写作的作用为目的，有效发挥出汉语言文学知识在新闻写作与报道中的作用。

众所周知，处于信息时代之下，新闻信息资源的重要性是毋庸置疑的。这种文体形式的利用效果将影响全球的每个国家与民众，公众每天都会受到新闻传播的影响，一旦新闻

语言运用不当，不仅会导致受众无法获取到最新的新闻信息，而且会潜移默化带给青少年一定的干扰。对我国而言，汉语言文学基础是语言得以合理运用的前提，鉴于此，深入探析和分析汉语言文学基础对新闻写作的作用显得十分必要，具有非常重要的研究意义与实践价值。

（一）汉语言文学基础对新闻写作的作用体现

生活化汉语言的运用有利于提升新闻传播率。关于汉语言文学，为大众所熟知，这种文化源自广大人民群众。新闻的作用和价值正是对民众的高度还原，将真实发生的事件进行报道，让更多的民众了解到最新的新闻消息，随时掌握生活中发生的各类事件。

我国传统文化源远流长，汉语言文化基础反映了国民的整体文化水平和认知程度，同时也影响着新闻传播与报道的最终效果。正所谓"书是人类进步的阶梯"，新闻作为文化载体的重要形式，生活化的汉语言运用，不但起到了传播的效果，也具有对新闻解析的功能，让更多的国内、外人群能够及时了解到各类新闻，在宣传与推广我国汉语言文化的同时，也有效提升了新闻的传播率。在确保语言运用贴近生活的基础上，一方面符合新闻写作内容的严谨、准确的要求，另一方面能够在阐述真实事件的基础上，和目前的语言环境有效融合到一起，紧密和现实生活相关联，吸引到更多人的关注，进而引发相应的思考。由此可见，扎实的汉语言文学基础以及生活化汉语言的运用，有利于增强新闻的看点，提高其传播率与关注度。

精准的汉语言运用能够提升新闻严谨性并影响民众语言习惯。实际上，新闻写作的内容需要保证一定的科学性、严谨性，这便需要精准汉语言的运用。由于新闻属于汉语言文化传播的重要文化载体形式之一，当选用精准、不夸张的语言之后，可以使所要报道的新闻内容得到净化，从中汲取到汉语言文化的精髓，让新闻内容变得更加积极与健康。事实上，处于充满复杂变化的语言环境下，通过严格把控语言使用关，保持一定的精准性和严谨性，可以让新闻表达的意思更加确切而不产生歧义，误导广大民众。

当互联网平台逐渐变成人们行使言语自由权利的重要平台之后，各类过激化、网络暴力现象层出不穷，很多新闻为了迎合观众，其所使用的语言不再严谨、准确，而进行过分的夸张和渲染，进而影响公众的判断，产生极大的危害。通过保证精准汉语言的有效运用，能够让新闻报道变得更加真实、客观，符合新闻的属性特点。此外，通过在新闻报道中运用精准的语言，还能够培养广大民众正确、良好的语言使用习惯，规范并净化自己的语言，从而营造出一个良好的新闻传播环境，让国民的整体文化与素质均得到有效的提升。

（二）新闻写作中汉语言文学的合理运用方式

注重汉语言运用的敏感性与准确性。从汉语言应用的视角来看，应保持一定的语言敏感性，以符合新闻写作的要求，规避不必要的语法错误出现。对于我国而言，汉语言文化源远流长，拥有相应独特的语法运用规定。尽管语言非常多变，不过却存在着一定的规律。现阶段，中小学生的作文水平普遍不高，各类语病错误频出，整体的汉语言应用能力薄弱。

训练新闻写作，无疑可以使其语言运用的能力得到提升。很多新闻写作人一旦忽视个人的汉语言文化基础的积累，必然会对新闻写作造成不良的影响。

例如：我国山西一家电视台曾报道过一则针对春运的新闻，相应的新闻稿表述为："春节已经临近，大同火车站的乘客出现了迅猛增大的情况。"显然，其中语言的运用不够规范，乘客的数量虽然能够增大，不过相应的乘客却无法出现增大的情况。

再如：某年夏季时候的一篇针对天气温度的新闻指出：××市在当月的22号达到了该地区的历史最高的气温。对于很多新闻稿来说，常会产生内容语言的重复使用，没有去除不必要的词语，改正相应的语法错误。由此导致新闻失去了严谨性与准确性，所以，注重汉语言在新闻写作应用中的敏感性与准确性十分必要。

汉语言的灵活运用以凸显新闻的原创性。对于新闻写作来说，原创性一直是其追求的宗旨，切记不可随波逐流，缺少自己的观点与主旨。由此可见，汉语言的灵活运用可谓至关重要。

对于新闻工作人员而言，需要在新闻稿件的撰写当中尽可能地规避那些较高运用频率的词语，而选用那些全新的词汇，并选取更加丰富的素材，使汉语言的灵活运用，有效凸显新闻内容的原创性，形成较大的影响作用。尤其对于我国来说，汉语言文化的历史十分悠久，新闻工作人员需要突破当前束缚自身的范围，有针对性地拓展自身所使用的语言区间，不断增大相应的汉语词汇储备量。

此外，面对新闻写作中较为常见的词语，通过运用同义词进行替代处理，可以达到新闻语言运用特殊性的效果。因此，对于新闻写作人员而言，需要深厚的汉语言基础，依靠持久的学习方式，让新闻写作中的语言运用变得更加精准。

汉语文学素养及风格元素的融入。实际上，汉语言的精准运用仅是新闻写作的前提，在使新闻内容保持一定客观性、真实性的同时，还可以通过将汉语言文学素养与风格元素融入的方式，让新闻稿件内容呈现出一定的美感与生动性，规避从前新闻过于老套固定得不足，依靠丰富的汉语言内容，吸引到更多的人去关注。

通常来说，那些优质新闻稿件的作者的不但是专业的新闻工作者，同时也具备作家的语言运用技巧和汉语文学素养。纵观我国古代文学作品，可以体现出作者的智慧，通过借鉴和引用从前文学作品中语言运用的技巧，可以让文学作品的风格元素融入新闻写作当中，并借助提升自身的汉语言文学素养，发挥出我国传统文化与思想的指引作用。

对于我国很多的古代文学作品而言，从中可以体现出古人所承担的社会职责，有利于当今社会中新闻工作人员从中受到有益的提示和教育。例如：对于《春秋》《史记》以及《汉书》等古书，将那个时代的国家在经济、政治以及军事方面的事件真实、准确地予以记录。

从上述作品中能够获得到语言运用方面的启示与借鉴，同时还原了官员身上的宝贵精神，为世人所歌颂和敬仰。例如：司马迁著作——《史记》，读者通过阅读之后，不仅为作者精妙的写作方法和语言运用能力所折服，而且受到其创作态度的影响，有效提高了语言的运用能力。显然，对于新闻写作来说，能够带来一定的启发。著作中相关的历史事件和人物刻画的方法，都是新闻工作者可以利用的地方。

显而易见，作为新闻工作者，一方面需要通过多读书和练习，打下坚实的汉语言文学基础，形成深厚的汉语言知识储备量；另一方面，撰写新闻稿件时，还应该在保证新闻真实性、客观性的同时，融入不同的风格元素，达到新闻写作的创新效果，从而让新闻在传播的过程中产生更大的影响力。

由本节的分析可知，深入探讨与分析汉语言文学基础对新闻写作的作用尤为关键，具有非常重要的研究意义与实践价值。本节通过阐述汉语言文学基础对新闻写作的作用，说明了新闻写作中的汉语言文学的合理运用方式：注重汉语言运用的敏感性与准确性、汉语言的灵活运用以凸显新闻的原创性、汉语文学素养及风格元素的融入。望此次研究结果，能得到有关人员的关注，并从中得到帮助，以便推动我国新闻事业的不断发展。

第七章 文化视角下的汉语言文字阅读与理解

第一节 文言文基本知识

一、文言实词

古代汉语中，文言实词的数量较大，而且绝大部分具有多义性，用法较灵活。因此，确定文言实词在特定语句中的含义，就成为阅读文言文的一个难关。积累一定数量的实词，掌握有关的知识和正确的方法，是非常必要的。

（一）古今词义的异同

语言是发展变化的，有新词的产生，旧词的灭亡，还有一些词在词义上发生了变化。相对而言，前两者比较简单，只要多识多记就可以。后者情况比较复杂，词的古义和今义既有联系又有区别。如词义的范围大小不同，词义的侧重点不同，词义的程度轻重和感情色彩不同。

根据词义适应的范围，古今异义可以分成词义的缩小、词义的扩大和词义的转移等主要变化类型。这是从今义相对于古义的角度而言的。

词义的缩小是指今义的范围小于古义，今义包含在古义中。如"亲戚"，古义指亲属，包含父母子女，今义指由婚姻而结成的除父母子女外的亲属。"臭"，古义指气味，今义专指难闻的气味。

词义的扩大指今义的范围大于古义。如"江""河"，古义专指"长江""黄河"，今义泛指"河流"。"响"，古义指"回声"，今义指"声音"。词义的转移指词义中心在转移。如"走"，古义是"跑"，今义是"行走"。"货"，古义是"财物"或"东西"，今义是"商品"或"货物"。

（二）词的本义和引申义

词的多义性主要是因词义引申而造成的。掌握词义引申的规律，分析本义和引申义，有助于我们理解古代汉语的词义。

1. 词的本义

在众多的词义中，作为词义引申的起点的那个词义，就是词的本义。抓住本义是理解引申义的关键。

2. 词的引申义

引申义是由本义派生出来的，两者之间存在着必然的相关之处。引申义与本义的关系有远有近，可分为直接引申和间接引申两种。

（1）直接引申义。直接引申义是从本义直接派生出来的意义。如"城"的本义是"城墙"，后来引申为"城市"，前者如《左传·郑伯克段于鄢》中"都城过百雉，国之害也"，后者如杜甫《春夜喜雨》中的"晓看红湿处，花重锦官城"。

（2）间接引申义。间接引申义是由直接引申义再度引申之义。如根据《说文解字》，"朝"的本义是早晨，后引申为"朝见"的"朝"，然后由朝见引申为朝廷，再由朝廷引申为朝代。

3. 同义词辨析

同义词是指意义相同或相近的词。但词义完全相同的词是很少的，绝大部分只是部分意义相同。分析这类语言现象，便于我们理解和接受古文。同义词之间的差别是多种多样的，主要表现在以下几个方面。

（1）范围大小不同，即概念的内涵或外延不同。如"人"和"民"，虽同指人类的社会成员，但总体而言，"民"的外延比"人"小："人"是相对于禽兽的人类的统称，"民"则是被奴役、被统治的那部分"人"。又如"女"和"妇"，"女"是女性的统称，而"妇"则仅指已婚女性。

（2）性状情态不同，即所指事物或动作的性状情态不同。如同是供书写用的东西，竹片做的称"简"，木板做的称"牍"，薄而小的简牍称为"牒"或"札"。同样，指称睡觉的词中，"寝"指的是躺在床上睡，"卧"是趴在几上或靠着几睡，"睡"则指坐着打盹。

（3）程度深浅轻重不同。如"饥"和"饿"，前者是一般的饿，表示需要吃点东西了；后者是非常的饿，不吃就难以支撑了。又如"疾"和"病"，一般的病或小病称作"疾"，严重的病称作"病"。

（4）侧重点不同。如"恭""敬"二字都有礼貌、不怠慢的意思，但前者侧重于外貌情状，后者侧重于内心情感。

（5）感情色彩不同。如"诛""杀""弑"三字，"杀"字是中性词，是客观地表述；"诛"则表示对有罪者应有的惩罚，暗含着对"杀"这一行为的肯定；"弑"则含谴责、否定之意，认为杀的对象是不该杀之人。

（6）语法功能不同。不同的词性，语法功能不同。有时词性相同，词的语法特点及功能也会有差别。如"耻"和"辱"，用作动词时，前者的宾语往往是动词性词组，意为"以……为耻"，如"不耻下问"；后者的宾语往往是名词，多半指称人，如"我见相如，必辱之"。

（三）词类活用

在古代汉语中，有些词可以按一定的表达习惯灵活运用，临时改变词性和功能。准确地把握这种规律，有利于理解词的含义。这类词主要是实词中的名词、动词、形容词。

1. 动词的活用

动词的活用主要是指不及物动词的使动用法。不及物动词本来不带宾语，若带着宾语，一般要用作使动，表示主语使宾语发生了该动词所表示的动作或行为。如"焉用亡郑以陪邻"中，不及物动词"亡"本来不能带宾语，但在这里做谓语，活用作使动，"亡郑"即为"使郑国灭亡"。

某些及物动词也有使动用法，但比较少见。如"谨食之，时而献焉"，"食"是及物动词，但这里不是捕蛇者吃蛇，而是捕蛇者"使蛇吃"，可意译为喂养。

2. 形容词的活用。

形容词的活用主要有三种。

第一种是形容词用作一般动词。形容词在陈述句中充当带宾语的谓语时，须活用作动词。如"益烈山泽而焚之"中"烈"原为形容词，表示火之猛烈、强烈，但句中是在宾语前做谓语的，应活用作动词，意为"放火"。

第二种是形容词用作使动，这种用法使宾语具有这个形容词所表示的性质或状态。如"诸侯恐惧，会盟而谋弱秦"句中"弱"字为使动用法，即"使秦弱"。

第三种是形容词的意动用法，这种用法表示主观上认为（觉得）宾语所表示的事物，具有这个形容词所表示的性质或状态。如"孔子登山而小鲁，登泰山而小天下"中的"小鲁""小天下"，是主语"孔子"主观上认为"鲁"和"天下"是"小"的。

3. 名词的活用

名词的活用类型比较多，这里主要介绍四种：名词用作一般动词、名词的使动用法、名词的意动用法和名词用作状语。

（1）名词用作一般动词

① 两个相连的名词，既不是并列关系，又不是修饰关系，而是动宾或主谓关系，这时前面那个名词应活用为动词。如"遂王天下"，句中有两个相连名词"王"和"天下"，这时"王"就应该活用作动词，意为"称王"。

② 名词后面紧跟代词时，该名词活用为动词。如"驴不胜怒，蹄之"中的"蹄"字做动词用，意为"用蹄踢"。

③ 名词用在"所""者"结构中，活用为动词。如"是以，令吏人完客所馆"中的"馆"字，意为"居住、住宿"。

④ 名词放在副词后面，活用为动词。如"故明君不官无功之臣，不赏不战之士"中的"官"字，意为"封官"。

⑤ 名词放在"能""可""足""欲"等能愿动词后面，活用作动词。如"左右欲兵之"中的"兵"字，意为"杀"。

⑥名词后面带了介词结构做补语，活用为动词。如"晋师军庐柳"中的"军"字，意为"驻扎"。

⑦名词用"而"同动词或动宾词组连接时，活用为动词。如"三代不同礼而王，五霸不同法而霸"句中的"王"和"霸"，意为"成就了王业"和"成就了霸业"。

（2）名词的使动用法

①名词用作使动，使宾语成为这个名词所代表的人或物或使宾语产生这个名词用作动词后所发生的动作。如"尔欲吴王我乎"中的"吴王"意为"让……当吴王"。

②方位名词活用为动词后，有时也有使动用法。如"筑室百堵，西南其户"中的"西南"，意为"使……向着西方或南方开"。

（3）名词的意动用法

名词用作意动，把后面宾语所代表的人或事物，看作这个名词所代表的人或事物。如"孟尝君客我"中的"客"字，意为"把……当作客人"。

（4）名词做状语。

在现代汉语里，做状语的名词只限于时间名词和方位名词，普通名词做状语比较少。而在古代汉语里，名词做状语却是常见的现象。

①普通名词做状语，表示比喻、方式、态度、处所等。如：

a. 嫂蛇行匍匐。

b. 君为我呼入，吾得兄事之。

c. 黔无驴，有好事者船载以入。

d. 夫以秦王之威，而相如廷叱之，辱其群臣。

例a中"蛇行"的意思是"像蛇一样地爬行"。

例b的"兄"，在这里做"事"的状语，表示对人的态度，可译为"我要用招待兄长的方式招待他"。

例c这里的"船"修饰动词"载"，意思是"用船载运"。

例d的"廷叱"，意思是"在朝廷上呵斥"。

②时间名词"日""月""岁"做状语，表示每一、渐进、往昔等。例如：

a. 良庖岁更刀，割也；族庖月更刀，折也。

b. 其后楚日以削，数十年，竟为秦所灭。

c. 日吾来此也，非以翟为荣，可以成事也。

例a中的"岁更刀""月更刀"，意思是每年、每月要更换刀。

例b中的"日以削"，意思是一天天地削弱。

例c中的"日"可当"往日""从前"解释。

③方位名词做状语。单纯的方位词"东""西""南""北"等在行为动词前做状语，一般表示动作行为的趋向。翻译时常常需加介词"往""向"等。如"足下右投则汉王胜，左投则项王胜"句中的"左""右"即为"向左""向右"。

二、文言虚词

（一）之

（1）用作第三人称代词或指示代词时，充当宾语，译作"他（他们）""它（它们）""这"等。如"择其善而从之"中的"之"，意为"它"，代"其善者"。"均之二策，宁许以负秦曲"中的"之"，意为"这"，代"二策"的内容。

（2）用作助词，则放在定语和中心词之间，或中心语（动词、形容词）和补语之间，相当于现代汉语中的"的""得"，也可以不译。如"道之所存，师之所存也"中的两个"之"，和"古人之观于天地、山川、草木、鸟兽，往往有得，以其求思之深而无不在也"中的第二个"之"均属此类。

（3）结构助词，为宾语前置的标志。用在被提前的宾语之后，动词谓语或介词之前。译时应省去。例如："宋何罪之有？"

（4）结构助词。"之"用在主语和谓语之间，取消了句子的独立性，使主谓短语在句中作为一个成分或分句。可不译。例如："师道之不传也久矣！欲人之无惑也难矣！"

（5）音节助词。用在形容词、副词或某些动词的末尾，起到补充音节的作用，没有实义。例如："知之为知之，不知为不知，是知也。"

（6）用作动词，相当于现代汉语中的"往"，如"自楚之滕"。

（二）其

（1）用作代词。在句中充当定语，可译为"他（们）的""它（们）的"。例如："臣从其计，大王亦幸赦臣。"

（2）用作代词。用在动词或形容词之前，做主谓短语中的小主语（整个主谓短语，在句中做主语或宾语的修饰语）应译为"他（们）""它（们）"。例如："秦王恐其破璧。"

（3）指示代词，表远指。可译为"那""那个""那些""那里"。例如："今操得荆州，奄有其地。"

（4）用作副词。放在句首或句中，表示测度、反诘、期望等语气，常和放在句末的语气助词配合，视情况可译为"大概""难道""还是""可要"等，或省去。例如："其孰能讥之乎？"

（三）而

（1）用作连词。连接词、短语和分句，表示并列、递进、承接、转折、假设等多种关系。可译为"又""并且""就""接着""但是""假如"等。例如："蟹六跪而二螯。""青，取之于蓝，而青于蓝。"

（2）用作代词。只用作第二人称，一般做定语，译为"你的"；偶尔也做主语，译为"你"。例如："而翁长铨，迁我京职，则汝朝夕侍母。"

（3）复合虚词"而已"。放在句末，表示限止的语气助词，相当于"罢了"。例如："一人、一桌、一椅、一扇、一抚尺而已。"

（四）则

（1）用作连词。可表示承接、假设、并列、转折、让步等多种关系，可译为"就""便""如果""虽然""倒是"等。如"故木受绳则直，金就砺则利"中的"则"意为"就"，"学而不思则罔"中的"则"意为"那么""就"。

（2）用作副词。用在判断句中，起强调和确认的作用，可译作"是""就是"。例如："此则岳阳楼之大观也。"

（五）乃

（1）用作副词。表示前后两事在情理上的顺承或时间上的紧接，可译为"就""这才"等；也可表示前后两事在情理上是转折的，可译为"却""竟（然）""反而""才"等；还可表示对事物范围的一种限制，可译为"才""仅"等。如"上乃欲变此"中的"乃"意为"于是"，"今君乃亡赵走燕"中的"乃"意为"却"。

（2）用作代词。用作第二人称，常作定语，译为"你的"；也做主语，译为"你"。不能做宾语。例如："王师北定中原日，家祭无忘告乃翁。"

（3）用在判断句中，起确认作用，可译为"是""就是"等。例如："若事之不济，此乃天也。"

（六）以

（1）表示动作、行为所用或所凭借的工具、方法、条件及其他，可视情况译为"用""拿""凭借""依据""按照""用（凭）什么身份"等。例如："愿以十五城请易璧。"

（2）起提前宾语的作用，可译为"把"。例如："秦亦不以城予赵，赵亦终不予秦璧。"

（3）表示动作、行为产生的原因，可译为"因""由于"。例如："且以一璧之故逆强秦之欢，不可。"

（4）表示动作、行为发生的时间和处所，用法同"于"，可译为"在""从"。例如："余以乾隆三十九年十二月，自京师乘风雪……至于泰安。"

（5）表示动作、行为的对象，可译为"和""跟"。例如："天下有变，王割汉中以楚和。"

（6）用作连词，用法和"而"有较多的相同点，用于表示转折以外的各种关系。例如："余折以御。"

（7）复合虚词"以是""是以""以此"，可译为"因此"，引出事理发展或推断的结果。例如："是以十九年而刀刃若新发于硎。"

（七）于

"于"是介词，总是跟名词、代词或短语结合，构成介宾短语来修饰动词、形容词，表示多种组合关系。

（1）表示动作的时间、地点、范围、对象、方面、原因等，视情况可译为"在""在……方面""在……中""向""到""自从""跟""同""对""对于""给""由于"等。如"故燕王欲结于君"中的"于"意为"跟"，"洪水横流，泛滥于天下"中的"于"译为"在"，"归璧于赵"中的"于"译为"给"。

（2）放在形容词之后，表示比较，一般可译为"比"，有时可译为"胜过"。例如："冰，水为之，而寒于水。"

（3）放在动词之后，引进行为的主动者，可译为"被"，有时动词前还有"见""受"等字和它相应。例如："臣诚恐见欺于王而负赵。"

（4）复合虚词"于是"。若放在句子开头，表前后句的承接或因果关系。例如："于是秦王不怿，为一击缻。"若放在谓语之前或之后，属介宾短语做状语或补语，相当于"在这""从这"等。例如："吾祖死于是，吾父死于是。"

（八）然

（1）用作连词，主要表示转折关系，可译为"可是""但是"。例如："然不自意能先入关破秦……"

"然"还常和"则"结合，"然"表示承接上文事实，"则"表示由此进行阐述或论断。可译为"既然如此，那么（那就）"，也可单译为"那么"。例如："是进亦忧，退亦忧。然则何时而乐耶？"

（2）用作代词，相当于口语中"这样""如此"。例如："不然，籍何以至此？"

（3）用作助词，在形容词、名词或短语之后，相当于口语中的"……地""……的样子"。例如："蒋氏大戚，汪然出涕曰……"

（4）"然"还常作应对之辞，同口语中的"是的""对的"相似。或者表示赞成、同意，即"认为是""认为对"的意思。例如："袁曰：'然，固有所闻。'"

（九）为

"为"在文言中经常用作动词和介词，也可以用作助词。用作动词，意思是"做"。还可做判断词"是"。这些都属于实词范围。下面介绍做虚词用的几种用法：

（1）用作介词。除表被动外，一般读去声。可译为"向""对""替""给""当"等。例如："不足为外人道也。"

（2）用作介词。表示被动关系，读阳平声，可译为"被"。"为"所关联的是动作行为的主动者，有时可不出现主动者。有时跟"所"相结合，构成"为所"或"为……所"。例如："今不速往，恐为操所先。"

（3）用作助词。读阳平声，放在疑问句之末，表示反问，前面有疑问代词跟它呼应。可译为"呢"。例如："如今人方为刀俎……何辞为？"

（十）莫

（1）用作无定代词，充当主语。相当于"没有人""没有谁""没有什么"。例如："宫妇左右莫不私王……"

（2）用作否定副词，相当于"不""不能"。例如："今为君计，莫若遣腹心自结于东，以共济世业。"

三、文言句式

（一）判断句

古代汉语的判断句与现代汉语不同，不用连词"是"，而在谓语后面加语气词"也"。其基本句式有："主语＋谓语＋也"，或"主语＋者＋谓语＋也"。例如："此王业也。""陈胜者，阳城人也。"

另外，偶尔有些不用语气词的，不太容易辨别。

（1）不用语气词，完全由词序来体现。例如："兵者，凶器。"

（2）用"为"联系主语和谓语，表示判断。例如："马超、韩遂尚在关西，操后患。"

（3）用"是"表判断。例如："同行十二年，不知木兰是女郎。"

（4）用副词"非""乃""即""则"等表示判断。例如："子非我，安知我不知鱼之乐？"

（二）被动句

在古代汉语中，有些词语在词义上就表被动，如动词前带有"足""可""能"等助动词时，句子往往表示被动义。还有一些没有表示被动的标志，只能根据上下文的文意，才能确定是主动还是被动。如"始以俘见，卒见大师"中第一个"见"字，根据上下文，可译为"被引见"。

另外常见表示被动的句式，主要有四种：

（1）"于"字句："及物动词＋于＋主动者"。例如："劳心者治人，劳力者治于人。"

（2）"见"字句："见＋动词"或者"见＋动词＋于＋主动者"。例如："臣恐见欺于王而负赵。"

（3）"为"字句："为＋主动者＋动词"或者"为＋主动者＋所＋动词"。

例如："茅屋为秋风所破。"

（4）用"受""被""受……于"表示被动："被（受）＋动词"或"被（受）＋动词＋于＋主动者"。例如："吾不能举全吴之地，十万之众，受制于人。"

（三）宾语前置句

1. 否定句中代词宾语前置

否定句中，指示代词或人称代词（之、我、己等）做宾语时，常常放在动词之前否定词之后。这种情况有两个必备条件：第一，宾语必须是代词；第二，全句必须是否定句，即必须有否定副词"不、未、毋（无）"等，或有表示否定的不定代词"莫"。如"每自比于管仲、乐毅，时人莫之许也"中的宾语"之"，即被前置于谓语"许"前，正常的语序为"时人莫许之也"。

2.用代词复指的宾语须前置

用于复指宾语的代词"是"或"之",往往放在动词的前面。例如:"君亡之不恤,而群臣是忧。"句中的"亡"是"恤"的宾语,借助代词"之"复指宾语即被前置,正常的语序为"君不恤亡"。

这种格式,还可以扩成"惟(唯)……是……"或"惟(唯)……之……"的格式,强调宾语的作用就更加明显。例如:"父母唯其疾之忧。"正常的语序为"父母唯忧其之疾"。

3.疑问句中疑问代词宾语前置

"谁""孰""何""奚""曷""安"等疑问代词做宾语时,一定要放在动词之前。例如:"君何患焉?""沛公安在?"

疑问代词做介词的宾语,也要前置。例如:"将何以赡之?"

(四)成分省略句

(1)主语的省略。省略的条件有承前省、蒙后省、承宾省、对话省,以及概括性省略等。古今汉语都有省略,但古汉语主语省略的情况更多更复杂。例如:"楚人为食,吴人及之。奔,食而从之。"后面一句就是承前省,可译为"楚国人跑了,吴国人把饭吃了又跟上去追赶"。

(2)谓语的省略。谓语一般是不能省略的,但在对话中或不发生误解的情况下也可以省略,特别是动词谓语。要根据具体的语言环境,参照上下文加以补充,才能准确地理解。例如:"一鼓作气,再而衰,三而竭。"后两个分句的动词谓语"鼓",承第一个分句的动词谓语而省略。

(3)古代汉语的介词结构有时是可以省略介词的。常见的是省略介词"于"和"以"。例如:"至则无所用,放之(于)山下。"

四、修辞

古代汉语中的修辞种类多种多样,有些与现代汉语大致相同,有些则用法不大相同,还有些是古汉语所特有的。

(一)用典

用典是指用古代的历史事件或古籍中的语句,来证明或表达自己的观点和思想感情。用典有明用和暗用。典故用得恰当,可以增强文章的说服力,使文章精练典雅、委婉含蓄。如"但使龙城飞将在,不教胡马度阴山"中的"飞将",用的是飞将军李广的典故。

(二)委婉

委婉是使用谦敬语、避讳语、迂回语等,婉转曲折地把内容表述出来的手法。

谦语是在言谈中提到自己的事情时用的,如"仆""下臣""寡人"。敬语则是对他人的尊敬,如"先生""足下""陛下"。

避讳是对一些不吉利、不光彩、不雅观的事情加以回避、掩盖或装饰、美化。

迂回是拐弯抹角,话中有话,本来说甲事,却偏说乙事,即意在彼而言在此。

(三)比兴

比,即譬喻、打比方,是对事物做形象的比况;兴,是先借用其他的事物作为诗歌或章节的开头,引起所要歌咏的事物。

兴是一种最具民族特色的表现手法,在诗歌中除了用在开头起发端作用外,还具有引起联想和比喻、加深寓意和象征、增强渲染和烘托的作用,使诗歌曲折委婉、耐人寻味。兴中往往具有比的意味,所以比兴往往被作为一个概念来使用。如《诗经·卫风》中《氓》的第三节以"桑之未落,其叶沃若"起兴,比喻女子的年轻貌美并象征男女之间的浓情蜜意。

(四)复合偏义

复合偏义是指两个意义相反、相对或相关的词在一起,但其中只有一个词起表义作用,另一个只是陪衬。如"昼夜勤作息,伶俜萦苦辛"中的"作息",只有"作"的意思,"息"不表示,因为如果翻译成昼夜休息又很辛苦,意思是说不通的。

(五)互文见义

互文见义是把一个意思比较复杂的句子,分成两三个形式相同、用词交错的语句,使句子的意义及内容彼此隐含、渗透、呼应、补充。例如:"战城南,死郭北,野死不葬乌可食。"前两句互文,"战"与"死"互补,"城南"与"郭北"互补,即"战于城南郭北,死于城南郭北"。又如:"主人下马客在船,举酒欲饮无管弦。"前一句用的也是互文,即"主人和客下马,主人和客上船"。

第二节 文言文的阅读理解与古诗词的鉴赏

一、文言文的阅读理解

(一)理解字词在文中的含义

翻译可分直译和意译。直译,是将原文中的每一字句都落实到译文中。意译,是根据原文表达的基本意思翻译,不拘泥于一字一句地落实。无论是直译还是意译,都需要对文中关键的字词以及特殊句式正确理解。

不管是实词还是虚词,首先要搞清楚其基本意义和词性。

对于不太熟悉的文言实词,可以根据汉字的造字法去把握或推测其基本义,这是一种准确而又直观的办法。象形字最能反映本义。形声字的意符虽不等于本义,但与基本义有密切关系。如"秦惠王车裂商君以徇"中的"徇"字是形声字,左形右声,而形旁"彳"又与"行走"有关,由此可以推测,"徇"在这里是游街示众的意思。

而判断词性则必须结合具体的语句环境,遵从汉语的语法规律。记住现代汉语中"主谓宾定状补"的基本语法规范,弄懂各类词的语法功能,了解它们各自在句子中充当的成分,然后套用在文言文的具体语句中,问题一般能迎刃而解。如"其徒数十人,皆衣褐"中的"衣"处在谓语的位置,后接宾语"褐",因此应做动词用,可译为"穿"。

同样的,文言虚词也是如此。如"吾欲之南海"中,"之"处在谓语的位置上,后接宾语"南",因此它是动词。而"郑商人玄高将市于周,遇之"中"之"处在宾语的位置上,前面有谓语动词"遇",因此它是代词(在文言文中,代词是属于虚词的)。

(二)理解句子在文中的含义

正确把握句子在文中的意思,关键要注意以下几个方面:

(1)准确理解常见文言实词和虚词的意义及用法,从文章整体及具体语境两个方面,弄懂实词、虚词的意义,了解文言文与现代汉语不同的句式。在弄懂字词的前提下,了解句式的一些特点也很关键。

(2)弄懂复句中各个分句之间的语义关系。

(3)抓住关键语句,把握中心句,弄懂蕴含丰富语句的表层与深层含义。

(4)注意句子的比较分析,注意句与句之间的内在联系,分析其意义上的差别。

(三)分析概括作者的观点和态度

充分利用文章题目、文中或文后注释、文章出处、作者情况等信息,结合有关知识做综合分析,从而扩展视野,理解文章。文章的思想倾向,主要通过作者对文中所述事件的认识、所写人物的态度、所论道理的判断及主旨寓意的评价来表现。

例文:

孙膑传

膑生阿、鄄之间,孙武之后世子孙也。孙膑尝与庞涓俱学兵法。庞涓既事魏,得为惠王将军,而自以为能不及孙膑,乃阴使召孙膑。膑至,庞涓恐其贤于己,疾之,则以法刑断其两足而黥之,欲隐勿见。齐使者如梁,孙膑以刑徒阴见,齐使以为奇,窃载与之齐。齐将田忌善而客待之。

后十三岁,魏与赵攻韩,韩告急于齐。齐使田忌将而往,直走大梁。魏将庞涓闻之,去韩而归,齐军既已过而西矣。孙子谓田忌曰:"彼三晋之兵,素悍勇而轻齐,齐号为怯,善战者因其势而利导之。兵法,百里而趣利者蹶上将,五十里而趣利者军半至。使齐军入魏地为十万灶,明日为五万灶,又明日为三万灶。"庞涓行三日,大喜,曰:"我固知齐军怯,入吾地三日,士卒亡者过半矣。"乃弃其步军,与其轻锐倍日并行逐之。

孙子度其行,暮当至马陵。马陵道陕,而旁多阻隘,可伏兵,乃斫大树白而书之曰"庞涓死于此树之下"。于是令齐军善射者万弩,夹道而伏,期曰"暮见火举而俱发"。庞涓果夜至斫木下，见白书，乃钻火烛之。读其书未毕，齐军万弩俱发，魏军大乱象失。庞涓自知智穷兵败，乃自刭，曰："遂成竖子之名！"齐因乘胜尽破其军，虏魏太子申以归。孙膑以此名显天下，世传其兵法。太史公曰："世俗所称师旅，皆道孙子十三篇，吴起兵法，世多有，故弗论，论其行事所施舍者。语曰：'能行之者未必能言，能言之者未必能行。'孙子筹策庞涓明矣，然不能蚤救患于被刑。……悲夫！"

（选自《史记·孙子吴起列传》）

先弄懂文中容易弄错的词句。如"魏将庞涓闻之，去韩而归"中的"去"，为"离开"之意，而非现代汉语中的"去""到"之意。"百里而趣利者蹶上将"中的"蹶"，是"受挫折、折损"的意思。"期曰'暮见火举而俱发'"中的"期"，意为"约定"而非"希望"。"见白书，乃钻火烛之"中的"烛"，是名词用作动词，意为"照亮"。

然后理解文中关键的句子。如"令齐军善射者万弩，夹道而伏"和"善战者因其势而利导之""五十里而趣利者军半至"等，分别表明了孙膑"能行"和"能言"的主要特点。

再次是把握全文。本节通过马陵道智斗庞涓的故事，充分表现了孙膑过人的智谋和卓越的战略战术思想。马陵之战可以说是一场心理战争，孙膑紧紧抓住魏军凶悍勇猛、瞧不起被认为是胆小怯弱的齐兵的心理，精心策划，巧设埋伏，用减灶的计策诱敌深入，大破魏军，终于计胜庞涓。由此，我们可以知道孙膑精通兵法，善于扬长避短、因势利导，指挥作战常常智胜敌手，深得齐将田忌的重用。

文末"太史公曰"的一段话，其实是作者的态度和评价。司马迁以史学家的眼光，阐述"能行"和"能言"的关系，评论孙膑智慧和胆识过人，却难以避免自己的不幸，对孙膑的遭遇寄予深切同情，从而启示后人：才智过人者固然可取，但学会保护自己有时更加重要。

二、古诗词的欣赏

按照诗歌表现内容的不同，古典诗歌大致可以分为山水田园诗、咏物诗、边塞诗、咏史诗和咏怀诗等五类。

山水诗的特点是"一切景语皆情语"，即作者笔下的自然景物都融入了作者的主观情愫，或者借景抒情，或者情景交融。

咏物诗的特点在于托物言志。古人很喜欢咏物。大自然的万物，大至山川河流，小至花鸟虫鱼，都可以成为诗人描摹的对象，都可以寄托诗人的感情。边塞诗是表现军旅生活的诗作，往往表达作者对战争的厌恶、对和平的向往、对家乡的思念等。

咏史诗多以简洁的文字、精选的意象，融合作者对自然、社会、历史的感触，或喟叹朝代兴亡的变化，或感慨岁月倏忽变幻，或讽刺当政者的荒淫无耻，从而表现作者阅尽沧桑之后的沉思，蕴含了深沉的伤今怀古的忧患意识。咏怀诗的特点就是即事抒怀。作者往往因一事有感，发而成诗，即为抒怀。

"诗以言志"，尽管诗歌的内容可以涉及思亲、送友、怀乡、赠人、战争、写景、状物等多种题材，但最终都是为了抒发感情。在赏析时，要注意以下几个方面。

（一）把握作品的意象特征

古诗意象往往寓繁于简、寓万于一，以高度浓缩的艺术形象诱发想象，产生奇特的审美效果。鉴赏作品时，不仅要着眼于它们所描写的客观物象，还应透过它们的外表，看到其中注入的意蕴和感情，注意主客观两方面融合的程度。例文：

春夜洛城闻笛（李白）

谁家玉笛暗飞声，散入春风满洛城。此夜曲中闻折柳，何人不起故园情？

理解此诗，关键在于理解"柳"的意象。古诗中的"柳"有特殊的含义，"柳"和"留"谐音，因此古人有折柳送行的习俗。这就很容易引申到"柳—留—惜别—依依不舍"的层面上来。于是诗中"折柳"一词所寓含的"惜别怀远"之意，就比较容易理解了。

（二）体味诗歌情、景、事交融的意境

通过描写景物来抒发感情，是中国古典诗词的一大特色。情景交融的手法有融情入景、借景抒情、寓情于景，等等。要把握景的形象性，诗歌往往用比喻、夸张、景物烘托、气氛渲染等艺术手法来体现神韵。

如李白的《黄鹤楼送孟浩然之广陵》："故人西辞黄鹤楼，烟花三月下扬州。孤帆远影碧空尽，唯见长江天际流。"这是一首融情入景、景中含情的诗。烟花含愁，孤帆载憾，天际碧水带走诗人的无尽思念。诗人的惜别之情，从一幅幅画面中渗透出来。

（三）领会诗人表现的情感

诗歌往往表达作者寄托的感情，透过所写的景、物、事，流露出作者的人生态度、美好的理想和生活的哲理。要分析感情寄托的问题，就要推敲作品中蕴含的不同的思想感情，就需要我们了解作者的身世和诗歌创作的时代背景，即"知人论世"，这样才可能准确地领会诗人真实的情感。同时，还要注意作者的逻辑思维过程。诗人经过对材料的选择、取舍、概括，最后才构成艺术形象。因此，分析诗中词句之间的逻辑关系，也能很好地体会到诗人的情感。如张继的《枫桥夜泊》："月落乌啼霜满天，江枫渔火对愁眠。姑苏城外寒山寺，夜半钟声到客船。"全诗紧紧围绕着"夜泊枫桥"这一特定的环境，描写景物，抒发感情。当时诗人夜泊枫桥，不能成眠，看到了各种景物，听到了各种声音。暮秋季节凄凉、冷落的夜景，勾起诗人漂泊、孤愁的羁旅情怀。

（四）留意作者的观察视点和角度，分析作者的写作方法和技巧

由于不同的时代、不同的内容、不同的生活遭遇、不同的人生观、不同的艺术素养和艺术风格，诗人可能从不同角度去反映各种题材，甚至同一题材。我们要仔细体味其思想、内容上的细微差别。

如抒情的表现手法，可分直接抒情和间接抒情，前者有直抒胸臆和即事抒怀两种方式，

后者包括借景抒情、寓情于景、托物言志等。描写手法有虚实相生、动静结合、明暗对比、以小见大、怀古惜今、粗笔勾勒和细部描绘相结合等。具体用什么写法，是由主题的需要决定的。我们要在对具体篇章的分析中仔细体味，并从中领悟作品的基本风格。

（五）感受修辞手法的艺术效果

在古典诗词中，修辞手法的运用是相当普遍的。一般而言，在整体构思上经常用到拟人、比喻、双关、象征、比兴、借代、夸张、设问、反问、排比等修辞手法。我们要根据它们各自的特征和功能，理解并领会诗歌。

在欣赏古典诗词时，尤其需要注意作品中"典故"的运用。用典，是古诗词中常用的一种表现方法，在增强作品意蕴的同时，也给我们的阅读造成了一定的障碍。要是不能正确理解其中典故的含义，就会直接影响对整个作品的鉴赏。所以，必须对作品中的"典故"有个初步的理解，透过典故的本义，进而理解其在诗中所蕴含的意义。用典有明用的，也有暗用的，有正面用的，也有反其意而用的，在分析时要留意。例文：

《如梦令》（李清照）

昨夜雨疏风骤，浓睡不消残酒。试问卷帘人，却道海棠依旧。知否？知否？应是绿肥红瘦。

赏析：诗中的"不消"，表面是指酒意未消，但从全词立意看，实际的深层含义是指消不尽的伤感和烦闷情绪。"绿肥红瘦"中，"绿""红""肥""瘦"用的都是借代的修辞手法，"绿"和"红"分别指代叶和花，"肥"和"瘦"分别形容叶的茂盛和花的凋零，这体现出作者炼字的新奇。词作从一般叙述，转入到一问一答，然后是设问和慨叹，层层拓展深入。词虽简短，却兼具叙事过程和抒情层次，用寓情于事、融情于景的表现手法，在与侍女的一问一答之间，委婉含蓄地流露出惜春的情愫。例文：

《出塞》（王昌龄）

秦时明月汉时关，万里长征人未还。但使龙城飞将在，不教胡马度阴山。

赏析：首句运用互文见义的写法，写出诗人由眼前的"明月"和"关"，联想到秦汉两代我军曾经有效地抵御了匈奴的入侵。第二句写外族入侵，战士们因抵御外侮而长期不能归还。三、四句借用飞将军李广英勇杀敌、力保边疆的典故，委婉地批评了当时领兵远征的主将。整首诗情绪悲壮而不凄凉，明畅而不浅露，慷慨而又含蓄，体现了王昌龄七言绝句所特有的风格。

第三节　现代文的阅读与理解

一、理解词语在文中的含义，把握文中关键的语句

现代文阅读中，所谓的"重要句子"，一般包括提示文章中心、主旨、观点和情感的语句，在结构层次上有重要作用的语句，内涵丰富的语句，结构复杂的语句等。阅读过程中首先要对文章结构进行梳理，把语段或篇章的内容有条理地分列成若干要点，把握文章的主要内容及结构，把对"重要句子"的理解与文章的主旨结合起来。注意体味句子，不要将已然当未然，将部分当整体，将一般当特殊，将相对当绝对。注意选用精练而准确的语言，对句子和文章进行概括；对于句子的比喻义、象征义、指代义、反语义等隐含意思，则必须结合具体的文章内容，从上下文的语境中去概括，切忌望文生义或断章取义。

一般可以从句子的结构、关键词、修辞特点、标点符号、表达手段、表达效果、文段内容等方面进行分析，具体做法如下。

（一）结构的分析

通过句子的语法结构来分析复杂的语句，分清句子的主干，明确陈述的对象，理解其修饰、限制的成分。划分句子的主、谓、宾、定、状、补，拆分句子的内容成分，将句子分成不同层次，化复杂为简明。

先找出句子的中心，确定主、谓、宾语；然后确定提取状语，注意每一个状语的位置；再确认提取定语，注意定语的排列次序，句子所强调的往往是靠近中心词的部分。

分解长句一般采用由内向外或由外向内的办法。同时，对于复句还要注意明确其句子间的关系，要善于借助句群关系来理解句子所表达的中心或重点。

状、补这些修饰限制成分，往往暗含或揭示了句子的内涵。所以，对这些成分的理解是很重要的。关键应注意指代词、关联词、副词、否定词等的确切含义。

常用的指代词如"这""那""这些""那些""它""它们""此"等，作者为了行文简洁，常用这些代词替代文中的各种信息、观点、例证等。依据语境选取最接近代词的句子或内容，确认每一个代词的含义，并弄清不同代词之间的关系，如并列、交叉、包容等，才能正确认定文章的说明对象和说明观点。指代多半是承前指代，如果把指代的内容代入原文，可以读通的一般是所代的内容；有时指代的内容比较多，代入原文都可以读通，甚至能够理解通顺，就应该考虑最接近代词的内容，还可以与本段小论点对照，选择最接近论点的内容。如果指代内容含有修辞手法，就须推知修辞的具体含义。

常见的关联词有表示递进、并列、假设、条件、因果、转折等关系的几大类。阅读时，要学会"顺藤摸瓜"：看到"首先"，要想到"其次"；看到"多项条件"，要找到"唯一条件"；

看到"所以",要寻找原因,等等。

对"已经""将来""或许""可能""设想"等副词,要弄清前后顺序关系,分清既成事实或未成事实,弄清词语的内涵和外延。

常用来表否定意义的词,有"不""非""没有""否决""推翻""拒绝""无条件""严禁""取消"等。其中要注意,双重否定表示肯定的意思。

如果一句话中否定词超过三个,先取出两个否定变为肯定,再理解全句的意思。还要弄清一些表示否定词语的确切含义,如"绝对"是"无任何条件的、不受限制的","无条件"是"无要求限制"的意思。

有时,一句话表述内容相反的两个部分。常用词语有"反之""否则""相反""降低""缩小""截然相反""不同于"等。首先要理解表示相反词语的具体意义,具体到一句话要仔细分辨词语的细微差别。如果两句话表达的内容不同,要把原句仿写下来,然后对照主、谓、宾的区别,如"满月的时候地球两极的气温有所升高,但中纬度地区情况截然相反"一句中,理解"截然相反"则可仿写"满月的时候中纬度地区气温有所降低"。

例:有这样一种假说:冬眠是一种高度发达的机能。冬眠的哺乳动物虽然与人类一样都是温血动物,但是它们在更宽范围的调节性上获得了进化,例如在体温调节上,就要比非冬眠动物强。

分析:这一自然段中,"假说"后面有两句话,第一句中"机能"的定语是"高度发达",而后面的长句也正是说明为什么"高度发达"。由此来看,在物种进化的过程中,某些哺乳动物在调节性上获得了进化,从而具备了冬眠的功能。在后一句中,作者所表达的重点应该在转折连词"但是"后面的部分,强调冬眠的哺乳动物体温调节机制要比非冬眠动物强。人类当然属于非冬眠动物。言下之意,冬眠的哺乳动物比起人类来,具有更强的体温调节机制。这样一分析,句子就容易理解了。从句子的语法结构分析,更有助于对句子的理解。要注意"在体温调节上,就要比非冬眠动物强"的主语,是前面的"冬眠的哺乳动物"。也就是说,哺乳动物不论冬眠的还是非冬眠的,都能够调节体温,只不过有强有弱。换个角度来讲,冬眠的哺乳动物和非冬眠的哺乳动物之间的区别,并不在于体温是否可以调节。这样,句子的意思就明晰了。

(二)内容的联系

重要的句子往往在文章中或语段中起关键作用,因此,在注意它本身的结构(特别是修饰、限制成分)的同时,还必须考虑它在文章中所处的地位。如果说句子在文章、语段中起着总结的作用,那么理解、解释它时就必须从它所领起的那些内容去看、去分析;如果是起过渡、承上启下的作用,那就要注意审视上下文的意思;如果是起小结的作用,那么理解、解释时就必须联系上文,找出相关的信息。总之,要抓住句子的"管辖"范围,在句子的"辖区"内寻找答案。

有些重要句子,要抓住它所在的语段进行分析,重点是看与这个句子相邻的上下句,因为这些句子中往往隐含着一些信息。有的还必须结合中心思想来理解句意。中心思想渗透在文章的各个部分，任何一个关键句子都与这个中心思想有着这样或那样的联系，这就要与文章中心和内容相结合。

例：说到成功，人们有一个错误的观念：成功只等于成名。有人认为，只有扭转乾坤的壮举才算是成功的举动；有人认为，只有领袖、名人、称得上"家"的人，才算是成功者；有人则干脆断言，世界上没有一个成功者，因为人生的最终结局是悲剧——后人肯定会超越前人。这实在是一种可怕的自卑。

分析：文章第一句话是总起，第二句是对第一句的分说，是第一句的管辖区，这里提到的三种人都是有"成功只等于成名"这一错误观念的。第三句是对第一句的承接。这样，就不难理解文章的意思："成功只等于成名"是一种错误的观念，是一种可怕的自卑。

（三）背景的参照

有的句子还要结合社会背景、写作背景、作者经历或遭遇来理解。社会背景往往与作品反映的内容、作者的写作目的有密切的关系。所以，绝不能忽视文中任何一个细小的字句，包括正副标题、文前按语、文章的作者、写作时间和文后注释等。

例：茨威格的文章《世间最美的坟墓——记1928年的一次俄国旅行》（注）：列夫·托尔斯泰（1828—1910）是19世纪至20世纪初叶俄国最伟大的文学家，也是世界文学史上最杰出的作家之一。

分析：通过标题中"坟墓"两字可以知道，文章的主要内容是已经去世的人。文章第一句话就提到了主人公——托尔斯泰，文末注释提到他的生平，而其中"1828"与副标题中的"1928"又有着微妙的关系。我们就可以大致猜出，这是一篇纪念俄国文学家列夫·托尔斯泰百年诞辰的文章，从而也就很容易理解文中那句"在这个特殊的日子里"的意思了。

（四）表达方式分析

了解叙述、描写、说明、议论和抒情等五种表达手法的基本特点和运用效果，能帮助我们更好地理解文章。在不同的文章中，各种表达手法的作用是不同的。

比如说明文和议论文中都运用概念、判断、推理，但议论文是以此来表明自己的看法和主张，而说明文是用来解说或阐释对象的性质与特征。议论文是晓人以理，说明文是喻人以知。说明文中运用形象性的语言或各类修辞手法，目的不是在于抒发感情或塑造形象，而是在于帮助读者认识说明对象的本质、特征等。议论文中的议论是文章的主要表现手法，具有完整而严密的议论过程。

记叙文中也有议论，这种议论作为辅助的表现手法，只是局部的片言只语式，而不是一个完整的议论过程，往往带有形象性，感情色彩较浓。这种议论，建立在叙述的基础上，有先叙后议、先议后叙或夹叙夹议三种，往往是文章的闪光部分，起着充实内容、深化主题的画龙点睛作用。

（五）修辞手法

在分析含有修辞格的语句时，要准确理解其比喻的相似性、借代的相关性、反语的讽刺性等。因此，掌握常用的表现手法和修辞手法，明确它们的修辞作用，对理解和鉴赏文章很有帮助。

（1）比喻。比喻的作用就是使深奥的道理浅显化、抽象的道理形象化、陌生的东西熟悉化，以增强文章的趣味性、生动性。贴切的比喻，本体与喻体之间必然有相似点。这种相似点越明显、越突出，比喻就越贴切。找出这种相似点，就能领会本体与喻体之间的一致性和比喻的合理性。

（2）拟人。拟人可以赋予无生命、无思想情感的东西，以人的情感、思想、动作。很多抒情散文就是这样来安排的，往往用第二人称来写，以方便抒发感情，使文章显得亲切自然。说明文也常用此法来描述写作对象的特征。如高士其《我们肚子里的食客》，除了将细菌比喻成食客外，还将细菌人格化，让它们具有人的外貌、表情、动作和性格，给人以深刻的印象。

（3）反衬。文章中将两种有主次之分的事物或人相对照、比较，在对比中，反衬出主要对象的特征。

（4）对比。对比越鲜明，感情倾向就越明显，就越能突出作者的感情。如邓小平《建设有中国特色的社会主义》一文中，在论证坚持改革开放的论点时，用了对比法，以三十年来的反面教训，即闭关自守搞建设是发展不起来的，与正面论证相对比，从而证明改革开放非搞不可。

（5）反复。反复的作用就是突出强调思想感情，升华主题。

（6）排比。排比的主要作用在于：抒发强烈奔放的感情，加强语言的气势，突出表达的重心，增强文章的感染力。用排比说理，可以把论点阐述得严密透彻；用排比抒情，可以把感情抒发得淋漓尽致；用排比叙事，可以把事情叙述得井然有序；用排比写人，可以把人物刻画得细致深刻。

（7）象征。象征是文艺创作的一种表现手法，往往是意在言外，用具体的事物表现某种特殊意义，或通过某一特定的具体的形象，以表现与之相似或相近的概念、思想和感情。如史铁生的《我与地坛》，落笔地坛，却实写母爱。两者表面似不相干，但对于作者而言，地坛和母亲都是抚平创伤、汲取安慰、焕发新生的源泉。

（六）逻辑常识

借助逻辑常识，可以准确掌握文中的重要概念与基本内容。了解逻辑概念的内涵和外延，弄清概念的限制和概括；概念要明确，不能随意扩大、缩小或偷换；弄清概念之间的逻辑关系，有同一关系、属种关系、交叉关系、矛盾关系和对立关系等五种。

（七）标点符号

标点符号作为文章的有机组成部分，使用时也是根据表达的需要来选择。适当关注标点符号，对阅读理解也有一定帮助。如冒号往往提示有总分关系，或提起下文的分说，或引出解释说明，或总结上文；引号除表示引用外，还可以表示强调或特别指出；分号、顿号往往表示并列关系；感叹号表示语气强烈。括号往往是解释性的；破折号除了表示解释外，还可以表示话题的转换。

二、辨析、筛选文中重要的信息与材料

（一）重要信息

阅读文章时，先看题目涉及文中哪些段落或区域，以确定对应的语句。然后，抓住重要的、有效的信息，不要遗漏，分析这一段里每一句话的意思。透过现象，深入本质，分析这些信息有什么异同、有什么关系。再仔细理清段落之间的关系，了解行文思路。最后，将这些信息加以筛选、整理、加工。

（二）方法

读文章时，应从头到尾仔细阅读，争取完全读懂。在读的过程中，如果有个别语句不能读懂，一般往下看到一个语义陈述完时，就应该停止，再回到原来不懂的地方。结合此处的前后语句，读懂后继续读下去。这样反复，直到读完全文。

考试时，要一字一句地仔细阅读题干和选项，找出考查的信息和设置题目的角度。然后结合题干提供的信息，有重点地阅读文中关键部分，并画出与选项有关的信息。

把选项和与选项有关的信息结合起来，仔细比较。每个题目中设置的干扰项，都是可以从原文中找出依据并予以排除的，因此必须找准原文的关键词句细心对照。

三、划分文中的结构层次，把握各层次的内在联系

层次的划分有利于理清文章各部分内容之间的相互关系，从宏观上居高临下地驾驭文章，领会文章的主旨与内涵。

（一）全文的结构层次

不同的文体会有不同的结构方式，这就需要辨别文章的体式。议论文主要应抓住论证层次，即主题句、中心论点、分论点、层次安排、论据和论证方法的使用。记叙文则主要应抓住叙述线索。线索是串起文章全部材料、推进内容发展的"筋络"，往往一串到底，既可以是"人""时间"，也可以是"事件""题眼"。说明文要抓住说明的顺序，即文章究竟是用时间、空间、逻辑、总分或并列中的哪一种方式来安排的。如叶圣陶的《苏州园林》，就是采用先总说、后分述的方式架构全文，先点出苏州园林的地位和影响，然后概述其总体特点，再从几个方面对这一总体特点进行生动具体的解说。

（二）段落、自然段、语句内部的结构层次

根据需要逐级分层，一般按内容和逻辑常规来分析层次。可以根据概括出的意思，或者根据相关的副词和连词来判断。

例：义理和考据，是属于文章内容方面的问题。讲究义理就是要求观点正确，论据充分。讲究考据就是要求材料准确。辞章是属于文章形式方面的问题。讲究辞章就是要求适合于内容的完美的形式。义理、考据和辞章虽然是在三个不同方面的要求，但是这三个方面是密切的相互关联着的。文章最后的转折句，是一个承上启下的句子。前半句应该是对前面的总结，讲义理、考据和辞章之间的不同点；后半句可以引出下文，讲三者之间的关联点。所以，前面五句都应该是分说。这五句又可以分为并列的两部分，前三句为一部分。这一部分又可以分为总分关系的两部分，第一句为总说，后两句为分说。其中分说的部分还可以分成并列的两个部分。这样层层分析，就很容易理解文章的思路和含义了。

四、分析与概括文章的思想内容

分析和概括阅读材料时，不仅要知道并理解作者说出的话，还要知道并理解作者没有说出的话。根据文章内容或信息进行推断，推断出材料中有没有直接给出的结论，推断出作者在文章中暗示的事物发展趋向，以及作者对某些观点或现象的个人看法，或对某些事物的评价态度。

（1）全面理解文章整体内容，准确提炼基本信息。首先应在整体阅读的前提下，把握全文的基本思想倾向、观点态度，筛选出文中的有关重要信息，注意不同观点之间的区别及作者对它们的评论或看法。读通了全文，才能总体把握全文的主要内容。只有这样，才不会犯断章取义、以偏概全的错误。

（2）抓住文章中的隐含信息。挖掘有关材料或信息中的隐含信息，是阅读理解的一个难点，也是一个重点。对某些没有明确或现成说法的问题，要仔细思考，弄清作者暗示的事件发展趋向，试着变换角度来理解文章提及的问题。在分析总结文章时，不能仅用某一方面的材料、观点，而要全面考察，包括时间、地点等因素的变换。

（3）注意关键的语言环节。语言形式的提示作用，对理解文章也很有帮助，因此对它应予以密切关注。抓住某些关键词语，也就可能找到了打开思路的钥匙，如表示时间、次序、趋向、主次、判断、类比、总结、概括等关系的语词，表示因果、转折、条件等关系的句式。

（4）掌握必要的推断方法。这主要指一般的逻辑推理方法，如分析、综合、归纳、演绎等。

例文：

乡土情结
柯灵

每个人的心里，都有一方魂牵梦萦的土地。得意时想到它，失意时想到它。逢年逢节，触景生情，随时随地想到它。辽阔的空间，悠邈的时间，都不会使这种感情褪色：这就是乡土情结。

人生旅途崎岖修远，起点站是童年。人第一眼看见的世界，就是生我育我的乡土。他从母亲的怀抱，父亲的眼神，亲族的逗弄中开始体会爱。乡土的一山一水、一草一木，都溶化为童年生活的血肉，不可分割。而且可能祖祖辈辈都植根在这片土地上，有一部悲欢离合的家史，在听祖母讲故事的同时，就种在小小的心坎里。邻里乡亲，早晚在街头巷尾、桥上井边、田塍篱角相见，音容笑貌，闭眼塞耳也彼此了然，横竖呼吸着同一的空气，濡染着同一的风习，千丝万缕沾着边。一个人为自己的一生定音定调定向定位，要经过千磨百折的摸索，前途充满未知数，但童年的烙印，却像春蚕作茧，紧紧地包着自己，又像文身的花纹，一辈子附在身上。

"金窝银窝，不如家里的草窝。"但人是不安分的动物，多少人仗着年少气盛，横一横心，咬一咬牙，扬一扬手，向恋恋不舍的家乡告别，万里投荒，去寻找理想，追求荣誉，开创事业，富有浪漫气息。有的只是一首朦胧诗——为了闯世界。多数却完全是沉重的现实主义格调：许多稚弱的童男童女，为了维持最低限度的生存要求，被父母含着眼泪打发出门，去串演各种悲剧。人一离开乡土，就成了失根的兰花，逐浪的浮萍，飞舞的秋蓬，因风四散的蒲公英，但乡土的梦，却永远追随着他们。浪荡乾坤的结果，多数是少年子弟江湖老，黄金、美人、虚名、实惠，都成了竹篮打水一场空。

安土重迁是中华民族的传统。鸟恋旧林，鱼思故渊；树高千丈，落叶归根。但百余年来，许多人依然不得不离乡别井，乃至漂洋过海，谋生异域。有清一代，出国的华工不下一千万，足迹遍于世界。美国南北战争以后，黑奴解放了，我们这些黄皮肤的同胞，恰恰以刻苦、耐劳、廉价的特质，成了奴隶劳动的后续部队，他们当然做梦也没有想到什么叫人权。为了改变祖国的命运，孙中山领导的革命运动发轫于美国檀香山，第一代中国共产党人，很多曾在法国勤工俭学。改革开放后掀起的出国潮，汹涌澎湃，方兴未艾。还有一种颇似难料而其实易解的矛盾现象：鸦片战争期间被割弃的香港，经过一百五十年的沧桑世变，终将回到祖国的怀抱，这是何等的盛事！而一些生于斯、食于斯、惨淡经营于斯的香港人，却宁愿抛弃家业，纷纷做移民计。这一代又一代炎黄子孙浮海远游的潮流，各有其截然不同的背景、色彩和内涵，不可一概而论，却都是时代浮沉的侧影，历史浩荡前进中飞溅的浪花。民族向心力的凝聚，并不取决于地理距离的远近。我们第一代的华侨，含辛茹苦，寄籍外洋，生儿育女，却世代翘首神州，不忘桑梓之情，当祖国需要的时候，他们都做了慷慨的奉献。香港蕞尔一岛，从普通居民到各业之王、绅士爵士、翰苑名流，对大陆踊跃捐助，表示休戚相关、风雨同舟的情谊，是近在眼前的动人事例。

"美不美，故乡水，亲不亲，故乡人。"此中情味，离故土越远，就体会越深。科学进步使天涯比邻，东西文化的融会交流使心灵相通，地球会变得越来越小。但乡土之恋不会因此而消失。

分析：

本文以乡土情结为叙述线索，可分为三个部分。先总述乡土情结，为第一自然段，以不会褪色的乡土情结开篇，开门见山；后以乡土情结的形成和表现为主线，就时间、空间和时空三个层次，脉络清晰地阐释乡土情结，为第二、三、四自然段；最后以不会消失的乡土之恋结篇，议论抒情，赞美乡土情结，首尾呼应，为第五自然段。这样，文章的眉目就基本清楚了。

　　文中的描述是充分艺术化和形象化的。比喻句"失根的兰花，逐浪的浮萍，飞舞的秋蓬，因风四散的蒲公英"，生动形象地写出了远离乡土的游子们孤苦无助的境遇。乡土情结形成的过程中，乡土给人们打下的"童年的烙印"也是艺术化。通过对文章的提炼和概括，我们就可以领会，这"烙印"来自父母亲族的爱、家乡的山水草木、悲欢离合的家史和邻里的乡情等方面，这"童年的烙印"在人们乡土情结形成中的作用是不可忽视的。

参考文献

[1] 傅来兮,王馥庆.丝绸之路教科文发展中语言文字推广对策研究[J].陕西广播电视大学学报,2019,21(4):72-78.

[2] 刘继文,良警宇.文化资本理论视角下瑶族语言文字的传承与发展研究[J].广西民族研究,2019(5):166-173.

[3] 范媛媛,杨艳辉.浅析汉语言文字的艺术特点与创新设计:评《汉语言文字研究》[J].新闻爱好者,2019(6):99.

[4] 吴文文.从东汉碑刻通假字考订东汉语音[J].安康学院学报,2017(6).

[5] 胡湛.汉语言文字的特点及其对中国文学的影响探讨[J].长江丛刊,2015(25).

[6] 李莎.汉语言文字对中国文学的影响[J].佳木斯教育学院学报,2018(3).

[7] 于俊英.浅析汉语言文字对中国文学的影响[J].剑南文学(经典教苑),2018(1).

[8] 张军.谈汉语言文字对中国文学的影响[J].剑南文学(经典教苑),2017(3).

[9] 罗雨晴.语言的深渊:论中国语言文字对中国文学的影响[J].金田(励志),2016(12).

[10] 蒋冀骋.三十年来汉语言文字学研究的回顾与反思[J].湖南师范大学社会科学学报,2009(4):119-124.

[11] 王百涛.二十世纪八十年代以来现代汉语语法研究概况综述[J].内蒙古民族大学学报,2010(3):10-12.

[12] 陈昌来.中国语言学史研究的现状和思考[J].上海师范大学学报(哲学社会科学版),2018(3):117-124.

[13] 闫方洁,宋德孝.历史虚无主义的解构主义叙事及其方法论悖论[J].思想教育研究,2017(4):76-79.

[14] 张强.从解构主义视角解析汉字设计艺术[J].采写编,2017(5):63-64.

[15] 汤晓燕.解构主义视角下的汉语言文字学研究[J].北方文学:下,2016(2):150.

[16] 吴迪.现代技术手段在汉语言文字学中的应用[J].长春教育学院学报,2014,30(1):100-101.

[17] 吕东晖.现代教学技术手段在大学英语阅读教学中的应用[J].现代商贸工业,2016,37(10):157-158.

[18] 徐时仪.二十世纪训诂学研究回顾[J].古籍研究,2003(2):90-97.

[19] 暴慧芳.汉语古文字合文研究[D].重庆:西南大学,2009.

[20] 赵家栋，董志翘.敦煌文献中并不存在量词"笙"[J].语言科学，2012（2）：436-440.

[21] 毛远明."皃"的俗变考察[J].中国语文，2010（5）：557-560.

[22] 吴继刚.唐《张弼墓志》释文校正[J].西华师范大学学报（哲学社会科学版），2013（4）：101-104.

[23] 吴继刚.《新中国出土墓志·陕西卷》释文校正[J].四川文理学院学报，2013（4）：86-91.